"轻松集结号"栏目组

上海人民广播电台
"轻松集结号"栏目组 策划

妙趣横生上海话

钱乃荣　丁迪蒙　朱贞淼　著

上海大学出版社
·上海·

图书在版编目(CIP)数据

妙趣横生上海话/钱乃荣,丁迪蒙,朱贞淼著. ——
上海:上海大学出版社,2013.9
 ISBN 978-7-5671-0902-5

Ⅰ.①妙… Ⅱ.①钱… ②丁… ③朱… Ⅲ.①吴语-
研究-上海市 Ⅳ.①H173

中国版本图书馆 CIP 数据核字(2013)第 161033 号

策划编辑 黄晓彦
　　　　　 任　重
责任编辑 黄晓彦
封面设计 施羲雯

妙趣横生上海话

钱乃荣　丁迪蒙　朱贞淼　著
上海大学出版社出版发行
(上海市上大路99号 邮政编码200444)
(http://www.shangdapress.com 发行热线 021—66135112)
出版人:郭纯生
*
南京展望文化发展有限公司排版
上海华教印务有限公司印刷　各地新华书店经销
开本 787×960　1/16　印张 16.25　字数 258 000
2013 年 9 月第 1 版　2013 年 9 月第 1 次印刷
印数:1~6500
ISBN 978-7-5671-0902-5/H·287　定价:32.00 元

前　言

作为海派文化的重要载体,一个拥有2 000多万使用人口的大方言——上海话,近年来有些日渐式微,保护与传承刻不容缓。保护和传承上海话,大力弘扬海派文化,是文化大繁荣与大发展的重要举措。而如何引导和推介上海话,从而使更多的人能够更好地融入这座城市,进而更接受、更认同这座城市,也成为社会各界共同关心的话题。

上海人民广播电台自1949年5月27日(上海解放日)建台始,就一直以立足上海、全方位为上海人民服务为己任。近几年,顺应文化改革,努力培育、打造更加适合广大市民大众的节目,全面实践上海人民广播电台全心全意为上海人民服务的宗旨,在构建和谐上海的伟大实践中,不忘保护和传承上海话,为弘扬海派文化增砖添瓦。

"轻松集结号"是我台(AM990 FM93.4)每天下午5点到6点播出的一档综合娱乐节目,它融合了新闻脱口秀、热点话题讨论以及沪语方言互动等内容,拥有大量忠实听众。其中的"上海闲话"单元在2012年6月推出之后,得到了广大听众的参与和好评,许多听众认为通过广播媒体的传播,寓教于乐,对上海话的保护和传承起到了一定的作用。为了增强节目的可听性,我们联络了知名音乐创作人张志林为节目谱写并演唱了脍炙人口的上海话歌曲音乐版头,同时在每天的节目中设置一个互动话题,通过微博提前发布、主持人节目口播互动话题,听众在稍后打进电话参与互动,最后再请嘉宾点评等方式展开广泛互动。听众通过深度参与节目,都认为既学到了不少语言方面的知识,更为傍晚时光增添了欢乐。

为进一步拉近和听众的距离,在2013年5月"990听众日"当天,"轻松集结号"还开通了微信互动平台,推出了"上海闲话帮侬讲"单元,听众可以通过

妙趣横生上海话

微信语音向栏目和其他听众发送关于上海话的提问,再经过后期剪辑在节目开头播出,40分钟之后接进听众和专家的电话,辅以微博、微信、短信一起解答互动。现在每天都有很多听众微信提问,问题也是五花八门,同时也让主持人很受启发,极大地调动了听众参与节目的积极性,大大丰富了节目内容和形式。

很多听众认为广播声音稍纵即逝,建议应该将这些"上海闲话"的互动内容想法保留下来。为此我们联络了三位沪语专家钱乃荣、丁迪蒙、朱贞淼,以书面文字的形式记录下他们在广播节目中与听众互动的精彩内容,以便让更多的市民大众在收听广播之余,再通过读书的方式,细细品味沪语方言的独特魅力。

现在呈现在读者面前的这部书稿,就是由我栏目组策划,由钱乃荣教授领衔老中青三代语言学者倾力撰写,以"轻松集结号"之"上海闲话"板块近一年来的每期互动话题为具体内容,以上海话语词为线索,全面展示上海话语言魅力,彰显海派文化丰富多彩。

对老上海人来说,是一种记忆,一种回味,因为有大家一起"轧闹猛"、"淘浆糊",一起找"老娘舅",也因为都是"老里八早"的事情,有"弄堂里的叫卖声",有"亭子间和亭子间文化",有"童谣伴我一起长",有"上海的'老行当'",还有"为你'打'开一扇窗"等。

对新上海人来说,是一种学习、体验、感悟,同时大大有助于新上海人学说上海话。让你听"伊讲伊戆伊讲"的故事,知道"'老里八早'是什么时候",体验"上海话'来得'有趣",让你"'勿得勿'学上海话",从而"少说些'洋泾浜'上海话"。

当然,对于希望了解上海这座城市文化的读者而言,这是一部视角独特的文化读物,无疑会为你打开一扇窗,一扇了解海派文化的窗。同时,这也是一部上海话同义词、近义词辨析的较好读物,你会从中感受上海话词语的丰富和独特的语言魅力。

上海人民广播电台"轻松集结号"栏目组
2013年7月18日

目 录

第一部分
(2012年6月~2012年9月)

弄堂里的"叫卖声" …………… 3	又"湿"又"冷" …………… 20
"动"作细腻 ………………… 4	天天都"讲斤头" …………… 21
派头怎么"掼" ……………… 4	"盘"出一片新天地 ………… 22
他是"刮皮鬼"吗 …………… 5	从"大""家"说上海话的发音 … 23
足球不"扎劲",让人很"殟塞" …… 6	体育中的外来语 …………… 25
"轧闹猛"轧出味道来 ………… 7	四字俗语数字多 …………… 26
天热得让人"昏头六冲" ……… 8	上海人的"生意经" ………… 28
看你"力把"有多大 …………… 9	"手""脚"并用 …………… 29
三伏天话节气 ……………… 10	幽默"极至"的表达 ………… 31
夏日里的烦恼 ……………… 11	雨下得"密密猛猛" ………… 32
由"三只屁"想到的零食 …… 12	"雨"过天"晴" …………… 33
"蹿头蹿脑"要出事 ………… 12	上海小吃中的"糕饼团包" …… 33
小菜"烧法"花样多 ………… 13	说不尽的"裙"与"裤" ……… 35
"淘浆糊"淘出新水平 ……… 14	不要去"凑热闹" …………… 36
"噢"的学问大 ……………… 15	亭子间和亭子间文化 ……… 37
来和我"别苗头" …………… 16	有"桥"有"渡",地名丰富 …… 38
"料作"好坏关乎人品 ……… 17	脚底生风话鞋子 …………… 39
当"的粒滚圆"遇到"的角四方" …… 19	老派上海话,名称趣味多 …… 40

外滩——上海的"情人墙" …… 41	"八"彩………………………… 50
上海话中的"生冷禁忌"………… 42	"虫"新认识……………………… 51
道不完的水果糖………………… 43	眼睛一霎,老母鸡变鸭………… 52
"豆"你开心……………………… 44	走路要"轻轻叫"………………… 53
上海"小菜"花样多……………… 45	"唱来唱去"不会唱……………… 53
"三"生有幸……………………… 46	红黄蓝白黑……………………… 54
"老里八早"是什么时候………… 47	给你点"颜色"瞧瞧……………… 56
戏谑幽默乐开怀………………… 48	上海话里的"给"和"被"………… 57
酱菜种类真不少………………… 49	"蟹"字巡礼……………………… 58
"五"颜"六"色到"七"精	歇后语与上海地名……………… 60

第二部分

(2012年10月~2012年12月)

上班不能"昏头昏脑"…………… 65	上海话中的多字熟语…………… 80
"睏觉"睏不醒………………… 66	"笔头好"还是"鼻头好"………… 81
比喻构词真奇妙………………… 67	"衫"出风情……………………… 83
芝麻开花节节"高"……………… 68	"车"来"车"往…………………… 84
少"吃药"更不能"吃错药"……… 69	上海"码子"……………………… 85
上海话"来得"有趣……………… 70	老上海人如何过冬……………… 86
这个人"神经兮兮"的…………… 71	同音不同义,谐音真谐趣……… 89
"车"水马龙……………………… 72	"帽"出精彩……………………… 90
年年有"鱼"……………………… 73	"家主婆"变成"嘎子婆"………… 91
"乒令乓冷"话声音……………… 74	这个小孩"罪过八腊"…………… 92
运气不佳"触霉头"……………… 75	不要总是"急响响"……………… 93
他"难看头势"…………………… 76	"客人"还是"人客"……………… 94
"才"字有才……………………… 77	"脱"也"脱"不完………………… 95
"熟门熟路"话熟语……………… 78	少说些"洋泾浜"上海话………… 97
"冷""暖"自知…………………… 79	"呆呆叫"他来了………………… 98

天色"黑骨隆冬" …………… 99	没有后悔药 …………… 114
五"体"投地 …………… 101	做事不能"拆烂污" …………… 116
吃什么"饭"很重要 …………… 101	做事要"一门心思" …………… 117
谈天说地话"老爷" …………… 102	"相"亲"相"爱 …………… 118
"木知木觉" …………… 103	"穷做八做"还得巧做 …………… 119
他长得"雪白滚奘" …………… 104	"神野胡志"要出事 …………… 120
上海话中"花头"多 …………… 105	一"辆"车，一"部"车 …………… 121
姓氏读音拾趣 …………… 106	"法"力无边 …………… 123
"长脚鹭鸶"好高挑 …………… 107	日子过得很"写意" …………… 124
害怕得"刮刮抖" …………… 108	有"行情行事"的东西 …………… 125
江南福地"水"连片 …………… 110	从"同志"到"朋友" …………… 127
累到"死蟹一只" …………… 111	上海话"讲来讲去" …………… 128
说准变调 …………… 112	"拆"天"拆"地 …………… 129
长得"矮北落托"怎么啦 …………… 113	东西只有"一眼眼" …………… 131

第三部分

（2013年1月～2013年3月）

"触"目惊心 …………… 135	你"轧朋友"了吗 …………… 147
"弹"来谈去 …………… 136	什么叫"吓煞脱人" …………… 148
这个人"触气"吗 …………… 137	多点开心，少点"瘟塞" …………… 150
"白乌龟"和"吃茶"——谐音 …………… 138	吃年糕，节节高 …………… 151
做事不要"轧一脚" …………… 139	"瞌"来"瞌"去"瞌"不醒 …………… 151
"平顶头"住"平顶房" …………… 140	上海人的亲属称谓（一） …………… 152
童谣伴我一起长 …………… 141	上海人的亲属称谓（二） …………… 154
语气词"咾" …………… 142	交通工具名称拾趣 …………… 156
语气词"唻" …………… 143	外来语无处不在 …………… 157
"洋"气十足 …………… 145	"刮皮"又"刮三"，做人吃不开 …………… 158
从"上海"的"上"说起 …………… 146	林林总总的凳子 …………… 159

吃饭时坐法有讲究 …………… 161
迎春纳福过大年 ……………… 162
欢欢喜喜闹元宵 ……………… 163
坐有坐姿,"眮"有"眮相" ……… 164
他是个"老门槛" ……………… 165
长得"标致、登样" …………… 167
从"头"到"脚" ………………… 169
上海"老行当" ………………… 170
"有力把"的人不"掼派头" …… 170
"吓人倒怪" …………………… 171
看看哪个更"结棍" …………… 172
"伊讲伊慾伊讲" ……………… 173
"穷吃阿二头"要吃坏肚子 …… 174
"复杂"人称"简单"用 ………… 175
"伊拉讲""对哦" ……………… 177
"弄"出名堂 …………………… 178
有啥看头,吮啥吃头 ………… 179

"哭煞死"也没用 ……………… 180
"板"上钉钉 …………………… 181
"搭进搭出""搭"不完 ………… 182
"开"什么不能"开大兴" ……… 184
足球被人"骂足输赢" ………… 184
"瞎吃八吃"是不行的 ………… 186
书面语与口头语拾趣 ………… 187
"头头"是道 …………………… 188
"2"的读音学问大 ……………… 189
事情要"笃悠悠"地做 ………… 191
这块糕"软笃笃" ……………… 192
上海话也有"比较级" ………… 193
感觉"倦答答"的 ……………… 194
"塔塔"用处多 ………………… 195
他"搞勿好了" ………………… 196
为你"打"开一扇窗 …………… 198
鸡鸡斗,虫虫飞 ……………… 199

第四部分
(2013年4月～2013年5月)

什么事让你"气煞快" ………… 203
"出"来混不容易 ……………… 204
"忙做忙","不要忘记六月黄" … 205
"横算竖算"算什么 …………… 206
"投五投六""杂七杂八" ……… 208
"跳死跳煞"也没用 …………… 208
"因果"报应 …………………… 210
"吃"得精彩 …………………… 210

"情愿"饿死"也勿"吃 ………… 212
"讲是讲""做末做" …………… 213
上海人很会"做人家" ………… 214
有事就找"娘舅" ……………… 216
"222"怎么读 …………………… 217
贯通古今的"宕" ……………… 218
不一样的"谣" ………………… 219
"辣"出味道 …………………… 220

一"蛋"百烧 …………… 221	上海闲话,"花头劲"多……… 235
"掼"来"掼"去 …………… 221	"一摇一摇"与"摇记摇记"…… 236
日复一日,年复一年………… 222	经验"老"到 ………………… 237
"勿得勿"学上海话 ………… 225	从"啥"说起 ………………… 238
"得""得"不休 …………… 226	"吊""刁"不相同 …………… 240
"夹"在中间受气 …………… 228	"啰里啰唆""怪里怪气"……… 241
出尽风"头" ………………… 229	好了"勿啦" ………………… 242
"脱""光""好"不"好"……… 231	文白异读真奇妙 …………… 244
红帮裁缝 …………………… 232	"辣、辣辣、辣海、辣盖"……… 245
"一枪头"不是"枪" ………… 232	千万不要"搭手脚" ………… 247
"东板板""西板板"………… 234	"货"色不少 ………………… 248

后记……………………………………………………………………… 249

第一部分

(2012年6月~2012年9月)

　　"轻松集结号"之"上海闲话"板块正式开播了,对于向来以普通话作为主要播报语言的电台媒体来说,这无疑是一次了不起的尝试,也是一次巨大的挑战。在提倡文化多元化的今天,希望这样的节目能够给大家带来更多的地方语言与文化特色。节目的开播好比种子发芽,碧绿、可爱、娇小,却充满生机。这部分文字,有针对足球比赛时使用的上海话词语的概括,也有不少关于上海文化的介绍,像亭子间和上海话歇后语等。

2012年6月25日

今天我们讲的话题是：说说你过去最熟悉的弄堂里的"叫卖声"都有哪些？

弄堂里的"叫卖声"

当年我们住在弄堂里，从早晨到晚上，都常会听到一些"叫卖声"。有卖花的，"栀子花白兰花"，伴随着花香而来；有卖小吃的，"桂花赤豆汤，白糖莲心粥"、"臭豆腐干"、"荫凉绿豆糕"、"五香酱牛肉"、"香炒热百果，香是香来糯是糯"、"火腿粽子"、"猪油豆沙百宝饭"，让小囡都馋得要流口水。还有卖"包开西瓜"、"沙角菱"、"三北盐炒豆"、"光明牌棒冰"、"爆炒米花"，形形色色，至今依然记忆犹新。

从江南江北各地来的小吃就争相呼吆，本地人卖"擂沙圆、糖粥、熏肠肚子"，苏州人卖"甘草梅子、盐金花菜、小虾米豆腐干"，广东人卖"鱼生粥、云吞面"，宁波人卖"鸭膀鸭舌头"，苏北人卖"䒱光嫩地栗、麻油馓子"等等。

有收旧货的，如叫"洋瓶碎玻璃调自来火，收鸡毛，收纸锭灰"的。凡是百姓需要的，修修补补都服务到家。"箍桶哎"，"补碗噢"。棕绷坏了，就有"修棕绷"的叫声；菜刀钝了，就有"削刀磨剪刀"的叫声，外国人也来"轧一脚"（掺和进来），他们有电动的磨刀器，自己叫着"外国人磨剪刀"；洋伞经常要坏，就有十分规范一致的好听的叫声："修洋伞！"记得1956年我初订《青年报》时，看到有一幅漫画，画的是教室里一个历史老师在问一个站起来的学生："伯夷死在哪里？"学生惘然不知，这时窗外忽然传来"修洋伞"的叫声，学生马上回答出来："首阳山。"

从这些天天听到的"叫卖声"中，足见上海人"扳节头过日脚"的"做人家"。

（钱乃荣）

2012年6月26日

今天来讲讲上海话中丰富的动词，如何表达动作的细致差异。

妙趣横生上海话

"动"作细腻

上海话中,表示动作的常用动词,区分动作清楚细腻。如普通话的"挑"表示"挑担子"和"挑东西"两个意思,而上海话中分别用两个动词表示:"挑"担、"拣""物事";上海话用"穿"表示"穿马路",用"着"表示"着衣裳",而普通话两种意思只用"穿"一个词表示;"找人"上海话说"寻人","找"用作"找零钱"用;上海话里"靠"用于"挨近"的意思,如"船靠岸"、"靠墙壁走",而"靠到某处"是用"隑(ghe)"的,如"隑沙发"、"隑牌头";上海话中"削甘蔗"、"削铅笔"用"削",而圆转地削苹果皮,叫"鋘(qi)苹果皮";牛奶煮沸得溢出,称"潽出来",而阴沟水没了泗溢,称"滥出来";还有"放在桌上"称"摆辣台子浪","放到外面去"中的"放"是解除约束的意思。上海话中"领"用于"领大家走",而"带"用于"带好证件";"更换"称"换",如"换衣裳","对换、替换"称"调",如"调位置"、"调房子";"拖到夜里"用"捱","拖地板"用"拖";"鸟叫"用"叫","人叫"用"喊";"吸气"用"吸","吸水"用"嘬";"离地"用"搬","不离地"用"捅"。如此之类,确实非常形象。

(钱乃荣)

2012 年 6 月 27 日

在朋友聚会、同学聚餐时,经常有些人爱吹嘘自己多有本事,多有钱。那么上海话中,都有哪些词形容这些喜欢吹嘘的人呢?

派头怎么"掼"

在朋友聚会、同学一起聚餐时,常会有人爱吹嘘自己如何有本事,有大把的钱。那么,在上海话中,你知道哪些词是形容人喜欢吹嘘的呢?

主要有"掼浪头、甩浪头、豁胖、掼派头、老奎、老茄、浪头大、吹牛屄、吹牛三、神气活现、神抖抖"等。

下面我们来看例句：

搿个人本事末吭没个，就欢喜掼浪头（甩浪头）。（这人没什么本事的，就喜欢摆阔。）

伊专门欢喜豁胖，侬勿要去相信伊。（他总是喜欢摆阔，你们别去相信他。）

侬甩啥个派头，算侬有两张钞票咪！（你摆什么阔，算你有些钱了！）

介老奎个，像煞钞票用勿脱了。（这么牛，好像钱用不完了。）

侬老茄点啥？再多钞票也吭没人睬侬个。（你牛什么牛，再有钱也没人理你的。）

算侬有钞票，辣搿搭掼啥派头？（算你有钱，在这里摆什么阔啊！）

侬掼啥个浪头？浪头末介大，叫侬付钞票末又吓煞脱咪！（你摆什么阔，这么会吹嘘，叫你付钱又吓坏了。）

侬辣搿搭吹啥牛屄（牛三），真正叫侬挺张只手又要缩进去了。（你吹什么牛，真的要你付钱你又吓回去了。）

神气活现点啥啦？算侬赅几张钞票咪！（有什么好神气的，算你有了些钱了！◇赅：拥有。）

侬看伊神抖抖个样子，钞票多煞咪！（你看她神气的样子，钱多死了！）

（丁迪蒙）

2012年6月28日

今天说说哪些上海话是形容一个人特别小气，总爱占人便宜的。

他是"刮皮鬼"吗

昨天聊的是吹嘘自己有钱、有本事，今天来说说上海话中形容某人特别小气，总爱占人便宜的词语或俗语。

比如有："小气、小气鬼、小家牌气、勒杀吊死、小刁码子、刮皮、刮鬼、刮皮鬼、一钿如命、酷、狗屁倒糟、照牌头、隑排头、隑白皮、装胡羊、一分洋钿看得比轮盘还要大"等。

来看例句：

搿个人介小气个,是只小气鬼,呒没啥搭头个。(这个人这么小气,是个小气鬼,没什么好搭理的。)

搿个人勿灵,小家牌气,呒没啥派头个。(这个人不好,小家子气,没什么派头的。)

做人要大方眼,勿好勒杀吊死个。(做人要大方点,不能小气。)

搿是只小刁码子,总归要讨人家个便宜。(这是个小气鬼,总是要占人家的便宜。)

伊是只刮皮(刮鬼、刮皮鬼)哎,一钿如命个!(他是个小气鬼啊,爱钱如命。)

问侬讨眼物事,侬勿要酷好哦?狗屁倒糟只拨一眼眼啊!(向你要点东西,别小气行吗?小气量只给这么点啊!)

出去吃饭,伊照排头伊只管吃,一到付钞票就装胡羊。手伸到袋袋里去再也勿拿出来了。(出去吃饭,她总是只管吃,到付钱时就装傻。手放在口袋里再也不拿出来了。◇排头:靠山。照排头:依靠别人的力量办事。)

伊做啥事体侪要陉人家个排头。(她做什么事情都要找靠山。◇陉:依靠。)

伊啊,一分洋钿看得比轮盘还要大,搿牌人好去搭讪个啊!(他呀,一分钱看得比轮子都要大,这种人可以交往的啊?)

注意:"侬勿要酷好哦"中的"酷",读如"哭"。

有些网友提出还有"做人家",这个词虽有不愿意多花钱之意,却是只对自己克勤克俭,不针对他人,这属于个人美德。

(丁迪蒙)

2012年6月29日

欧洲杯激战正酣,我们在看球的时候,对于场上球员的表现,我们经常会用哪些上海话来形容,并表达自己的情绪呢?

足球不"扎劲",让人很"殟塞"

最近正好是欧洲杯激战的时候。上海有自己的球队,很多上海人也非常喜欢看足球。在看到必进之球射飞、加时赛比分领先等这样令人情绪激动的场面时，总会有一些上海话的词语冒出来。一般我们说得最多的有哪些呢？

如果看到了好球，除了可以说"有劲"表示有趣之外，我们还可以说"煞根"，它的意思就是过瘾、彻底、痛快、令人满足。如："今朝辣场球踢得来煞根啊！"（今天这场球踢得过瘾啊！）还有"扎劲"，意思是有趣、刺激。希望球队彻底地、痛快地放手进攻，我们可以说"杀搏、杀杀搏搏"进攻。自己喜欢的球队赢了，当然会感到非常地"捂心"，意思就是心中舒服痛快。

如果看到了让人感到郁闷的球，除了说"难过"之类的普通话也有的词汇外，我们还会说"触气、惹（sha）气"这样的词，来表示惹人厌。如果你气愤到无以复加的地步了，我们说气得"阿漰阿漰"；还有"响势"表示心里难以名状的难受。同样表示这个意思，还有很多人会说"殟（wek）塞（sek）"。在网络上，很多人把这个词写成了"挖色"或者是"窝色"等，其实第一个字应写"殟"。为什么是这个平时很少看到的字呢？原因有二：一是它的读音是 wek。"挖"在上海话中读 wak，"窝"在上海话中读 wu，都不能正确地用来表示这个音。二是它的意义完全符合。在中国宋代的韵书《广韵》中就有记载：殟，心闷。

（朱贞淼）

2012 年 7 月 2 日

普通话里的"挤"字在上海话里不一定都说成"轧"的，你知道"挤"字在上海话里分别有几种说法吗？

"轧闹猛"轧出味道来

上海人喜欢"轧闹猛"（凑热闹，往热闹的地方挤），"挤"起来有各种各样。一般地说"挤"，就是"轧（ghak）"，如说："辣个地方真是轧得来要命！"（这个地方真是挤得不得了！）

但是，"挤"有几种挤法，上海话中都有精细的表达。如果要碰着、擦着别人的衣服或身体挤过去，叫"挭（ghan）"，如说："侬勿要挭来挭去。"（你不要挤来挤去。）如果是在挤的人堆里要硬插挤进去，就叫"玑（gha，读如'茄'）"，如

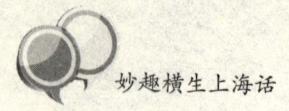

说:"拨伊倒硬扎扎进去了。"(倒给他硬挤插进去了。)如果是轻松地挤入擦入,就叫"掯(kan,读如'坑')",如说:"伊掯发掯发掯过去了。"(他擦呀擦地擦过去了。)

如果是从小洞里挤出,上海人说"抮(zen,读如'珍')",如普通话"牙膏挤出来"、"挤牛奶",上海话是说"牙膏抮出来"、"抮牛奶"。

(钱乃荣)

2012 年 7 月 3 日

炎热的夏天,骄阳似火焰。在形容天热得让人很不舒服的时候,我们都会用哪些上海话来形容,来表达情绪呢?

天热得让人"昏头六冲"

炎热的夏天,骄阳似火焰。形容天热得让人很不舒服时,上海话怎样表达这种情绪呢?

主要有"乌苏、殟塞、响势、闷热、昏头六冲、黏支疙瘩、黏搭搭个、汗溚溚渧、热天热色、热天热世、热烘烘、热响响、呼呼烫"等。

我们看下面的句子:

辂天邪气乌苏,人身浪向黏搭搭个。(这天非常闷热潮湿,身上都黏黏的。◇乌苏天:闷热潮湿的天气。)

介殟塞个天气勿要出去,最好辣房间里孵孵空调。(这么不舒服的天不要出去了,最好在房间里吹空调。◇殟塞:烦闷、难受。)

辂天响势得勿得了,人老难过个。(这天很不舒服,让人很难过的。◇响势天:闷热的天气。)

天邪气闷热,马上要落雨了。(天非常闷热,马上要下雨了。)

天气热得来,人觉着昏头六冲个。(天好热,人感觉昏沉沉的。)

介热个天,身浪向粘支疙瘩,老勿适意个。(这么热的天气,身上粘乎乎的,很不舒服。)

外头大概有得38度咪,热烘烘(热响响)个,身浪向汗溚溚渧。(外面大概有38度,太热了,身上都是汗。)

热天热色(热天热世)勿好出去,要中暑个。(大热天不能出去,要中暑的。)

侬看伊只面孔呼呼烫,太阳介结棍个。(你看她的脸都热得发烫,太阳太厉害了。)

有网友说还有"热昏",其实这个词并不是形容热得不舒服的词语。它有两个意思:

一是形容头脑发热,昏了头。比如:

侬辣热昏啊!搿句闲话好搭伊去讲个啊!(你在发昏啊!这话怎么可以和她去说的啊!)

二是形容程度高。比如:

南京路浪人是多得来热昏,搿排地方勿好去个。(南京路上人多得不得了,这种地方不能去的。)

(丁迪蒙)

2012年7月4日

劫机案惊魂反抗瞬间,飞机一头传来声音:是男人吗?都上!上海话形容一个人很有魄力、很勇敢英勇,都有哪些词语呢?

看你"力把"有多大

上海话中有哪些是形容人很有魄力、敢作敢为的词语或短语的呢?

主要有"乓乓响、一刮两响、爽气、担肩胛、有力把、有气派、煞根、码子、有腔调、三下五去两"等。

我们来看例句:

搿个人乓乓响个,讲出闲话一定做到。(这个人有魄力,说出的话一定做到。)

伊做随便啥事体侪一刮两响,吭没闲话个。(他做任何事情都很爽快,没什么好说的。)

伊啊,做随便啥事体侪邪气爽气,肯担肩胛。(他啊,做什么事情都非常爽快,肯负责任。)

伊邪气爽气个,做事体三下五去两,一歇歇就做好了。(他非常爽快的,做事情有魄力,一会儿就做好了。)

搿个人邪气有力把(煞根),侬托伊做可以放心个。(这个人非常有魄力,你托他做可以放心的。)

侬是码子,阿拉勿来三。(你是个有魄力的人,我不行。)

伊有腔调,是只码子。(他有魄力,是个有魄力的人。)

做事体要有气派,讲闲话要算数,讲出来就要做到。(做事情要有魄力,说话要算数,说出来就要做到。)

(丁迪蒙)

2012 年 7 月 5 日

黄梅刚出,立马三伏,热得够呛。你知道哪些节气是上海话里所特有的吗?哪些又与普通话里同字不同意?今天请朱贞淼老师一起说说上海话的节气。

三伏天话节气

节气是指 24 个时节和气候,是中国古代订立的一种用来指导农事的补充历法。中国历来是一个农业社会,即使是现在,中国也还是一个农业大国。上海作为江南水乡,在尚未成为国际化大都市前,其农耕就非常发达,自然对节气方面也十分地关注。而且,根据上海自己特有的气候,还有一些普通话中没有的季节、气候词语。

如"短三春",意思就是清明节在农历的二月里,而"长三春"就是指清明节在农历的三月里。江南地区和江淮流域在初夏最具特征的气候就是"黄梅"。这段时间经常阴雨,器物容易发霉,而此时又正值江南梅子成熟,因此就谐音为"黄梅"。黄梅天就是梅雨季节。开始进入梅雨季节,我们叫"入梅";而梅雨季节的结束,我们就叫"出梅"。如果黄梅雨季延长到小暑后,我们称"倒黄梅"。我们还有谚语"小暑一声雷,倒转做黄梅"的说法。农历二月十二,称为"百花生日";而七月初七,又称为"七巧"或"七巧日";"中秋节"别名"团圆节";农历的十二月初八,就是"腊八";"送灶日"在十二月廿三,那天是要送灶头菩萨上天的。

这里还要提一下"小年夜"这个词。这个词在中国的不同地区所指的日期是完全不同的。在中国的北方地区,小年夜大多是指十二月廿三或廿四,也就是差不多除夕的前一周。而在上海,除夕被称为"大年夜","小年夜"就是除夕的前一天晚上。据说,在台湾,"小年夜"指的也是除夕的前一天晚上呢!

(朱贞淼)

2012 年 7 月 6 日

上海高温警报七连发,中暑、保险丝烧断、汽车抛锚,高温造成的麻烦真不少。今天"上海闲话"板块继续请进朱贞淼老师,一起来说说老上海夏日里的烦恼。

夏日里的烦恼

正值酷夏,各种事情也越来越多。汽车抛锚、自燃、身体中毒、中暑等,高温造成的麻烦还真不少。今天我们来说说,在上海话中,夏天都会得些什么病。

首先,人不舒服,我们叫"勿适意",注意不是写"适宜",因为上海话中"宜"的发音和"泥"相同。发烧,我们叫"发寒热",因为发烧大多数都是因为受寒引起的。感冒又可以叫"伤风"。夏天如果吃了不干净或者不新鲜的食品闹肚子了,腹泻了,我们叫"肚皮射(sha)"。"射"字在这里读如"惹、柴",是保留了古音。经常会听到别人说"痊夏(zy hho)",那是一种夏季精神倦怠的感觉,而且胃口不佳。夏天时头部生的疖子,我们叫"热疖头";而疟疾,我们称"疟子(ngok zy)",或者叫"冷热病"。后面这个词非常形象,因为生了疟疾的典型症状就是周期性的冷热发作。如果吃得太多不消化,我们说吃得"瞪牢"了;如果已经有了症状,我们就叫"瞪食"。另外,还有"中暑"啊、"勿消化"啊等和普通

话差不多的词汇,这里就不多介绍了。

（朱贞淼）

2012年7月9日

今天我们请问钱教授,最近上海某小学生口中说"三只屁",这是什么零食?老上海喜爱的零食小吃还有哪些?

由"三只屁"想到的零食

语言是在交际中才能学会的,现今小学生因为没有同学之间用上海话交流的习惯,所以连许多常用词语,他们也不能说出正确的上海话读音,如把上海常见的零食"山楂片"说成"三只屁",闹出笑话来。但是如果他们经常听说上海话,上海话不衰弱的话,是不会说出这样"洋泾浜"的上海话来的。

上海从来就是一个"零食"花样繁多的地方,它们各有上海话的名称。如最便宜的是用胡萝卜制成的"甜支卜"、"咸支卜",过去在弄堂门口的小店、小学校门口的摊子上都有得卖。再如"盐金枣"、"盐金花菜"、"甘草梅子"、"桃板"、"奶油话梅"、"酱汁话李"、"九制陈皮"、"甘草山楂"、"酱油瓜子"、"五香豆"、"陈皮梅"、"杏梅"、"薄荷粽子糖"、"话梅糖"等都是我从小吃到大的最喜欢吃的几种零食。

（钱乃荣）

2012年7月10日

天热对人的情绪有很大的影响,人容易急躁。在上海话当中有哪些词是形容做事很着急、很鲁莽的呢?

"蹱头蹱脑"要出事

天气炎热对人的情绪有着很大的影响,人特别容易急躁。那么,在上海话当中有哪些词语是形容一个人做事很急、很鲁莽的呢?

12

主要有"投五投六、投煞鬼、五斤吼六斤、极吼吼、极吼拉吼、极出乌拉、脱头落攀、蹱头蹱脑、火烧眉毛"等。

我们且看例句：

搿个人做啥事体侪是投五投六，像只投煞鬼。（这个人做什么事情都是毛毛糙糙，像个冒失鬼。）

侬极吼吼做啥？啥人要来抢侬啦！（你那么急干什么？谁要来抢你啊！）

啥事体五斤吼六斤，吵点啥啦？（为什么那么急，有什么好吵的？◇五斤吼六斤：说话或争吵时激烈而急迫的样子。）

看伊搿种蹱头蹱脑个样子，要闯穷祸个。（看他这种冒失的样子，要闯大祸的。）

勿好投五投六个，脱头落攀做勿好事体个。（不能太莽撞的，丢三落四做不好事情。）

侬看伊搿种极吼拉吼个样子，吓人哦？（你看她这种迫不及待的样子，吓人吧！◇极吼拉吼：迫不及待的样子。）

侬极出乌拉做啥，来得及个呀！（你这么急干什么，来得及呀！◇极出乌拉：十分急切。）

随便做啥事体侪蹱头蹱脑，搿能介勿来三个。（随便做什么事情都很急，这样不行的。◇蹱：行步往前斜，不稳欲跌倒的样子。）

做啥介急啦！火烧眉毛了啊！（为什么这么急啊？火烧眉毛了？）

注意："蹱"，音"宠"，俗写作"冲"，音近，但声调不合。"眉"，读如"迷"。

（丁迪蒙）

2012年7月11日

上海人"烧小菜"的烹调方法多种多样，你知道各种"烧法"的动词有哪些吗？它们之间有什么差异？

小菜"烧法"花样多

上海人，很会小乐惠。烧小菜中，上海人的五方杂处，使上海的食文化取

得了博采众长的优势,弄堂里的"买汰烧"们常常会把"烧小菜"当作一门学问一样,互相推介研究交流,烧出好味道来,所以非常注意各种小菜的烧法,"翻翻花样"、"吃吃白相相"。

上海闲话中集中了江南烹调食物用火制作方法的几乎所有的动词,"烧"是总的说法。具体的"烧法",主要有以下几种:"炒":炒虾仁,炒三鲜;"煎",煎荷包蛋,煎带鱼;"蒸":清蒸甲鱼,粉蒸肉;"炖":蛤蜊炖蛋,清炖鸽子;"笃":笃蹄髈,腌笃鲜;"焖":油焖笋,焖蛋;"煤":煤毛豆,煤牛肉;"氽(ten)":氽豆瓣,氽油条;"烤":烤乳鸽,烤鱿鱼;"熏":熏青豆,烟熏拉丝;"炸":炸猪排,炸虾球;"煸":煸咸菜,煸肉丝;"爆":爆鸡丁,爆鱼;"氽(coe)":氽芹菜,氽马兰头;"烘":烘山芋,烘大饼;"熝(zou)":熝油肉;"煨":鳝丝煨面;"焐":焐酥豆;"脍":脍三鲜;"熬":熬白菜;"溜":溜鱼片;"熯":熯馅饼;"烝":烝糕;"扣":扣肉。

除了融江南特色于一炉外,北方与南方的一些烹调称呼,如"涮"、"煲"等词也开始在沪扎根。

(钱乃荣)

2012 年 7 月 12 日

在上海话的俗语当中,形容混日子、游手好闲、没事惹点事出来有哪些词?另外"淘浆糊"一词都用在哪些地方?怎么淘呢?

"淘浆糊"淘出新水平

上海话中,说某人在混日子,有个词语叫"混腔势"。"腔势"是英语 chance 的音译,就是说有一种人,平时无所事事,老是在找机会混,日子过到哪里是哪里。还有做事情只会"拆烂污",过日子是"脚踏西瓜皮,滑到阿里是阿里"。

近年来,上海流行"淘浆糊"这个词。"我今朝淘了一日个浆糊!"是指做事马马虎虎、敷衍塞责,混了一天;"侬认真来死做啥?我看侬只要淘淘浆糊就可以对付过去了。"这是指遇事只求蒙混过关;"回答勿出,淘浆糊会哦?"这是叫人不分青红皂白、不懂装懂、搅和一气应付正事;"伊末,只会淘浆糊,侬可以相信伊个闲话个啊?"这是指有的人只会胡说一气、插科打诨,靠不住的;"大家侪辣排练节目,我也轧辣当中淘淘浆糊。"这是指凑热闹、滥竽充数。你看,"淘浆糊"一下可以包囊替代"敷衍塞责、蒙混过关、插科打诨、滥竽充数"四个成语。

"淘浆糊"一词,有人说相当于北方话的"和稀泥",但这只能说是对应其一义;有人说如南方话的"拆烂污",可"淘浆糊"的人要比"拆烂污"的人有能耐,有时倒也不是存心要去"拆烂污"那么"拆"得厉害。

"淘浆糊"不但用于贬义,有时还可用作褒义和中性义,如沟通关系、调和矛盾也是一种"淘浆糊",可以说:"我辣伊拉两家头当中淘浆糊。"客气的时候表示谦虚、出力不多,也可说:"我是弄勿来个,只不过淘淘浆糊个呀。"问人在何处高就,也可说:"侬辣啥地方淘浆糊啊?"大家在很高兴要去做某事时,就说:"淘浆糊去!"似乎很潇洒从容的样子;如要表示宽容随意,劝人从事,则可对人说:"侬就去做好了,淘淘浆糊也可以个,勿必太认真。""伊浆糊淘得好,路路通!"则是对善于处理人际关系的人的褒词。更有一种"淘浆糊"是在双方中求同存异,说:"今朝订货会浪,要看侬淘得来浆糊哦了!""淘浆糊"居然还是个本事,现代社会需要一种妥协合作,协调关系,才能前进。谈生意的时候,两个老板谈得谈不下去了,旁边的秘书就要拿出"淘浆糊"的水平,这叫"绷得再僵硬,淘出新水平"!

"淘浆糊"的"淘",上海话语音同"道",是浊音声母;不是"捣蛋"的"捣","捣"音"到",是清音声母。再从语义来看,"淘"的动作是像"淘米"一样的,而"捣"是"捣鸟窝"那样的动作,显然不对。"浆糊"的"浆"在这里是读第一声阴平声调;不是"糨糊","糨"是去声声调,所以不是这个字。

(钱乃荣)

2012年7月13日

上海话里的语气词博大精深,光一个"噢",就能演绎出告知、提醒、警告等多种意思。再次请进朱贞淼老师,跟大家一块来聊聊上海话语气词。

"噢"的学问大

今天我们来说说上海话中的一个语气词:噢。这是常用的一个语气词,

今天主要讲的是位于句子末尾的语气助词。它还可以用在句子的一开始,作为叹词。这个我们以后有机会再讨论。

　　在作语气助词的时候,这个"噢"可以表示多种语气。第一,它可以表示提醒、警告的语气。如,"侬出去当心眼噢!"(你出去当心点哦!)这句话里的"噢"就是提醒的语气。而"搿桩事体勿好做个噢!"(这件事情不能做的哦!)这里的"噢"就是一种警告的语气。第二,表示告知的语气。如,"侬等一歇噢,我马上就好噢!"(你等一会儿哦,我马上就好哦!)这里的"噢"就很明显是告知的语气,在这句句子中,就是告知对方要等一会儿,让对方知道自己马上就能做好。第三,表示叮嘱的语气。如,"今朝要落雨个,出去伞带好噢!"(今天要下雨的,出去带好伞哦!)就是叮嘱对方要带好雨具,因为今天可能会下雨的。第四,表示劝听、商量的语气。比如,你路边临时停车上下客,却不小心阻碍了街面的商铺做生意。别人希望你不要停这里,你可以说,"勿好意思,我马上就走噢!"(不好意思,我马上就走哦!)这里的"噢"就是一种和对方商量的语气。因为自己只是上下客,马上就走的,不会长停,和对方商量,希望对方理解。平时说话,大家一定没有注意到那么多语气在里面吧!

(朱贞淼)

2012 年 7 月 16 日

　　"苗头",这个词在上海话里意味深长,"有苗头"、"轧苗头"、"别苗头",处处考验出一个人的智商和情商。今天我们请进丁迪蒙老师,来说说上海话里的"苗头"。

来和我"别苗头"

　　"苗头"在上海话里是意味深长的,考验着一个人的智商和情商。那么,什么是"苗头"呢?

　　"苗头"主要有三个义项:

　　(1) 本领、办法。可以说"有苗头、呒没苗头"。比如:

　　我倒要看看侬有啥苗头。(我倒要看看你有什么办法。)

我是呒没啥苗头个,看看伊有苗头哦。(我是没啥本领的,看看她是否有办法。)

(2) 来头。比如:

搿个人苗头好像蛮粗个。(这个人好像来头挺大的。)

(3) 刚显露出来的趋势或情况。比如:

苗头勿对末快点刹车,勿要再讲下去咪!(情况不对就快点停住,不要再说下去了。)

由"苗头"可引出"轧苗头、看苗头、别苗头"。

"轧苗头"指见机行事。比如:

讲闲话、做事体侪要轧苗头个呀,苗头勿轧末要吃苦头个。(说话做事要见机行事,不看情况要吃苦头的。)

"看苗头"指看情况灵活办事。比如:

讲闲话要看看苗头,好讲就讲,勿好讲就勿要讲。(说话要看情况,能说就说,不能说就不要说。)

"别苗头"指比高低、争风头。比如:

伊搭我别苗头,哪能可能别得过我呢!(他和我来比高低,怎么可能比得过我呢!)

侬勿要来搭我别苗头,侬别勿过我个。(你不要来和我争风头,你争不过我的。)

(丁迪蒙)

2012 年 7 月 17 日

"料作"在上海话里本来指的是"衣料"、"原料"等。说一个人"料作忬"是什么意思呢?形容一个人品质不好又可以用哪些词?继续请进丁迪蒙老师为我们解析。

"料作"好坏关乎人品

"料作"在上海话里的意思是"衣料"、"原料"等。也可以形容人,那就是人品

的意思了。"料作好"就是品格好,那如果说某人"料作怵(qiu)",就是品质不好。

"怵"是"不好、坏、差"的意思。如果脾气不好就是"脾气怵"。除了这个"怵"外,上海话里说人不好还可以用哪些词呢?

主要有"坏、咋巴、十三点、痴头怪脑、勿二勿三、下作、下作坯、坏坯子、贼塌嘻嘻、油腔滑调、吃豆腐、揩便宜、出外块、讨惹厌、讨厌来西(头势、得勿得了、得一塌糊涂)"等。比如:

搿个人邪气坏,大家勿要去睬伊。(这个人非常坏,大家不要理睬他。)

搿个小姑娘辣辣边浪咋咋巴巴,吵得咪!(这个小姑娘在边上瞎咋呼,好吵!)

伊老十三点个,阿拉勿要搭伊一道白相。(她有点疯癫,我们不要和她一起玩。)

搿个人痴头怪脑个。(这个人疯疯癫癫的。)

注意:"咋巴、十三点、痴头怪脑"通常是说女性的行为举止不妥当。"咋巴"形容尖着嗓子咋咋呼呼;"十三点"形容做出或说出轻浮不中听、不入眼的举动或语言的人;"痴头怪脑"是形容人疯疯癫癫的样子。

伊老老下作个,阿拉勿要去睬伊。(这个人非常下流,我们不要去理他。)

下作兮兮个人,勿好搭伊好个。(一副下流相,不可以和他来往。)

搿个人贼塌嘻嘻,勿是好物事。(这个人嬉皮笑脸,不是好东西。)

油腔滑调个样子,啥人要睬伊。(油滑轻浮的样子,谁要理他!)

搿是只下作坯,阿拉勿要去搭伊讲闲话。(这是个下流鬼,我们不要去和他说话。)

注意:"下作、下作坯、贼塌嘻嘻、油腔滑调"通常都是指男性的举止行为轻浮。"贼塌嘻嘻"是嬉皮笑脸的意思;"油腔滑调"的意思是油滑、轻浮。

侬勿要来吃我个豆腐噢!(你不要来挑逗我。)

伊专门到女人多个地方去想办法揩揩便宜、出出外快。(他总是到女人多的地方想办法占便宜。)

注意:"吃豆腐、揩便宜、出外快"同样指男性的言行。"吃豆腐"是挑逗、猥亵、侮辱妇女的意思,不过程度还不严重;"揩便宜、出外块"除有"占便宜,讨便宜"外,还有"轻佻地打人或抚摸女性身上的某些部位"的意思。

老讨惹厌个,搿个人我看到伊讨厌来西个。(很讨厌的,这个人我看到就讨厌。）

我看到伊讨厌头势啊！讨厌得勿得了，讨厌得一塌糊涂。（我看到他非常讨厌！讨厌得不得了，讨厌得无法可言。）

前后的"老、来死、头势、勿得了、一塌糊涂"表示的是程度逐渐增高。

（丁迪蒙）

2012 年 7 月 18 日

上海话中的形容词有一种形式，是三个字来形容一个字，比如"的粒滚圆、刮辣松脆"。请问：这两个词语是用来形容什么事物的？你还能举出其他这种形式的词吗？

当"的粒滚圆"遇到"的角四方"

这是上海话状态形容词中，形容程度最高的词语了。"的粒滚圆"是指这样的小东西很可爱，滚圆滚圆的，比如铁弹子，不但形态圆得无瑕，而且滚下来，像有"的粒"、"笃落"的声音的。有时说一个人弹出来的眼珠也可说"的粒滚圆"。"刮辣松脆"是形容饼干或坚果，咬上去"刮辣"一声很松很脆，一咬就碎，十分爽口。这个词有时可以引申指某人的说话爽快干脆，声音响亮。

除此以外，还有"的角四方"，指的是整整齐齐的方形，比如说"掰只台子的角四方"。也有人说到一个人的脾气一点没有妥协余地，就说待人"的角四方"的。"石骨挺硬"，又有说"石骨铁硬"的，就是像石头、骨头、铁板一样地硬，真是非常坚硬。比如夸张点说，中秋节，一盒月饼送来送去，送到最后，月饼变得"石骨挺硬"了。形容一个人斩钉截铁地说话也可说"伊今朝讲个闲话石骨铁硬"（他今天讲话态度非常强硬），那就表示没有任何回旋余地了。

上海话此类极端形容词还有一些，如说一张新出的钞票，形容它"赤刮辣新"；如说一片翠绿色的麦苗，可以说"碧绿生青"；说一个闪闪发光的金戒指，可说"金光锃亮"。说很白又很胖，是"雪白滚壮"；说刚煮好带有热气，往往吃不上口的，是"热吹潽烫"；形容笔直竖立，说"笔笃势直"。

（钱乃荣）

妙趣横生上海话

2012年7月19日

上海话中形容状态常常用ABB式和BBA式形容词,如"冷冰冰、冰冰冷",又如"湿搭搭、湿塔塔、湿潾潾",意思有什么不同?你能说说还有哪些类似的ABB式或BAA式的形容词吗?

又"湿"又"冷"

上海方言中,ABB式和BBA式的表现状态的形容词非常丰富,而且所表达的意思都有细微的不同。上海话中不同的形式表达形容的级别是不同的。比如"冷",就是一般得说天气或一样东西是"冷"的。ABB式的"冷冰冰"形容程度比较低,是比较级,就是有点"冷";但是BBA式说的"冷"程度便是最高级,是很冷很冷的了。再如"潽塔塔"是比较级,"塔塔潽"是最高级,像说"侬孩只床浪向哪能被头摆了潽塔塔个啊?"(你那张床上被子怎么放得满满的啊?)如果说"侬只盆子里西瓜子堆得塔塔潽",那就是说:你的那个盘里西瓜子放得再也放不下了,都要"潽"到外面来掉到桌子上了。

又如同样是个"湿",上海人描写的场合或程度也是有别的。比如"湿几几"形容衣物中不应含水而含水的样子,"湿扎扎"形容湿有水滴,"湿潾潾"形容湿得往下淌水,"湿搭搭"形容有点湿或湿而粘在一起,"湿塔塔"则形容成片的湿润或潮湿,"湿淋淋"是湿得在流水了。不同的状态叠尾加上去,描写的范围略有差异,初学者真是难辨个中趣味。

这些就是从生活中来的方言,能表达事物的丰富性、细腻性。

(钱乃荣)

2012年7月23日

上海开埠后,很快成为一个十分发达的商业社会,大量的商业词语在上海话中产生了,商业活动的繁忙和市民化,使得有很多的"商业词语生活化",比如"讲斤头、现开销"。你还想到哪些呢?

天天都"讲斤头"

所谓"商业词汇生活化",就是原来是在"商业范围"里用的词,渐渐扩展引申它的商业含义,蔓延到老百姓的日常生活中来了。比如说"讲斤头",原来是在买小菜的小菜场里的"讨价还价",一斤一两地死扣价钱,又叫"讲斤两"。后来引申指生活中大家各不相让地谈条件了。

在各种场合,现在不是一方说了算数,"讲斤头"已经是司空见惯,家常便饭。就是我要去买一块硬盘,买一个软件,买几张碟片,也得与卖方"讲斤头";买一张飞机票,也要"讲斤头"。我外孙女也会跟我"讲斤头",我要她今天认十个字,她说:"就五个吧。""不行!""那八个好吗?"如果我手旁边放着一把尺,"看看苗头,乃末伊只好认十个"(看看情形不对,那她只好认十个字)。

现在连刚进幼儿园的小囡也会"讲斤头":我爸爸坐宝马!我爸爸坐奔驰!我爸妈有两部!连家长也会"讲斤头":我的孩子在区重点读书!我的孩子在市重点读书!

像这类商业用语的"蔓延",上海话中还有一大串。比如处理付钱出入上的"倒扳账"会用到,指事情结束后又重新翻出来的意思;"翻老账",用来指把过去的事情抖搂出来;"勿关账",后来就是"不管"的意思,与"账目"无关了。"掂斤两",用到试探估计对方人或事的力量或重要作用上去;以交易票据为议题的"打回票",现表示一般人或东西的退回的意思;"打包票",原是写下保证成功的单据,现在就指一种保证,包在自己身上的意思;"上台面",原用于营业员出来站台,现在延伸到做事要很体面;"现开销",原来指当场付钞票,现在可指当场以言语直率对付、不留情;"打八折"是商品削价卖出,上海话中连"耳朵"也好"打八折","耳朵打八折"是说别人没有完全听从或听清他的话,常常用在责怪对方没有听清自己说的重要的话,比如母亲对冒冒失失的儿子说:"我再四再三关照侬,讲得清清爽爽,侬总归耳朵打八折!"(我再三叮嘱你,说得很清楚,你却总是当耳边风。)

(钱乃荣)

妙趣横生上海话

2012年7月24日

　　上海是昔日远东的第一金融中心,你知道吗?如今股市里的很多术语都源自于上海话。今天钱乃荣教授要跟大家聊聊"开盘"、"收盘"是怎么来的,"套牢"的引申意思有哪些。

"盘"出一片新天地

　　上海在20世纪初开始就已经是世界的一个大都市,纺织界、出版界、体育界等的整套新词语都先从上海话中诞生,包括股票市场的一套词语也从上海话中产生,后来才由上海出版的无数报刊使用而传向全国。

　　上海过去有一个老板带着一两个伙计,就可以开一片小商店,原来小店里算账都是用算盘的。每天早上开张时,老板就拿出算盘来摇上几摇说"开盘了",晚上关门打烊就叫"收盘",如果今天要清理存货,就说"盘点"。所以现在沿传下来的"开盘"、"收盘"、"盘点"几个词,都是出自"算盘"。后来"盘子"就变成"价额"的意思,"今朝定啥盘子"就是"今天卖在什么定价上",商店大减价就称"大放盘"。"盘子"又或有"红盘"、"明盘"、"暗盘"、"客盘"的各种引申。"明盘"就是正大光明的开价,"暗盘"就是暗中抬高物价,敲竹杠了;"客边人"是过去上海人对"外地人"的称呼,当老板从衣衫或言语捉摸到前来的买客是"客边人"时,他就会大叫一声"客盘"!即提醒伙计卖给他们开价贵些,利用他的地生人不熟。对"洋人"呢,当然叫"洋人加倍"的"洋盘"了,有人不知其诈,于是就有1941年出版的法国传教士蒲君南《上海方言语法》中"洋盘末,切勿要去买个!"(当时的意思是"这是给外国人的价格,千万不要去买")之类的忠告。上当的人多了,不仅是外国人,那些花冤枉钱的人均被冠以一个"洋盘"的称呼。从"算盘"到"洋盘"的词义发展,我们可以看出在商业行为发达的都市上海,市民思路的开阔,造词不拘一格的灵活性。现在"洋盘"已扩指为不内行,称不内行、不识货。

　　上海人的海派奇思遐想,到现在还很活跃,成为上海人的本性了。改革开放后上海股市又开放了,比如股票买进后股价下跌,抛不出去,就叫"套牢"。后来上海人又想象出去,说被不如意的婚姻等羁绊住,也称"套牢",如说:"我一勿当心,寻着一个垃圾股,结婚以后原形毕露,现在苦了,拨伊套牢了!"(我一不小心,嫁了一个极不如意的老公,没想到婚后他本性毕露,现在我苦了,再也无法解脱!)感情陷入爱河,也叫"套牢",如说:"我自家拨自己个感情套牢,再也拔勿出来了!"(我自己被自己的感情拴住,现在再也拔不出了!)再引申下去,这个词便泛指被长期牵制束缚住,脱不出身来,如说:"我现在是拨我个孙子套牢,天天要我去小学接送,旅游也勿好去了!"(现在我被我的孙子拴住了,每天到小学接送,连出去旅游也不行了。)

(钱乃荣)

2012 年 7 月 26 日

"大"(大家、大小)、"交"(交警、上交)、"家"(家庭、大家)、"花"(特别是"脆麻花")这些字分别怎么念呢?其中有怎样的道理?

从"大""家"说上海话的发音

大家来想想下面这些词语怎么念?"防止、肥皂、味道、蚊子、问侬"。这些词语中的"防、肥、味、蚊、问"和普通话的声母一样吗?

还有同一个字:大(大人、大学)、交(交警、上交)、家(人家、家庭)、花(鲜花、脆麻花),括号里的两个词字的读音不同吧!那么,你知道其中有怎样的道理吗?今天我们就来说说这个话题吧。

我国古代的语音和现在已经有了很大的不同,特别是北方方言的语音发展变化得最多。清朝学者曾经研究出一个学术上的成果:"古无轻唇音",意思是现在的轻唇音古代是念重唇音的。这里所说的轻唇音,就是现在的 f 类——利用下唇和上齿来发音的。而重唇,指的就是利用双唇来发音的 b、p 类。

以往的汉语语音现在虽然已不可知,但我们还是可以从两个途径了解到这些语音的变化情况的。

首先,可以从汉字系统看。

大家都知道,汉字最多的是形声字,一半是大概的意思,叫形旁;一半是大致的读音,叫声旁。比如:独体字"方",现在声母是轻唇音 f,这个字也作声

旁,因此,"房、防、放、芳、仿、坊、访、纺、舫、妨、肪",这些字的声母都是 f。那么,大家有没有想过"旁"的声母?为什么它的声旁也是"方",但却读 p 呢?再如"巴",作为声旁"把、吧、爸"都是 b,但是"肥"为什么现在声母是 f 呢?

其实,这些都是古音在汉字系统里留存下来的痕迹。

其次,我们还可以从现代方言里得到佐证。

方言里保存有不少古代语音,在上海话里就保存有不少古音。

比如:"防止"的"防",上海话读如"旁"。由此可知,"方"古代声母应是重唇音。同样,上海话中的"肥皂"的"肥"也是留存了古音,读成重唇音的。

"味、蚊、问",古代都有声母 m,上海话中这些音的声母依然是 m;而普通话则脱落了声母,变成了零声母了。

至于"大人"的"大"和"大学"的"大","交拨侬"的"交"与"交警"的"交",它们两者的读音不同,则是由于书读音和口语音的不同而造成的。

书读音属于书面语,因此它比较接近普通话;而口语是历代口口相传下来的,因此更为接近古代语音。

可见,方言是活化石,是应该保留的。和谐社会提倡的是"和而不同",推广普通话的目的是为了使操各种方言的人相互交流,不是为了消灭某一种方言。不允许说方言,在学校里不允许说一句上海话肯定是不对的。

至于"大饼"的"大",不是书面语啊?上海话"花"读如"ho"的,而在食品"脆麻花"上,"花"却读成了"hua"。这些读音之所以和传统上海话不同又是另一种情况——这是其他方言区人带来的语音。

上海是个海纳百川的城市,因此,对各地方言甚至外国话都会兼收并蓄,都会使其有生存的空间。"大饼"这个食品原是山东特产,山东人来上海叫卖时,人们问摊主"这是什么东西?"山东人回答说是"大(dà)饼",因此,上海人就学他们的语音,把"大饼"的"大"读成"dha"了。

"脆麻花"原是江淮官话区对这种食品的称谓,上海人原先叫它"绞连棒"的,但苏北人在上海街头叫卖时叫它为"脆麻花",久而久之,上海人也就不再说"绞连棒"了,改口叫它"脆麻花",而这里的"花"也就随苏北语音读成"hua"了。

可以说,"大饼"和"脆麻花"的发音,一定程度上反映了上海人的大气、容纳和海纳百川的精神风貌。

(丁迪蒙)

2012 年 7 月 27 日

"搞尔、道勃儿、奥斯开"这些体育方面的词你自己说吗？你听自己的长辈说过吗？今天说说体育方面的外来语。

体育中的外来语

众所周知，上海话中的外来语非常多，如果要详细展开，恐怕一天一夜也说不完。欧洲足球锦标赛刚刚结束，大家仍然在讨论比赛中的很多话题。那我们还是借着体育的光，说说上海话中有哪些体育方面的外来语吧。

我们或许有这样的体会，中老年人在看各种体育比赛的时候，口语中这样的词语特别多，而在年轻人口中，或许已经被别的词汇代替，或许干脆使用普通话。这说明，当时各种体育运动的观摩在上海是非常热门的，因此，很多体育方面的外国专业术语就先进入了上海话，采取了音译词，后来再慢慢地被其他词汇所代替。

"捎(xiao)"，是英语 shoot 的音译，表示打篮球时的投篮。而英语 pass 的音译词，我们一般说"派(pa)"或者"派司(pa sy)"，指的是传球。足球守门员，我们叫"搞尔"，其实就是 goal 的音译，当然，我们采用的是 goal 而不是 goal-keeper。在乒乓球中，擦边球以前是叫"脱去(tek qi)"或者是"脱去包(tek qi bao)"，实际上就是英语中 touch 和 touch ball 的音译。"道勃儿(dhao bhek er)"是英语 double 的音译，现在可以泛指两次、加倍，以前可是专门指乒乓球在一方的桌上连续跳动两次。"厄隁五(ek ghe ng)"是英语 again 的音译，意思就是不算，再来一次。有些词我们现在偶尔还在用，如"奥斯开(ao sy ke)"，小孩子玩游戏时说"奥斯开"就是表示要求中途暂停，其实就是来自于英语的 ask(for time-out)的音译。另外，还有一些体育运动的名称也是音译词，有些还沿用至今，甚至进入了普通话。如，拳击以前说"博克胸(bok kek xiong)"，就是 boxing 的音译；"高尔夫(gao er fu)"球就是 golf 的音译；而"蹦极(bong jhik)"则是 bungee-jumping 的音译加意译，非常传神。

（朱贞淼）

妙趣横生上海话

2012年8月2日

上海话中有哪些形容词是含有数字的？比如"杂七杂八、七荤八素"等。你还知道哪些呢？其中都有哪些故事呢？

四字俗语数字多

上海话中有不少含有数字的四字词语，今天我们就来聊聊这个话题吧。

数字用在四字俗语里主要有以下几种类型：

一、数字在第一和第三字上的

比如有"五荤六素、五颧(he)六肿、七嘴八搭、七手八脚、七歪八牵、七拐八裂、十日八夜"等。

我们来看例句：

侬勿要搞了好哦？搞得我五荤六素。（你不要折腾了好吗？搞得我晕头晕脑。）

搿个小人拨爷娘打得五颧六肿，老罪过个。（这个小孩给父母打得肿起来了，好可怜。）

勿要辣搿搭七嘴八搭，少讲两句来三哦？（不要在这里乱说，少说两句行吗？）

人忒多哝！七手八脚做勿好事体个！（人太多了！人多做不好事情的！）

搿两个字写得七歪八牵，啥人看得懂啊！（这些字写得歪歪扭扭，谁看得懂啊！）

我个苦啊，是十日八夜也讲勿光。（我的苦啊，几天几夜也说不完。）

搿路七拐八裂个，走起来邪气辛苦。（这路高低不平，走起来非常吃力。）

注意："五颧六肿"的"颧"，本字为"虚"，也是肿起来的意思。

二、数字在第二和第四字上的

比如有"杂七杂八、勿二勿三、狠三狠四、投五投六、搞七搞八、瞎三话四、老三老四、瞎七搭八"等。

也来看例句：

杂七杂八个物事忒多哝，屋里向弄勿清爽。（乱七八糟的东西太多了，屋里弄不干净。)

㑚个人勿二勿三个,勿要去睬伊。(这个人不是好东西,不要去理他。)

侬狠三狠四狠点啥?又呒没人吓侬个。(你那么凶干吗?又没人怕你的。)

侬辣㑚搭投五投六做啥?有啥个急事体啦?(你在这里急匆匆干啥?有什么急事啊?)

伊辣㑚搭搭我搞七搞八,拨伊搞煞脱了。(他在这里和我胡搅,被他搞死了。)

侬勿要瞎三话四,伊呒没做过㑚桩事体。(你不要胡说,她没做过这种事情。)

年纪介小就老三老四,勿好个晓得哦!(年纪这么小就充老成的样子,这样不好的知道吗!)

一介头辣伊面瞎七搭八,人家又呒没讲过。(一个人在那里乱说,人家又没说过。)

三、其他

其他的有"搞七廿三、鬼话三千、派头一六、一百零一、七老八十、卖样三千、七零八落"等。

来看句子:

侬搞七廿三搞点啥啦!(你乱搞搞些什么啊!)

侬勿要去听伊个闲话,鬼话三千。(你不要去听她的话,乱说的。)

伊㑚个人啊,派头一六。(他这个人啊,很有派头的。)

我只有一百零一只,勿好拨侬个。(我只有这一个,不能给你的。)

已经七老八十个人唻,勿要再去计较了。(这么大岁数了,不要再去计较了。)

卖样三千做啥,我又勿眼热侬。(显摆干吗?我又不眼红。)

㑚搭个物事七零八落个,侬去收作收作好哦?(这里的东西很乱的,你去收拾收拾好吗?)

另外,还有一些俗语也带有数字,比如有"门槛精到九十六(形容人特别精明)、十二点多一点(十三点,指女性过分的言行举止)、碰着七十二个大头鬼(见鬼了)"等。举例如下:

27

挷个人啊,门槛精到九十六,勿好搭伊交朋友个。(这个人啊,特别精明,不能和他交朋友的。)

挷个女小人勿来三,伊是十二点多一点,侬吃勿消伊个。(这个女孩不行,她疯疯癫癫的,你受不了她的。)

今朝呒没介倒霉个,出门就勿顺,碰着七十二个大头鬼了。(今天没这么倒霉的,出门就不顺,碰着鬼了。)

(丁迪蒙)

2012 年 8 月 3 日

上海话中的商务用词的生活化,在买卖、做生意、货物方面有哪些词?比如"买面子、一票里货色"等。还有哪些呢?

上海人的"生意经"

上海是个商业化大都市,商业行为深入人心,再加上上海市民思维活跃,有海派特色,把许多商业上用的词语扩用到日常生活中去了,用得出神入化。

比如商业"买卖"上的词语,用到人际关系中去了。给人情通融说"买面子"或"卖人情",会做而故意不做不说以要挟、说书说到紧要处不说称"卖关子",行贿叫"买关节",承认对方的长处表示服从说"买账",使劲称"卖力",拼命干叫"卖命",摆老资格叫"卖老",用"拼血本"指不顾性命拼着命去干,以娇媚诱惑人称"卖俏"。自我吹嘘,弄虚作假,说"卖狗皮膏药";装作精通,实际弄假骗人,说"卖野人头"。连卖东西时东西的品相,如要注意茶叶的"卖相",都用到人的外表形象上来了,如"妹妹头今朝打扮得卖相瞎好!"(小姑娘今天打扮得十分漂亮!)

"货物"也用到指人品上去。如用"好货"讥讽品质不好的人;用"宿货"(因滞销而积存的货物)讥讽或詈骂胆怯易屈服的人;用"大路货"喻很普通的人;用"推扳货"称品质差或胆小、能力低的人;用"蹩脚货"喻品质差、能力差的人;用"次货"、"处理品"称等次低下不合格或淘汰下来的人,有时指生活上有污点的女人;"丑脱货"原指无用的、该扔的东西,后来又指无用的、被人抛弃的人了;过去还称"不涂脂抹粉的妇女"为"清水货"。用"一票里货色"称一丘之貉。把"不懂"、"搞不清"或"没眼光"称作"勿识货"。"最少、最基本的东西",称"起码货",用作"打底"的意思,如:"年夜饭八只冷盆是起码货。"(年夜饭起码八个冷菜。)"辦次送礼起码货要送一千元。"(这次送礼起码要送一千元。)

生活像在做生意,"叫人勿折本,舌头打个滚"。把"不折本"这个商业行为用于讲礼貌会有好处。用"吃价"称赞人的有能耐、与众不同。上海人把看不入眼不像话的行为都斥责为"勿是生意经",表达坚决不答应或不妙了的意思,也用"勿是生意经"来说。抢事干,也叫"抢生意";推介,又叫"兜生意",足见"生意"在上海人心目中的重要地位。用"放伊一码"表示饶他这一遭,在江湖上用"放生意"指设圈套,用"闷声勿响大发财"比喻因沉默而得利;如果很看不起某个人,就说他"一钿勿值"。"有还价"原指可以还价钱,现指有商量余地或有条件需议。"空头支票"、"远期支票"指不能兑现的虚空允诺;"三下五去二"是打算盘的口诀,喻做事干脆利索;"三一三十一"用作一分作三的意思。"肮三"(源自英语 on sale)原是大减价的意思,现在用作令人失望不快或不正派。"拨侬一只五分头"更是形象比喻,实是"打你一个耳光"的意思。

算账也翻新扩用到日常生活上。如"出账"、"进账"用于广义的支出和收获,"倒扳账"用以指事情结束后又重新翻出来,"翻老账"是把过去的事情抖搂出来,"勿关账"就是不管的意思。把事情做糟了,理不清头绪,称"一笔糊涂账"。还有说一段时间做了些什么,叫"报报流水账";骂人时说,真是"混账"。对人与事不服或不给面子,常说"勿买侬个账!"

(钱乃荣)

2012 年 8 月 6 日

上海话中有大量的手脚并用的惯用语,你能说出几个? 你能解释它的含义,并造句吗? 比如"碍手碍脚、一脚落手"。

"手""脚"并用

上海人勤奋工作,上海话中有大量的手脚并用的"成语",从这些词语中可

以探索到上海人的工作活动行为方式。

"快手脚",是称赞一个人做事动作敏捷利落,如:"侬等勿及,就应该寻个快手脚个人来做。"(你等不及的话,就找一个做事利索的人来做。)"搭手脚"是插进来增添麻烦的意思,上海人做事情自己一门心思地做,不喜欢有无关的人走来"搭手脚"。"讨手脚",也是给人添麻烦的意思,比如说:"我个小囡常常要讨我的手脚。"(我的小孩经常给我找麻烦。)"替手脚",是帮忙做事,在关键时候如有一能人老替一下手脚的话,有时是帮了大忙。上海话里,需要你帮一下时,你就来"搭一手";不需要你来帮助时,你就别去"搭一脚",即"插一手",这要你自己"拎得清"。

"做手脚",是制造假像,改变事物、事情的原来面貌,一般用于弄虚作假。但"做小手脚"有时是用于褒义,比如在"文革"时期,不准穿"奇装异服",但上海人有时会在衣服上做点小手脚,穿一色的绿军装时,有的人用家里的缝纫机,把腰身改小一点;大路货的衬衫上,绣上一条小花边,这就叫"做小手脚",别人不易发觉,然而满足自己一点小资的求异心理。"动手脚"这个词有两个意思,一是动手做事的意思,另一是"打架"或"处理掉某人某事"意思了。再加一个"动",成四字成语"动手动脚",也有两个意思,一是"动手扯人打人",另一是特指"调戏别人"了。

上海话中含有"手脚"的四字"成语"也很多,如"快手快脚",说的是某人做事行动很快,老板一定喜欢这样利索的打工者。"一脚落手"是指一个人善始善终地快快完成,这种人都是"勤手快脚"的,平时也是个"手勤脚俭"的治家模范。干起活来手脚使得很重,叫"重手重脚";相反有的人"做生活"得心应手,小心翼翼,"轻手轻脚"就可以把同样的活儿完成。一个人包下来做,可以说我来"一手一脚"做好;赶紧着做,也可说:"搿点生活我一手一脚做完了再去吃饭。"(这点活儿我做完了再去吃饭。)"七手八脚"是指人多手杂,来添麻烦,往往坏事。"碍手碍脚",是指妨碍别人活动,给人带来阻碍,如说:"让开点!勿要立辣此地碍手碍脚!"(让开点!不要站在这里碍手碍脚!)"搭手搭脚"指东摸摸,西碰碰,插进来增添麻烦;而"搭脚搭手"却是指行动不便,有时老年人行动不便,走起路来,就有点"搭脚搭手"了。这两个词语一个颠倒,意思大不相同,不要用错哦!

(钱乃荣)

2012 年 8 月 7 日

　　有些人喜欢说一些极度夸张的话，形象生动，这些人往往是人群中的"开心果"。比如"霉头触到哈尔滨、门槛精到九十六"。你能举出类似的例子吗？

幽默"极至"的表达

　　上海人欢喜海阔天空，表达要夸张的事情，把话说说透，说得开心一点。即使遇到不高兴的事情，也不要愁眉苦脸的，要说说笑笑不伤脾胃。

　　熟语中的数字，都是表示很多的虚义，如"七十二"、"一百廿四"都是指多和厉害。

　　比如遇到倒霉的事，20 世纪 50 年代以前的上海人都说"霉头触到印度国"，50 年代以后都说"霉头触到哈尔滨"，说的都是强调触到很远的地方，以说明倒霉的严重程度；21 世纪的青年人，说"霉头触到西伯利亚"，就更远了。另一个说法是"倒了一百廿四个霉"，如说："我今朝真是晦气，碰着赤佬了，倒了一百廿四个霉！"（今天真是倒霉透顶！）以此形容自己倒霉之极。或者哀叹见鬼了，"碰着七十二只大头鬼"！如果一个人"吃赔账"，赔掉了好多钱，说"赔账吃到南天门"，极言吃了大赔账，倒霉到极点了。

　　相反，极言侥幸，则说"额角头碰着天花板"，那是上海人认为幸运就是这个人"额角头高"，那么高到"碰着天花板"，就是运气好到顶了！

　　极言变速之快，上海人说："眼睛一霎，老母鸡变鸭。"极言一个人精明到顶，说"门槛精到九十六"；叫人彻底放心，就说"侬放一百廿四个心"！如果要省心别管那些烦事了，就叫他"省个一百省"！

　　形容"到处都是"，说"一天世界"，如："侬屋里个书摊得一天世界。"（你房间里到处都是书。）嘲讽一个人老是炫耀自己的东西，说他"卖样三千"。本来不要那么多时间，而形容用了很多时间，叫"半半六十日"，如："侬进去拿样物事，我等了侬半半六十日。"（你进去拿东西，我等你等了老半天。）指责某人过于刻板认真，说他做事情"板板六十四"！

（钱乃荣）

妙趣横生上海话

2012 年 8 月 8 日

上海话当中有哪些词语形容风大雨大的呢？比如"密密猛猛、一天世界"等，你还想到哪些呢？

雨下得"密密猛猛"

最近雨特别多，那么，在上海话中有哪些词语或短语、俗语是形容风大、雨大而导致的后果呢？

主要有"夹头夹脑、密密猛猛、淋得一天世界、水淋溚渧、淋得淌淌渧、溚溚渧、雨像倒下来一样、淋得像只落汤鸡、雨侪乓进来了"等。

我们且看例句：

搿雨大得来夹头夹脑浇下来，人是淋得像只落汤鸡。（这雨大得劈脸浇下来，人淋得像只落汤鸡。）

今朝个雨大得像要倒下来一样，人是淋得淌淌渧。（今天的雨大得像倒下来一样，人全湿透了。）

昨日仔个雨大得来，密密猛猛落下来，淋得一天世界。（昨天的雨好大，像倒下来一样，淋得全是水。）

吾没带洋伞，身浪拨雨淋得溚溚渧。（没带雨伞，身上被雨淋得很湿。）

窗门吾没关好，雨大得侪乓进来了。（窗子没关好，雨大得都溅进来了。）

顺便说一下，上海人说的"洋伞"，不能写"阳伞"，因为不是遮阳伞，而是由国外进口的伞。因为以前国内出产的伞都是比较笨重的"油纸伞"，而国外带来的伞很轻便，于是就把这种伞叫作"洋伞"了。类似的还有"洋钉、洋油、洋布"等。

（丁迪蒙）

2012 年 8 月 9 日

台风"海葵"总算走了，今天雨过天晴，着实让我们经历了一场考验啊！那么在上海话当中有哪些词语形容"积水很深"或是"天空放晴"呢？

"雨"过天"晴"

台风"海葵"总算走了,今天雨过天晴,着实让我们经历了一场考验啊!下面我们来聊聊上海话中形容"积水很深"和"天空放晴"了的词语或句子吧。

主要有以下一些:

雨大得像要倒下来一样,落好地浪侪是水凼。(雨大得像倒下来一样,下完后地上都是水洼。)

今朝是水漫金山咪,外头积水老深个。(今天是水漫金山了,外面积水很深的。)

住辣底楼真倒霉,一落雨就涨大水。(住在底楼真倒霉,一下雨就发大水。)

外头涨大水咪,出去要着高帮套鞋了。(外面发大水了,出去要穿高筒套鞋了。)

落得马路浪像是条小河浜。((雨)下得马路上像是条小河。)

马路浪向水多得来好开只小船咪!(马路上水多得可以开小船了。)

雨停下来以后一记头天开了。(雨停下来后一下子出太阳了。)

出大太阳了,到外头去看看呀!还有虹咪!(出大太阳了,到外面去看看呀!还有彩虹呢!)

太阳从云里向钻出来了。(太阳从云里钻出来了。)

(丁迪蒙)

2012 年 8 月 10 日

今天咱们聊聊上海话小吃当中的"糕、饼、团、包"。你想到哪些让你垂涎欲滴的,或是你经常吃的小吃呢?

上海小吃中的"糕饼团包"

上海小吃中有不少很有特色的糕点,集中了全国各地的名牌佳肴,又汇合

了西洋东洋的各种名餐。传统的糕点五花八门,有"海棠糕、方糕、条头糕、云片糕、印糕、麻糕、松子糕、赤豆糕、黄松糕、松糕、寿桃糕、定胜糕、糖年糕、猪油年糕、火炙糕、云带糕、橘红糕、茯苓糕、芙蓉糕、绿豆糕、桂花赤豆糕、麻糕、粢饭糕、鸡蛋糕"等。上海历史上本有家家户户自己"炱糕"的习惯,后来西式糕点"奶油蛋糕、卷筒蛋糕、椰丝蛋白球"等进入上海,使上海人耳目一新。中西兼容的结果,使上海的糕点业发展很快,"水果蛋糕、杏仁蛋糕、水晶糕、核桃糕、白果蜜糕"等,制作越来越精致。

上海民间原来也常"摊饼",但早期上海的"饼"以"油饼、馅饼、芝麻饼"为主。移民引进了许多式样的"饼",如"大饼、羌饼"来自山东,"老婆月饼"来自潮州,西方人引进各种"饼干"。现在上海的"饼"除了各种形式的饼干外,旧式的"葱油饼、麻饼、香脆饼、面饼、酥油饼、薄脆"和西式的"一口酥、蝴蝶酥、曲奇饼、蛋挞、派"等,各取所需。

"包"有"小笼馒头、生煎馒头、南翔馒头、素菜包、豆沙包、霉干菜包、叉烧包、烧卖、花卷、高脚馒头、蟹粉小笼"等。后来西式的"面包"来到上海,有"罗宋面包、法式长棍短棍、豆沙面包、烤面包、椰丝面包、奶油面包、香肠热狗、三明治"等。

"团"有"酒酿圆、糖圆、擂沙圆、汤团、双酿团、糯米团、青团、金团"等,种类繁多。

有的小吃因其异常丰富精美,由此在上海话中留下各种美名,比如一种色状似蟹壳、内含酥油外加芝麻的小烘饼,叫"蟹壳黄";还有一种正面形状似老虎爪子的甜烘饼,冠名"老虎脚爪";一种做时用手按出一个凹形的无馅小团子,人们称为"瘪嘴团"。还有像"油墩子、麻球、袜底酥、开口笑、一捏酥",取名也颇有特色,不同凡俗。这一切形成了上海话小吃语词的丰富性。

20世纪90年代以后,世界名点、各地小吃抢滩登陆上海,如:"蛋黄粽、咖喱布丁、提拉米苏、慕司、泡芙、蟹派、别司忌、克力架、仙贝、雪月饼、披萨饼、南瓜饼、土家烧饼、印度飞饼、全麦面包"等,于是又有一批新鲜名词汇入了具有宽容性的上海话语汇。

(钱乃荣)

2012 年 8 月 13 日

　　上海人服饰打扮一直都走在全国的前列。曾经和现在，人们喜欢穿些什么有上海特色的裤子和裙子？是什么模样的？比如"蛋糕裙、喇叭裤"。

说不尽的"裙"与"裤"

　　上海女孩，一向以时髦的穿着闻名，裙子最能显示她们的不同个性爱好，不同时代不时翻出各种新的花样。比如呈喇叭花一样的"喇叭裙"，裙上打了许多细裥的称"百裥裙"，无袖的连衣裙称"马夹裙"，前后不开叉的称"一裹裙"，筒式西装中短裙穿后只能迈出一步的称"一步裙"，如旗袍式样的叫"旗袍裙"，反之超短的裙子呈"迷你裙"，肩部设计为两根细带子的露肩裙子为"吊带裙"，一种贴身穿的比较高露的连衫裙叫"赤膊裙"，下摆膨出的裙子称"蓬蓬裙"，下摆比较大、一层层叠起皱褶的裙子称"蛋糕裙"，状如花苞的称"花苞裙"，裙幅较宽大、袖子呈泡泡状蓬起的称"公主裙"。

　　男女裤子式样也五花八门各显山水。最普通的是穿在内里的"衬裤"和套在外面的"罩裤"，有夹里的裤子叫"夹裤"，一种针织裤子叫"线裤"。常见的"罩裤"有"西装裤"、"背带裤"、"直统裤"，"喇叭裤"是裤管下面开大形如喇叭的裤子，"小脚裤"是指裤管小较紧身的裤子，"板裤"是窄脚管的牛仔裤，"铅笔裤"是一种很窄很紧的小脚裤，"灯笼裤"则是一种裤管和腰身宽大如灯笼状的裤子。"短统裤"就是短裤，"开裆裤"是二三岁小孩穿的、裤裆开叉的裤子。裤管很短、前后裤裆间用一块横布条连接，起源于运动员穿的裤子，称"平脚裤"；宽松裤管也叫长的平脚裤，称"沙滩裤"；游泳时穿的三角形裤子称"三角裤"，过去称"牛头裤"，因穿着时状如牛头。一种布满口袋的中长裤称"袋袋裤"；与袜子连在一起的裤子叫"连袜裤"；窄形的裤腿下有松紧带，穿时踩在脚底下的裤子，称"踏脚裤"；只能穿到肚脐下边的裤子称"低腰裤"；直统没收腰的称"无腰裤"；长统裤做到十分之七长短的称"七分裤"；长度正好到膝盖的称"中裤"；穿到大腿上半部分的很短的称"热裤"；上部很肥、下部很窄的称"太子裤"；还有一种用有弹性的牛筋布做成的喇叭裤，称为"牛筋小喇叭"。裤子的花头真多啊！

（钱乃荣）

妙趣横生上海话

2012年8月15日

京东大战苏宁、国美,很多人立马不加思考地要去买便宜货。上海话中有哪些词形容头脑发热、不顾一切、非得去凑个热闹呢?

不要去"凑热闹"

京东正在大战苏宁、国美,很多人立马不加思考地要去买便宜货。那么,在上海话中有哪些词形容头脑发热、不顾一切、非得去凑个热闹呢?

比如有"轧闹猛、凑热闹、轧得一天世界、五斤吼六斤、瞎乱撞、投五投六、拼仔老命朝里轧、拼仔命朝里向冲、勿管三七二十一、用足吃奶个力气轧进去"等。

我们且看例句:

伊最欢喜轧闹猛,只要看到有得排队,伊就勿管三七二十一先排上去,再去问㑚辣排队买啥。(她最喜欢凑热闹,只要看到排队,就不管三七二十一先排上去,再去问排队买什么。)

商店里是轧得一天世界,侪是人来疯,越是轧越是扎劲,瞎乱撞也要撞进去。(商店里很挤,人越多越高兴,越是挤越是起劲,胡乱撞也要撞进去。)

大家侪欢喜凑热闹,看到有人辣排队一定有人上去问买啥。(大家都喜欢凑热闹,看到有人在排队一定有人去问买什么。)

一看到人多,伊就会得拼仔老命朝里轧。(一看到人多,好就会拼命朝里挤。)

侬做啥五斤吼六斤往里向轧啦!(你干嘛拼命往里面挤啊!)

侬看伊拉投五投六撞进去,还勿晓得辣卖啥物事。(你看他们急急地撞进去,还不知道在卖什么东西。)

看到有人排队,勿管是勿是需要,用足吃奶个力气先朝(往)里向冲。(看到有人排队,不管是不是需要,用足吃奶的力气先朝里冲。)

(丁迪蒙)

2012年8月16日

在石库门建筑的诸多设施里面,有种独特的房间叫"亭子间",它内涵广阔,可以用作储藏室、卫生间、书房,甚至是卧室。上海话里面,还有一种文化叫作"亭子间文化",你知道这种文化是什么吗?

亭子间和亭子间文化

在上海石库门建筑的诸多设施里面,有种独特的房间叫"亭子间",它可以用作储藏室、卫生间、书房,甚至是卧室。

在上海还有种文化叫作"亭子间文化",你知道这种文化是什么吗?

石库门房子最典型的特征是中西合璧。它联排而建,石库门的大门很重要,它做得非常地道,门上有一圈石头门框,上面写些励志的成语。进门后有一小天井,天井后为客厅,再后面是灶台和后门,天井和客厅两侧是左右厢房,一楼灶间上面为"亭子间",再往上就是晒台。

亭子间是石库门房子中最差的房间。它是位于灶披间之上、晒台之下的空间,高度约为两米(厢房的高度是三米),面积有六七平方米,朝北向,虽有扇小窗,但由于南北不通风,因此冬天受冻,夏天则暑热难耐。因此亭子间通常只是用作箱子间,堆放一些暂时不用的杂物;或者做个大卫生间(有抽水马桶并带浴缸的),或者给住家的佣人居住。

后来,来上海的人越来越多,租房的人也逐渐增多,租金可有不少收入,因此房主人或自己出租,或让人转包出租以收取租金生活。这样,原先一家住的空间就被租给了五六户人家居住。在上海住房拥挤,条件很差的如"草棚棚、滚地龙"之类的所谓房子,稍讲体面的人当然不会去住,因为这是要掉身价的。亭子间虽条件差,但由于居住的地段不错,且租金相对公寓要便宜很多,因此就成为那些"穷困潦倒"的小资的首选了。

"亭子间小开"高度概括了当时穷知识分子的生活。就是这些穷作家,在上海的亭子间里创作了不少有名的文学作品,形成了独特的"亭子间文化"。比如巴金就曾在他的《谈〈灭亡〉》中写到:"(1925年8月下旬)我住在康悌路康益里某号亭子间里的时候,常常睡在床上,听到房东夫妇在楼下打架。"而周天籁的小说《亭子间嫂嫂》,更是采用上海方言,写得非常生动,刻画人物栩栩如生,可谓反映旧上海众生相的一部力作。大家若有兴趣不妨去找来读读。

(丁迪蒙)

妙趣横生上海话

2012年8月17日

上海地名中有很多"桥"——提篮桥、打浦桥、大木桥路、小木桥路，上海地名中也有很多"渡"——曹家渡、董家渡、外白渡，这些"桥"和"渡"是从哪里来的？又到哪里去？今天请朱贞淼老师详解上海"桥"和"渡"的前世今生。

有"桥"有"渡"，地名丰富

在上海话的名词中，地名具有特殊的意义，因为地名是代代相传的，有顽固的稳定性和延续性，又有浓烈的地方色彩。上海人的繁衍、迁徙、社会变更和文化交融，都在上海地名上留下了带有层次性的历史发展痕迹。

上海城内有不少地名反映了开埠以前农业社会生活方式的地域风貌，如农村的农民往往以"桥"作为一个地方的显著标志来标记地点，于是就有"提篮桥"、"打浦桥"、"斜桥"、"南阳桥"、"东新桥"、"横浜桥"、"程家桥"、"泥城桥"、"八仙桥"、"周家桥"等地名保留至今。像"东新桥"便是原来"洋泾浜"上面的一座桥，1915年"洋泾浜"被填没，但是"东新桥"作为一个地名却流传至今，上海14路公交车的终点站，仍然叫"东新桥"。有些地方筑路以后，就留下了"大木桥路"、"小木桥路"、"虹桥路"等路名。河上有桥便有渡口，上海地名中还有很多是带"渡"字的，如"董家渡"、"曹家渡"、"杨家渡"、"周家渡"等。同时，以家族姓氏定名也表现了农村村舍文化的特征，如"徐家汇"、"王家宅"、"沈家宅"、"黄家路"、"毛家弄"、"俞家路"、"程家桥"、"陆家宅"、"杨家桥"、"董家渡"等地名至今还保留在上海城区的地图上，而在上海的郊区，这样的地名就更加数不胜数了。

（朱贞淼）

2012年8月20日

下雨了，大家把"套鞋"都穿起来啊！今天钱老师来跟大家说说上海话里的各式各样的鞋子。什么叫"礼拜鞋"？什么叫"老K皮鞋"？什么叫"懂经鞋"？

脚底生风话鞋子

今天要来说说脚上的花样，先从下雨穿的鞋谈起。上海开埠前，下雨天，出门穿的是一种"钉鞋"，这并不是现在田径场上用的"钉鞋"，而是现今见不到的一种鞋板下有钉的鞋子，因为那时的路多数是泥路，要踩泥浆，脚下无钉容易滑倒。后来，有了用橡胶制造的胶鞋，上海人称为"套鞋"，"套鞋"往脚上一套，其实这是唯一可以使下大雨时脚粘不到水的鞋子，尤其对中小学生最有用，可是现在已经不大见到上海人在穿了。

上海人常用的鞋子还有几种，一是"跑鞋"，那是一种低帮厚布面的胶底鞋，穿起来比较耐用；如果要参加运动，就要穿"球鞋"，现今的"耐克鞋"就是球鞋一族；过去平时穿得很多的是"布鞋"，为了耐磨，一般鞋底变成塑料或胶底；比较讲究的人穿皮鞋，过去有一种"喜喜底"的皮鞋，是名牌，很耐磨；皮鞋有"高跟皮鞋"、"中跟皮鞋"、"平跟鞋"，还有"高帮皮鞋"，鞋头尖形的称为"尖头皮鞋"，是"文革"初期需强行罚剪的对象。夏季风凉点，有一种表面有洞的"镂空皮鞋"。后来有了"塑料皮鞋"，是无皮唯塑的。什么是"老K皮鞋"？它是指一种大头、厚重结实的皮鞋，20世纪50年代时，有些落魄公子还把40年代买的这种皮鞋一直穿下去穿到慢慢破烂也要很久，大家谑称这种已穿得又破又重还可穿下去的皮鞋为"老K皮鞋"；有的已经穿到一碰即要坏的地步了，但貌似强大，所以有些人又把笨重破烂一碰即坏的皮鞋也称之"老K皮鞋"，如说："老咪，侬迭种老K皮鞋好勿要再着出来了！"（太旧了，你这种又破又烂的皮鞋别再穿出来了！）

改革开放以后，大家从"嚎头"开始直到"嚎脚"，许多"懂经"（意为精通，时髦）的人都把"懂经鞋"穿出来了。如"五香豆皮鞋"即是鞋面做成五香豆形状的鞋子，"糖果鞋"是色彩鲜艳、时尚可爱如糖果一般的鞋子，"松糕鞋"是8～10厘米厚底状如松糕的厚底鞋，"榔头鞋"是鞋头大而方的皮鞋，"气垫鞋"是内有气囊的一种旅游鞋，"波鞋"是走路时后跟带电会发亮的鞋，"弹弓鞋"是鞋底装有弹性材料的皮鞋；还有什么"休闲鞋"、"暴走鞋"、"复古鞋"等。但是也有的鞋子大家称它为"礼拜鞋"，就是穿上一个星期就要坏的鞋子。

（钱乃荣）

妙趣横生上海话

2012年8月21日

轮船、飞机、帆船、帆、汗背心、围单、台风、结冰、打雷、毛毛雨、阴天、落雨、香菇、油条、电话、邮递员——上海话里原来还有老的称呼,你知道吗?

老派上海话,名称趣味多

很奇怪,世界上的交通工具,除了现还未普及的磁悬浮列车没有轮子之外,只有轮船是没有轮子的,但是为什么称它为"轮船"呢?原来昔日在上海的黄浦江上,没有机动船,只有撑起帆靠风力推动前进的"帆船",上海人和江南人称之为"扯篷船"。"帆"原来称为"篷",人们在春节里贴出的大帆船的年画,就写上"鹏程万里"讨个吉利,"篷"谐音"鹏"。后来洋人开来了火力发动的船,最初在黄浦江上出现的大船上有两个很明显的大齿轮,它和"火车"一样,用煤烧,使蒸汽机推动船行进,所以上海人给它起名叫"火轮船",后来大概是汉语双音节词大家习惯用,就省了一个字,叫"轮船"。

上海人是最早见到在上海土地上试开飞机的。在20世纪20年代,还是称它为"飞艇",这也和"飞机场"称为"空港"是相对应的。

"背心"过去叫"马夹","汗背心"叫"汗马夹"或"汗衫","围单"叫"围(yhu)身头","台风"过去叫"风潮","结冰"叫"冰胶","打雷"叫"雷响","毛毛雨"叫"雨麻花"或"麻花雨","阴天"叫"阴势天","落雨"叫"雨落","香菇"叫"香蕈","蚕豆"叫"寒豆","油条"叫"油煠桧","山芋汤"叫"汤山芋","电话"叫"德律风","邮递员"叫"邮差","电影院"叫"影戏院","望远镜"叫"千里镜","体温计"叫"寒暑表"。这些称呼在20世纪30—50年代都还是能在当时的上海话中听到的。

(钱乃荣)

2012年8月23日

"七夕"是中国情人节,怎少得了上海"老克拉"的参与。今天上海大学丁迪蒙老师跟大家说说老上海的谈情说爱场所。外滩的"情人墙"是少不了的,除了这个经典标志外,你还能回忆起哪些上海恋爱的圣地?

外滩——上海的"情人墙"

"七夕"是中国的情人节,怎少得了上海老"克拉"(意为摩登、时髦)们的参与。今天我们就来说说老上海的谈情说爱的场所吧。

说到谈情说爱的场所,首推的地方就是外滩,外滩曾经有一道长长的"情人墙"。那外滩为何是"情人墙"呢？这就触及到了老上海人的痛处。

上海自20世纪50年代开始,由于城市人口大量增加(50年代曾经鼓励大家多生育,提倡当"光荣妈妈",孩子生得越多越光荣,因此一家子有四到六个孩子的占了绝大部分),但住房却没有增加。因此,在以往的上海,一间十个平方米的房子要住6~10个人决不是天方夜谭的事。

这些50年代出生的人,到七八十年代就都进入了谈婚论嫁的青年期。由于家里人多空间小,无法说悄悄话,外面又没有什么茶室、咖啡馆、酒吧可以去坐坐说话,于是,青年男女首选的地方就是外滩了。

那个年代的外滩可以说是人头攒动,恋爱青年如织。从傍晚天开始昏暗一直到晚上十一点之前,只见一对一对的男女青年漫步在外滩。在防汛墙边,更是沿墙一字排开密密麻麻的、再容不下一对的对对青年男女。只要有一对走开了,不用过两分钟,马上就会有一对填充上去。这种情况一直要延续到80年代末期,上海人的住房条件有所改善后。

如果去"情人墙"已经找不到可以站立的位置了,那么,这些青年男女又可以到哪里去呢？

还有以下的选择：

一是逛街。这个逛街不是现在意义上的购物,而是找个地方边走边说话。像衡山路、思南路、南昌路、绍兴路、复兴路、淮海路朝西,以及茂名路、陕西路方向,都是比较幽静的,且有高大的梧桐树。树影婆娑,在这些路上走走,在昏暗的灯光下两人说说悄悄话也是很浪漫、很有诗意的。因此,青年男女常会去那里用"11路"(两只脚)去"量地皮",去"数电线杆"。当然,即使是现在还是有不少人愿意去那里逛逛的,只是人的心态已经是大不相同了。

二是看电影。那时候其实是没有什么电影可看的,有的就是看了十几

甚至几十遍的、可以倒背如流的《地雷战》、《地道战》。不过看这种电影也有几个好处的：

第一，有个位子可以坐坐。"数电线木头"时间长了总是比较累人的，而在电影院看电影就可以坐着说话。电影是不必看了，因此影院里充满了对对男女的窃窃私语声。

第二，上海的冬天虽说温度并不能算太低，但寒风刺骨，阴冷潮湿，凉气逼人。室内外的温度只差两三度。在电影院里人多，冬天就不会太冷，也没有风，可以抵挡不少寒气。

第三，夏天暑热难耐时，电影院里有冷气，就等于现在的吹空调了。既可以说悄悄话，又可以享受空调，很是舒服。

第四，当时的电影票非常便宜，大都只有一两毛钱。对一个工资二十来块钱的小青年来说，这个价格是完全可以承受的。

有网友提出，还可以到甜爱路上走走。当时去甜爱路的人其实并不多，只有家住虹口一带的人知道这条路，因为那里的周围环境和上述地方相比差得远。现在是因为路名好听，去的人倒是多起来了。

（丁迪蒙）

2012 年 8 月 24 日

上海话里的"鹅"为什么叫"白乌龟"，"猪舌"为什么叫"门腔"，"洗东西"为什么叫"汰物事"，看似不相干的这些词语背后其实隐藏着相似的原因。今天请进上海大学朱贞淼老师，一起和大家聊聊上海话里的"生冷禁忌"。

上海话中的"生冷禁忌"

各地的语言或方言中，都有一些约定俗成的禁忌词语，上海城区和郊区流传的禁忌语大都相同，城里由于受到现代文明的洗刷，多数禁忌语已经被淘汰，但在中老年人和郊区群众中还有不少流传。

忌讳同音的禁忌语，最突出的莫过于"死"字了，在老上海话里是没有和"死"字同音的字的，就是为了避免在说别的词的时候触及这个音。北方话的

"洗"由于在上海话里和"死"同音,所以在上海话里从来不说"洗",而说"汰(dha)"。洗东西说"汰物事",洗澡称"汰浴"。现在由于市区话尖团音的合并,"死"和"喜"在上海话中居然同音了,所以人们也没觉得有什么不方便。在上海话里,"鹅"和"我"同音,"杀鹅"犹如"杀我"太不吉利了,而且"鹅"又有"呆头鹅"之称,有些地方称之为"戆戆",上海人比较忌讳"呆"和"傻",于是就把"鹅"改称为"白乌龟"。日常生活中十分忌讳"送终",所以送礼的时候我们不送"钟",就是因为"送钟"和"送终"同音。可是在结婚或者搬家的时候送朋友一个钟是很有纪念意义的,而且现在的各式各样的钟也很好看,于是聪明的上海人就想出来把钟和书一起送的方法,也有人是送一瓶香水之类的,因为上海话中,"书"、"水"与"始"同音,这样的送法就是"有始(书、水)有终(钟)",反而转化为吉利语了。在探望病人的时候,有些人忌讳送"苹果",就是因为它与"病故"同音。有些人在家里吃梨时,不愿意切分,因为"分梨"和"分离"同音。因为"伞"和"散"同音,"分散"、"拆散"等词都不吉利,所以至今在松江、奉贤等部分乡下,还把"伞"称为"聚立",取其反义。"舌"与"折本"(又写作"蚀本")的"折"同音,于是"猪舌头"就换成了"门腔",或者"猪赚利",取其反义。

(朱贞淼)

2012年8月27日

上海在20世纪50年代初曾有大大小小600多家糖厂,其实,开埠前,上海只有饴糖、麦芽糖。开埠后,才从西方传来大量的水果糖,有"硬糖、软糖、奶糖、夹心糖、棒头糖"等。有不少糖都有英文的音译名称,你能说出在上海话里有哪些从英语中传入的糖名称吗?"太妃糖"中西融合名称特别多,你能说几种吗?

道不完的水果糖

大量的水果糖是每颗用纸包的,纸面上有各生产厂家的名字,还写明糖果的种类,有"奶糖、蛋白糖、太妃糖、牛轧糖、司高去糖、求是糖、白脱糖、巧克力

糖、麦乳糖"等。

"牛轧糖"是英语 nouget 的音译,当时又译作"鸟结糖"、"纽结糖";"白塔糖"是 butter 的音译,即以黄油味成分为主的糖。当时有一种"白脱咸味糖",颇受欢迎。"巧克力"奶糖,又译成"朱古利",译自英语 chocolate。"可可(cocoa)糖"、"咖啡(coffee)糖"都可以做成硬糖。还有一种"沙士糖"。"沙士",应是英语 sauce 的引申,重在它的颜色如酱油、黄酒,味道如"可口可乐"。还有一种味道很有特色的"司高去糖",是英语 scotch 的音译,原是"苏格兰的"的意思,它借指一种"苏格兰风味"的糖。

"太妃"是英语 toffee 的音译词,它是一种乳脂糖,与奶糖的不同在于,它既含牛奶又含咖啡。"太妃"里再辅加成分,就形成形形色色的太妃糖系列,如"白脱太妃、奶油太妃、咸味太妃、三明治太妃、水果太妃、花生太妃、果仁太妃、香蕉太妃、椰子太妃、杨梅太妃、香草太妃、巧克力太妃、可乐太妃"等,五花八门,应有尽有。

(钱乃荣)

2012 年 8 月 28 日

20世纪六七十年代,上海家家都有一张计划供应"小菜卡",其中有一项"豆制品"是定量供应的。"豆制品"包括哪些具体品种呢,又是做成怎么样子的呢?

"豆"你开心

当年凭卡买的"豆制品"其实有两种。一种是真用黄豆等制成的,另外有一些是用面粉、面筋等制成的食品,也放在"豆制品卡"里卖。"嫩豆腐"、"老豆腐"、"辣豆腐"是一类,精制一点的叫"小板豆腐";制成像薄皮状的有"豆腐皮"、"厚百叶"、"薄百叶",更薄到近乎透明的叫"豆腐衣",用百叶再做成火腿缩形的"素鸡";成块的是"豆腐干"系列,有"方豆腐干"、"臭豆腐干"、"五香豆腐干",做成大的栅栏状的"兰花豆腐干",用油炸过的"油豆腐",呈三角形的叫"三角油豆腐",呈条形的叫"油条子"。

还有一类也归在豆制品卡里买的,如用"面粉"制成的有"面筋",有用面粉经发酵、油炸做成球形的"油面筋",有一种在水中煮成的"水面筋";还有当年很抢手的"烤麸",用面粉糊经发酵做成,如再经霉化,可做成另一种叫"霉麸"。还有用绿豆粉、白薯粉、蚕豆粉等,做成细丝状的"线粉"即"粉丝",片状的"粉皮",胶冻状的"麻腐"。从中可见上海人对生活质量的追求,做事的精明细致。

(钱乃荣)

2012年8月29日

小菜场里的蔬菜名称中有"菜"字的菜,有哪些上海名蔬菜?是什么样子的?

上海"小菜"花样多

上海"小菜"品种很多,有"鸡毛菜、小塘菜、小青菜、大青菜、塔棵菜、芥菜、芹菜、菠菜、荠菜、蕹菜、蓬蒿菜、金花菜、西洋菜、韭菜、生菜、香菜、花菜、黄芽菜",还有茎上呈瘤状凸起的"弥陀芥菜、金丝芥菜"、扁形的"卷心菜"、塔形的"牛心菜"、长柄的"橄榄菜"、像头发丝般的"发菜"、"大头菜"。

经制作后的食品菜有芥菜"大头菜",其制作花样多,有切片一头连在一起的"香大头菜",腌制的有玫瑰花香的"玫瑰大头菜"、"酱大头菜"等。用"雪里蕻"腌制成"咸菜",有"盐封咸菜"、"暴盐咸菜"和"髻头咸菜"之分。腌制的"白菜"有"咸白菜"、"辣白菜"之分,还有"榨菜"和"泡菜"。

(钱乃荣)

2012年8月31日

上海话里有很多和数字有关的有趣俚语。比如这个数字"3"吧,就特别能和贬义词挂上钩。"刮三、十三、三脚猫、三只手",你还能想出哪些有"3"有关的熟语吗?我们请进朱贞森老师和大家一起来聊聊。

妙趣横生上海话

"三"生有幸

上海话的词语中有很多是带有数字的,光是带"三"的词语就不少。不过,大多数带"三"的词语都带有贬义。

先说说"三"字在开头的词语吧。"三夹板"本来是指一种装潢用板,由于它的构造,上海话中把这个词的意思引申为夹在中间受气的人。我们经常会说,儿子就是夹在婆婆和媳妇之间的"三夹板"。"三脚猫"是指看似精通实际上却又不是非常精通某事的人,很多时候,这个词是用来作自谦语。当有人夸你非常在行时,你可以谦虚地说,"只必过(只不过)是三脚猫功夫呀"!"三只手"就是指小偷。一般人都有两只手,那么第三只手,就是用来不务正业偷东西的。"三吓头"是指虚张声势、吓唬人的玩意儿。"三光码子"是指吃光、用光、当光的人,"三钿勿值两钿"是说某样东西不值钱了,而"三六九捞现钞"是指一些人贪财或者只顾眼前的利益,不管长远,不顾大局。其中"三六九"是大型滑稽戏《七十二家房客》中,由著名喜剧演员杨华生扮演的反面警察的代号。

再来说说"三"字在最后,作词缀时的词语。"赖三"以前是指女流氓,现在这个词已经不大使用了。"瘪三"则是上海话中使用频率非常高的一个词,它是一个音译词,来自于英语的 beg sir,本来是指乞丐,也泛指饥瘦、衣衫褴褛、聚众哄抢的无业者。而"小瘪三"却又变成了一种比较亲昵的称呼,用来称呼一些小孩子。"来三"指可以行,可以。"肮三"是指不正派,又有令人不快、失望的感觉。事情"刮三"了,就是事情败露了。"小鬼(ju)三"就是指小鬼。而"猪头三"更是利用藏去了最后一个字"牲"字,来骂人是畜生。

"三"字在中间的词语也真不少。"小三子"是指专门帮人家跑腿的小人物。"勿二勿三"是指人不正经。"老三老四"是指一个人卖老,冒充老成的样子。"乱话三千"就是乱说话。而"十三点"更是为上海女性所经常使用,用来形容做出轻浮不入眼、令人作呕的举动或者是说出轻浮不中听、令人讨厌的话的人,一般男性不使用这个词。上海话中有那么多带"三"的词语,我们能掌握并熟练运用,真是三生有幸啊!

(朱贞森)

2012年9月3日

学外语,搞清时态很重要。其实,上海话里的时间形容词也非常丰富,比如"老里八早、老底子、近一抢"。今天的"上海闲话"板块,丁迪蒙老师跟大家一起聊聊上海话里形容时间的词。欢迎大家一起参与,聊聊上海话里表示过去、现在、将来的时间形容词有哪些。

"老里八早"是什么时候

上海话里的时间形容词是非常丰富的,今天我们就来聊聊这个话题。

主要有以下一些:从前、以前、老早、老里八早、老底子、前一抢、猢抢(里)、最近、近来、现在、乃、晏(e)歇、以后、后首来、将来,等等。

我们且看例句:

从前日脚猢搭呒没交关人个,猢抢里人多了。(以前这里人不多,最近人多了。)

我近来一直辣上上海闲话个课程。(我近来一直在上"上海话"课程。)

我现在要出去了,侬搭我一道去哦?(我现在要出去了,你和我一起去吗?)

以前伊勿辣猢搭个,是后首来来个。(以前他不在这里,是后来来的。)

最近猢搭来个人多了。(最近这里来的人多了。)

伊老早就走哧,离开猢搭十几年哧!(他很早就走了,离开这里十几年了!)

阿拉屋里老里八早住辣淮海路个,买物事邪气便当个。(我家很早以前住在淮海路,买东西非常方便。)

我讲了半半六十日,乃侬懂了哦?(我说了好半天,现在你懂了吗?)

伊现在勿辣海,晏歇会来个,侬等一歇好哧!(他现在不在,稍迟会来的,你等一会儿好了!)

侬现在勿用功,以后有得苦哧!(你现在不用功,将来会受很多苦的!)

(丁迪蒙)

妙趣横生上海话

2012年9月4日

今天来说说上海话里的很多戏谑语。先给大家出几道题目，你知道"3860部队"是什么部队吗？"567保密厂"是什么单位吗？

戏谑幽默乐开怀

戏谑语是在开玩笑时使用的，说时为博得一笑。比如上海人戏称近视者为"四眼"、"四眼狗"或"架梁"，戏称身材高瘦者为"长脚鹭鸶、电线木头"，戏称矮小者为"矮老卜头"、"矮冬瓜"、"矮掇凳"、"石秤砣"、"二等残废"，戏称矮胖者为"柏油筒"，戏称肥胖者为"大阿福"、"排门板"、"吨位大"、"三段论"、"大块头吭清头"，戏称臀大者为"圆台面"，戏称长满粉刺者为"赤豆棒冰"，戏称饶舌多言者为"烦老太婆"，戏称坐在别人家里多言不走者为"烂屁股"，戏称夜里精神抖擞积极活动的人为"夜神仙"。说一个年轻女子追求人之多，谓"排队从南京路排到王府井"；讽刺多离婚者，说"前功（公）尽弃，祝侬再接（结）再厉（离）"。

有些戏谑语含数字更为有趣。如戏称"十三点"为"B拆开"、"十一点八刻"、"十二多一点"；形容老师在讲台上斜着头训人的样子，称他为"六点零五分"；"十三块六角"是"乌龟"，因它有四脚和头尾，背上分划13块；"十一路电车"是"步行"，因用两条腿走路，形似"11"，这是上海有了电车后产生的戏谑语，如："侬乘24路电车，我是11路！"（你乘24路电车，我步行。）说女生长得矮，近1.41米左右，便以"根号2"称呼她；如今女生又以"根号3"来称呼那些欠高的男生，近1.73米。"3860部队"指社区老年妇女组成的维护秩序的队伍，"38"指妇女，"60"指老人，带有苏北话口音的上海话。"567保密厂"巧指"环卫所"，因567的乐谱谐音为"扫垃圾"，过去的保密厂都以数字为名。"学习144号文件"是"搓麻将"，麻将共有144只牌，形容众人围在那儿很认真的样子。上海人用发散性思维创造出那些充满诙谐的数字流行语，带有幽默的谜面性。

进入21世纪，上海话中新流行的戏谑语越来越多。如：粢饭糕（又痴又烦又搞的女孩）、本草纲目（又笨又吵又懵又木）、月光美少女／月光公主（每个月在月头就把零用钱花光的女孩子)、排骨美女/骨感美人(很瘦的女性)、资深美女(称年龄较大的女子)、月抛型(原指一种隐形眼镜,每月换掉一副。现喻指每月更换一次恋人的人)、袖珍男(身材矮小的男子)、少女系男生(长得比较女性化的男生)、校草(校内最美男生)、放牛娃(男友)、神童(神经病儿童)、内存忒少(对付人家的修养不够,肚里知识少)、洋山芋吃多了/肚皮里塞只洋山芋(笨。"土豆"与"土头"同音)、扑克面孔(不拘言笑、板着的脸)、菲利浦(秃头)、原始股(无恋爱经历的纯情男孩)、资产评估(谈恋爱)、资产重组(再婚)、垃圾股(没用的丈夫)、练美女功(睡觉)、黑暗料理(路边食摊)、接了张罚款单(收到了一张喝喜酒请柬)、拨侬一盒彩色笔(给你颜色瞧瞧)、university(由你玩四年,借音)、小白(白痴)、可爱(可怜没人爱)、爱神(爱发神经病)、高四3班(高复班。有语文、数学、外语三个班)、关公/关婆(专指给学生考试不及格的男或女教师)、中外合资(混血儿)、南极人(穿得多的人)、长得影响市容/长得对勿起人民/长得老有创意(长得很难看)、养眼(受用,形容女子漂亮,看了舒服)、胖头鱼/航空母舰(胖人)、救生圈(腹部多肥肉)、买根线粉吊杀(形容人之软弱无能,不如死了吧)、耳朵放辣蒸笼里(没有听到,没有听懂)、乘89路到底(去精神病院)……新时代的上海年轻人过日子越过越幽默了。

(钱乃荣)

2012年9月5日

我们吃早饭时就着粥吃的酱菜有哪几种?上海话名称怎么说?用什么做成的?比如"扬州酱菜"有些什么成分?

酱菜种类真不少

"酱菜"最普通的是"酱瓜",用酱油等将嫩黄瓜腌制而成,有一种称为"乳瓜"的,是腌制的更小更嫩的黄瓜。如果是用虾油汁浸制的小黄瓜,称为"虾油卤瓜",带卤吃,更为鲜美。还有一种称为"宝塔菜",即做成螺丝形状的,叫"螺丝酱菜",十分清脆。"大头菜、小萝卜头、春不老",切成丝的"胡萝卜、咖喱萝卜干",都是最常见的搭粥酱菜。上海人通常称呼的"扬州酱菜",往往是一种

什锦酱菜,系酱瓜、宝塔菜、胡萝卜丝、大头菜等合成的什锦酱菜。

(钱乃荣)

2012年9月7日

还记得上周朱贞淼老师说的带"三"字的上海话俗语吗？今天继续来说数字。上海话里"五"和"六","七"和"八"是对好兄弟。比如"五斤吼六斤、七嘴八搭"等,你还能想出更多此类词语吗？

"五"颜"六"色到"七"精"八"彩

上次我们说了在上海话的词语和俗语中,有哪些是带有"三"的,它们又分别是什么意思。而且上次还说过,上海话中带有数字的词语真不少。那今天我们就来说说带别的数字的俗语,特别是"五、六、七、八"。

"拨侬一只五分头",这是一个很形象的俗语,一只手有五根手指,如果把手指张开,打在别人脸上,那么这五指印记就会更加明显。因此,"五分头"的意思就是一个巴掌。"567保密厂"这个俗语中体现了上海人的睿智和幽默。"567"在音乐乐谱中就是"so la xi",而这个读音和上海话中的"扫垃圾"正好一致,于是就把在环卫所上班的人称为在"567保密厂"上班。

"六缸水混"也非常形象。大家想想,要搞得六大缸的清水都浑浊了,那是要多大的动静啊！因此,"六缸水混"就用来形容一片混乱,不得安宁。而"六点零五分"就更加有趣了,大家看一下钟,再想象一下,没错！它就是戏称老是歪着头(尤其是在说话的时候)的人或样子。

"八〇八"是什么东西？大家用阿拉伯数字的形状想一想。对！"八〇八"就是指手铐,它的形状是不是就是像一个横过来的8啊？"八字呒没一撇"就是说事情还没有眉目。

上海话中,"五"和"六"搭配,"七"和"八"搭配的词语就更加多了。"投五投六"表示做事情冒冒失失,没有头绪,比"投"的程度更高。"五颟(音海he,本字为"虚",保留古音)六肿"形容到处都肿得厉害;"五花六花"表示眼花缭乱;而"五斤吼六斤"则是用来形容说话、争论的时候那激烈而急迫的样子。

"七嘴八搭"表示乱说胡扯,"七荤八素"是指头昏脑胀、糊里糊涂。"七丁八倒"和"七颠八倒"、"七歪八牵"一样,是用来形容东西不整齐或者不端正。"七挢八裂"是指东西表面到处裂开翘起,进而引申指闹矛盾、惹是非。"搞七搞八"就是乱搞一气;而"瞎七搭八"和"瞎三话四"意思差不多,都表示瞎说、胡扯。"七里缠辣八里"表示把这个搞到那个上面去,形容把事情彻底搞错,让人家不明白。"五、六、七、八"的世界还真的是缤纷多彩啊!

(朱贞淼)

2012年9月12日

今天我们来说说你在上海看到的小虫子,上海话中有"拿摩温、蚕宝宝、蛬蚳"等,对应的普通话怎么说呢?你养过什么小虫?

"虫"新认识

上海在20世纪五六十年代能见到的小虫要比现在多,如果坐在有绿化的地方,常常有小虫飞来。有一只上海人称作"磕头虫"的,如大蚂蚁一样的大小,黑色,如果按住它的下半身,它会对你一拱一拱地磕头。还有一种如蟑螂大小的暗灰黑色的"拆屁虫",如果按住它重一点,它会放出一股臭气。飞虫还有"蜜蜂、胡蜂、纺织娘、叫哥哥(蝈蝈儿)、麦蝴蝶(谷娥、麦娥)、蛤蟒(蚱蜢)、白蚂蚁、游火虫(萤火虫)、知了、麻奇(小蝉)、野胡翅(青色的小蝉)"等。"油葫芦"是形似蟋蟀而大,背翼有油光的昆虫;"金胡虫(金龟子)"是夏天见到最多的飞虫。树叶上还有"刺毛虫(洋辣子)、毛毛虫(毛辣子)"。爬动的小虫有"西瓜虫(长竖椭圆形多脚小昆虫,碰它会缩成球形不动)、壁虎、蜗牛、水蜒蚰(蛞蝓,俗称鼻涕虫)"等。在泥土中的有"蛐蟮(蚯蚓)、泥鳅、蚂蝗、蚂蚁、蜈蚣、百脚、夹手(又称乱头发)、地鳖虫"。另外还有"蜻蜓、蝴蝶、螳螂、蜘蛛、壁蟢、蟢蛛、豆虫、菜虫"等。对人害处较大的有"虱子、跳蚤、白虱、壁虱(臭虫)、蛀虫"。

少儿比较喜欢玩养的虫,有"蛬蚳(蟋蟀。音'残节',she jik)、叫哥哥、养虫、金铃子、雀儿、蚕宝宝、拿摩温(蝌蚪)"等。

(钱乃荣)

妙趣横生上海话

2012年9月13日
　　上海话中有不少形容时间很短暂、很快、很突然的词,比如说"一记头"。你还想到哪些呢?它们都有怎样的区别呢?

眼睛一霎,老母鸡变鸭

　　上海话中形容时间非常短暂、很快、很突然的词语有哪些?你知道吗?今天就来聊聊这个话题吧。
　　主要有"一记头、即刻、马上、眼睛一霎、一转眼、一歇歇、一霎眼、隔手、勿多一歇、真正一歇歇"等。
　　且看例句:
　　看到人家排队,一记头交关人侪去排队了。(看到人家排队,一下子很多人都去排队了。)
　　侬先走,我即刻来。(你先走,我马上来。)
　　伊讲伊马上就来了。(他说他马上就来了。)
　　刚刚辣海个,眼睛一霎勿看见了。(刚才在的,很快不见了。)
　　一霎眼个辰光,勿晓得伊跑到啥地方去了。(眨眼间,不知道他去什么地方了。)
　　刚刚明明辣㧱搭个,一转眼勿辣海了。(刚才明明在这里的,一转眼不在了。)
　　㧱桩事体做起来快来西个,一歇歇就做好了。(这件事情做起来很快的,一会儿就做好了。)
　　侬等一歇,隔手伊就过来了。(你等一会儿,他马上就过来了。)
　　伊来了勿多一歇。(他来了不多一会儿。)
　　㧱件衣裳卖了老快个,真正一歇歇就卖光了。(这件衣裳卖得很快,只一会儿就卖完了。)

(丁迪蒙)

2012年9月17日
　　上海话当中很多形容词后面习惯加一个"叫",比如"慢慢叫、好好叫"等。

你还想到哪些呢？都用在什么地方呢？

走路要"轻轻叫"

上海话当中不少形容词带一个"叫"字,这个"叫"通常是附着在形容词的后面,意思是"很"或"一点儿"。

比如有"慢慢叫、好好叫、乖乖叫、轻轻叫、细细叫、偷偷叫、明明叫"等。

我们且看例句：

慢慢叫走噢,勿要急。（慢点走啊,不要急。）

侬弄乖乖叫搭我蹲辣搿搭,勿要动。（你替我乖乖地留在这里不要动。）

好好叫上课,勿好白相。（好好上课,不能玩。）

侬轻轻叫走路,人家辣辣睏觉。（你走路轻点,别人在睡觉。）

伊一家头静静叫个辣伊面看书。（她一个人安静地在那里看书。）

侬勿晓得啊,伊已经偷偷叫走脱咪！（你不知道啊,他已经偷偷地走了。）

明明叫是我对的,伊硬劲讲我错了。（明明是我对的,她硬说我错了。）

侬好好叫比伊来三咪！（你远比他强多了。）

（丁迪蒙）

2012 年 9 月 18 日

上海话中的"×来×去"表示动作来去不停,比如"想来想去、跑来跑去"等,你还想到哪些？可以尝试着来造句哦。

"唱来唱去"不会唱

上海话中有个习惯用法叫作"×来×去"。它表示动作来去不停,也就是"×过来×过去"的意思。

常用的有"想来想去,跑来跑去、走来走去、听来听去、唱来唱去、写来写去、画来画去、睏来睏去、跳来跳去、着来着去、等来等去"等。

我们来看看例句：

挦桩事体我想来想去还是要讲拨侬听。（这件事情我思来想去还是要说给你听。）

伊一介头辣伊面跑来跑去做啥？（他一个人在那里跑过去跑过来干什么？）

我听来听去还是邓丽君个声音好听。（我听来听去觉得还是邓丽君的声音好听。）

挦只歌我唱来唱去唱勿好。（这首歌我怎么唱也唱不好。）

挦个字写来写去写勿好。（这个字怎么写也写不好。）

我画来画去画勿好，急也急煞了。（我怎么画也画不好，急死了。）

昨日夜里向我睏来睏去睏勿着，急煞人！（昨天晚上我怎么睡也睡不着，急死人！）

交谊舞我跳来跳去跳勿来。（交谊舞我怎么跳也不会跳。）

衣裳忒小咪，我着来着去着勿进去。（衣服太小了，我怎么穿也穿不进去。）

我等伊来叫等来等去等勿来！气也气煞了！（我等他来左等右等等不来！气死了！）

（丁迪蒙）

2012年9月19日

上海话中对于颜色有哪些ABB式的形容词？说明一下是怎样形容的？比如"黑黜黜、白塔塔"。

红黄蓝白黑

ABB式形容词是一类表示状态的形容词，在上海话中十分丰富。BB是一种状态的形容，有的看得出其状态情形，有的已经虚化，像一个后缀，表示一种比较级。这里选一些比较生动的表示颜色的ABB式形容词。

红通通："小王个面孔红通通个，血色真好。"（小王红光满面，气色真好。）

黄亨亨:"搿块墙壁刷得黄亨亨个,勿好看。"(这面墙粉刷得黄兮兮的,不好看。)

绿油油:"一到春天,菜园里个蔬菜一片绿油油。"(一到春天,整个菜园里的蔬菜一片绿油油。)

青奇奇:"搿块白布,哪能有眼青奇奇个?"(这块白布,怎么有点发青呢?)

蓝荧荧:"天有点蓝荧荧个,开始转好了。"(天空有点蔚蓝,天气开始好转了。)

灰扑扑:"今朝从矿浪向回来,浑身灰扑扑个。"(今天从矿上回来,浑身灰尘。)

灰托托:"侬搿件罩衫哪能是灰托托个?"(你这件罩衫怎么灰不溜丢?)

灰蒙蒙:"搿爿天,严重污染,整日灰蒙蒙个!"(这天,严重污染,整天灰蒙蒙的。)

黑洞洞:"搿幢房子,一走上楼梯,黑洞洞个,电灯开关也摸勿着。"(这幢房子一上楼梯,光线太暗了,连电灯开关摸也摸不着。)

黑黜黜:"大家坐辣暗头里,黑黜黜,面孔也看勿清爽。"(大家坐在暗处,因为太暗了连面孔都看不清楚。)

黑魆魆:"搿个山洞里向黑魆魆个,有眼吓人!"(这山洞里面太黑了,真有点吓人。)

黑齵齵(zy):"搿个姑娘皮肤黑齵齵,到也蛮好看。"(这姑娘皮肤有点黑,不过也蛮好看。)

白呼呼:"柿饼浪白呼呼有一层霜。"(柿饼上有一层白乎乎的霜。)

白哈哈:"一块白哈哈个玉。"(一块洁白无瑕的玉。)

白塔塔:"侬黑板吪没揩清爽,白塔塔个,字也写勿清爽。"(黑板你没揩干净,上面还白乎乎的,字也写不清楚。)

白醭醭:"老王面色白醭醭,看上去身体勿是最好。"(老王面色苍白,看上去身体不太好。)

(钱乃荣)

2012 年 9 月 20 日

上海话中形容颜色的词语很丰富,比如"铁锈红"、"香烟灰"、"西洋红"都

富有特色，你能说出多少？并说明一下它们分别是指怎样的颜色。

给你点"颜色"瞧瞧

平常，我们在广播里都是用上海话讲的，下面这篇，我用上海话文字来写成，大家试试读读看。

据讲，世界浪向各地个人对于颜色个看法各有千秋，对伊拉个归类也是勿一样个。因为太阳光照出来个颜色是连续个，像从一条虹里向，阿拉可以看到各种颜色，从红颜色一直到紫颜色，各种颜色一路排下来，里向是呒没边界个。各地个人，由于使用个语言勿同，也会影响到分出颜色个种类勿一样，对某种颜色个看法勿一样。乃末，上海人个眼光里向看出来个颜色，也就用上海话个词语定下来了。

阿拉小辰光有个童谣，叫"红黄蓝白黑，橘子柠檬咖啡色"。除了"红黄蓝"三原色脱仔"白黑"以外，后头一句俚是用吃个物事定颜色个，交关具体咾生动。上海人从来勿讲"赭石色"，而叫"咖啡色"，辣个是大家熟悉咖啡个缘故。

上海人的眼光，是比较厉害个，会得深度分析颜色，形容起来也邪气出色，比喻用得蛮有情趣个。譬如连"铁锈"个颜色也用来命名，有一种色彩叫"铁锈红"。辣个颜色，真是用其他词语形容勿出个，而一用"铁锈红"辣个名称，大家邪气清爽，是像铁锈一样个红颜色，一种比较淡个咖啡色带有红色，中老年妇女蛮欢喜着辣种颜色个衣裳。

像"胭脂红"、"皮蛋青"、"象牙白"、"蟹壳青"、"血牙红"、"玫瑰红"、"生姜红"、"西洋红"、"豆青"、"杏黄"、"姜黄"、"米红"、"月白"、"奶白"、"花青"、"青莲"，还有"豆沙色"、"古铜色"、"米色"咾啥，俚是有具体个物事摆辣旁边，辣个颜色词讲个颜色也就邪气明白了。而且分得特别细，像"皮蛋青"就是脱"蟹壳青"青得勿一样。

上海男人辣困难时期着藏青脱仔灰裤子浪也要翻翻行头，除了"铁灰"、"银灰"、"中灰"等，还有一种灰叫"香烟灰"，像香烟缸里个香烟灰辣能个颜色，侬讲好看勿好看？

对绿颜色，上海人个区分更加精细了，除了"草绿"、"墨绿"、"碧绿"咾啥，有一种叫"咸菜绿",是像咸菜浪向个挦种绿颜色;一种叫"鹦哥绿",是鹦哥身浪个比较亮个翠绿色;还有"秋香绿",是秋天成熟后开始发黄个稻杆浪向个绿色。另外,"鸭头绿"、"黄胖绿"、"橄榄绿"、"苹果绿"、"葱绿"、"湖绿"、"水绿"……绿颜色分得介细,由此看来,上海真是一个生气蓬勃个城市。

挦些名称,侪是从"橘子柠檬咖啡色"的思路浪向来个,像挦能细腻个脱颜色取名字,上海闲话是一只鼎了。上海人取起颜色个名称来,是老轻松个,拿一样物事放上去就可以了。看是随意,实是深刻。连"拨侬点颜色(厉害)看看"挦能介个硬闲话,上海人也会得轻松幽默个甩出一句:"拨侬一盒彩色笔!"

(钱乃荣)

2012 年 9 月 24 日

上海话中"把、给"怎么念?请用上海话翻译这两句话:① 你给我把这件事情说清楚。② 你把这件衣服拿回去。

上海话里的"给"和"被"

各位想想,上海话中有"给"和"被"吗?
下面的话如果用上海话该怎么说呢?
(1) 你给我把这件事情说清楚。
(2) 你把这件衣服拿回去。
(3) 老鼠被猫吃了。
(4) 他的一只皮夹子被贼偷走了。
对应的上海话是否应该这样说:
(1) 侬搭我拿挦桩事体讲讲清爽。
(2) 侬拿挦件衣裳拿转去。/挦件衣裳侬拿转去。
(3) 老虫拨猫吃脱了。
(4) 伊只皮夹子拨贼骨头偷脱了。
可见,上海话里原先是没有"给、被"的。凡普通话用"给、被"的地方,上海话全用"拨"。现在也开始有人用"被",这是受普通话影响,且也属于书面语。

有网友说有的专有名词是用"给"的,叫作"给水站",读如"急"。很早以前是有的,它是指水龙头集中在一个地方,家家户户拿了铅桶去那里买水。昔日一般在住宅条件比较差的区域里才有,现在的住宅区里则是看不见了。

(丁迪蒙)

2012 年 9 月 26 日

"秋风起,蟹脚痒。"又是一个金秋持螯的季节来了,阳澄湖大闸蟹上周也正式开捕了。上海人对于"河蟹"特别有感情,因此在上海话里有不少俗语和这个"蟹"字有关系,你能说出上海话中哪些带"蟹"字的词语吗?如"蟹爬"、"蟹脚"都是什么意思?

"蟹"字巡礼

这篇小文章我还是用上海话写,请大家感受一下。

"秋风起,蟹脚痒",大家开始摩拳擦掌觅奘(zang)蟹。上海人欢喜持螯赏菊闻桂香,从海派个奇思遐想里,一串搭"蟹"字相关个妙词佳语应"蟹"而出。

中秋买上市不久个蟹,先要"捏捏蟹脚硬勿硬"。后来辣句话就引申到"掂量掂量对方有几化能耐"个意思。碰着"撑脚蟹",指脚伸直耷拉辣海个,就是要死快个蟹;"伊是撑脚蟹",就是"伊情况勿妙,千万要当心伊"个意思。

称一个人"软脚蟹",是骂伊软弱勿能,遇事只会退缩或者屈辱,硬勿起来。"蟹手蟹脚",是讲手脚勿灵活,像蟹脚有伸有缩一样,动作配合勿协调,样子难看。"蟹爬",样子歪斜难看:"侬两个字写得像蟹爬!""蟹脚",引申为"喽啰"、"下级帮凶",拿伊个"蟹脚"侪拗脱,伊就成了一个"光杆司令",就是"呒脚蟹",只剩下来一只"蟹陀陀",即一个"蟹身体",动弹勿得,只差一口气,比喻自助无力,成了孤家寡人,呒没帮助伊个人。就是伊个下级接班人,也是"一蟹勿如一蟹",一个比一个推扳!

再发展下去,就变成"死蟹一只"。"死蟹一只"有三层含义:一是身体疲惫勿堪,勿能动弹,如:"做了一日重生活,到黄昏床浪一倒,死蟹一只!"二是事体办遭弄僵,勿可挽回。三是一切吪没指望,束手无策。"死蟹"只有叫化子要吃个,有个歇后语叫"叫(此处音'告',gao)化子吃死蟹——只只好",常比喻伊个要求交关低,样样侪接受。上海话里还有两个歇后语,一个叫"飞机浪吊大闸蟹——悬空八只脚",就是做事体吪没分寸,离开事实忒远;或者牛屁吹得野豁豁,事体完全吪没可能个,做出来连"蟹也会笑"!另外一个叫"大闸蟹穿淮海路——横行霸道"。上海还有一个气象谚语:"蟹爬高,要发大水。"

"老蟹打洞,小蟹受用",就是讲儿孙辈坐享父辈所创个福。不过,吪没志气个子孙,就是"一蟹勿如一蟹",一个勿如一个,坐吃山空,三代而亡。相反,有本事个小囡,"虾有虾路,蟹有蟹路",一个个侪各自有各自个法道或者门路,后来各显春秋。

假使讲"乌龟是十三块六角"个闲话,葛末"蟹是一块两角八",一块蟹陀,两只蟹螯,八只脚。蟹壳有一种特殊个青颜色,上海人拿一种像蟹壳一样个颜色叫伊"蟹壳青"或者"蟹青";上海人也拿一种状似蟹壳的饼叫作"蟹壳黄",还因为伊上面一层皮个颜色像烧熟个蟹壳颜色。还有一种像胡蝶酥搿能个甜点,叫伊"蟹派","派"是 pie 个英译。

现在还有两个新个蟹名字,就是拿外头捉着个蟹摆到阳澄湖里水里去浸个 N 日,就会摇身一变改变籍贯,大家叫伊拉"沐浴蟹"、"留学蟹"。

大家看崇明人"作啥"? 就是"捉蟹"! 崇明话"啥"读"蟹"音,葛咾"作啥"搭"捉蟹"同音。其实上海勿只是崇明闲话搿能讲,奉贤、松江"蟹"、"啥"两字也同音。大概崇明产蟹多勿过、有名勿过,所以大家碰碰就欢喜提到"崇明蟹",到崇明去"作啥"? 去"捉蟹"!

(钱乃荣)

2012 年 9 月 28 日

今天我们说歇后语打上海地名:"打虎英雄"、"嘴巴里出血"、"四面八方都是水"、"两亲家公拜年",各指上海什么地方? 你还想到哪些呢?

妙趣横生上海话

歇后语与上海地名

上海话中有很多歇后语,有些体现了上海人的睿智幽默,有些则通过谐音反映了某一个现象或问题。今天要和大家讨论一下,上海话中有关各种地名的歇后语。

先给大家来一些简单的。"打虎英雄"是哪里?"打虎英雄"不就是武松吗?大家用上海话一读就知道了,它指的就是"吴淞"地区。"嘴巴里出血"?嘴巴就是口,出了血是什么颜色的?那不就是"虹(红)口"嘛。"四面八方侪是水"又是指哪里?对,就是"周浦",周边都是"浦"嘛。"两亲家公拜年"?它是上海以前的一个县,后来撤县改区,而现在又被别的区合并了。没错,就是"南汇"。"南"、"男"同音,两个亲家公就是两个"男"的,他们拜年,不就是"汇"集在一起了嘛。"两个三十二两"是哪里?我们知道,以前的度量衡中,一斤是十六两,那么三十二两就是两斤,两个三十二两呢?四斤!对了,就是"泗泾"。"一刀劈碎夜明珠",这可不得了,那么珍贵的宝贝,劈碎了怎么了得?没关系,这个地名是上海著名的老街,有更多的宝贝等着大家去挑选呢!是哪里?用到劈碎就是"切",切开了宝贝,没错,就是"七宝",上海话中"七"和"切"完全同音哦!

说完了简单的歇后语,我们来说几个比较难的。接下来这一个涉及老地名,所以不是每个人都知道。如"弄堂里向刮镬子",我给大家分析一下。以前烧菜烧饭,用的都是煤炉,不像现在条件好了,家家都有独立厨房,还有煤气和天然气。上海话的"镬子"就是锅子。用煤炉烧得时间久了以后,在锅子的下面都会积上厚厚的煤碳,从而降低火烧的效率。这个时候就需要把这些锅子拿到外面去刮一下,把下面的积碳刮掉。如果家家都在弄堂里刮锅,那这个弄堂里岂不是到处都是煤啦?正是这样,这个歇后语就是对应"煤家弄"这个谜底。但是或许还是有很多人摸不着头脑,我就给大家揭晓吧!答案就是"梅陇"。因为"梅陇"以前就是叫"煤家弄"的,上海的地名中有很多都是带有"家"的,如"徐家汇"、"曹家渡"等。再来两个外地的地名。再如"竹管里烧饭"。竹管是长长的,里面的饭都熟了,那不就是"常(长)熟"吗?"船头浪刮镬",有了

60

刚才那个"梅陇"的经验,这个歇后语是不是更加简单点了?对!站在船上刮锅子,那这整个一条舟都要变成灰色的了,因此答案就是"徽(灰)州(舟)"。

最后一个:"踏板头浪写愿"。这个歇后语涉及一个比较老的发音。一部分普通话中读 yu 的字,上海话中有"哎(e)"的读音。这属于发音的比较古老的层次,很多人或许都不认为它们是同一个字了。如"虚",上海话中有 he 的读法,因此这种读音就写成"颬"。如有些人嘴巴里发炎了,半个脸都肿了起来,我们说"半只面孔侪虚(he)起来了"。又如"居",上海话中有 ke 的读法,因此这种读音就写成了"赅"。如在表示拥有财富的时候,我们说"伊居(ke)交关家当"。还如"许",上海话中有 he 的读法。在上海的一些郊区,说"许配"的时候仍然说"许(he)拨侬"。说到这里,就要回到我们的歇后语了。"写愿"就是"许愿","踏板头浪"就是"床上",所以"踏板头浪写愿"就是"床许",再根据我刚刚解释的发音一读,就是"上海"。大家明白了吗?

(朱贞淼)

第二部分

(2012年10月~2012年12月)

　　"上海闲话"板块这颗种子从发芽到现在已经有三个多月，枝干开始挺拔，也更有活力。在国庆长假，大家都希望能好好睡一觉休息休息，而上海话中关于睡觉方面的词语相当丰富。因此这部分文字中有关于"睡觉"的词语总结，也有一些关于上海话书写问题的讨论，更有一些与上海话发音相关的文字。相信大家通过这些文字，能够更深入地感受上海话与上海文化的魅力。

2012 年 10 月 8 日

国庆长假过完,形容上班很不在状态,头昏脑胀,都有哪些词？再用"×头×脑"来造词。

上班不能"昏头昏脑"

十一长假刚过去,休息了七天回到工作岗位,常常会觉得上班时很不在状态,头昏脑胀的,那么用上海话是怎么形容这种感觉的呢？

是上海人都会说："今朝人昏头昏脑个。"这种"×头×脑"的词语在上海话里有不少,主要有两种情况：

（1）第一字和第三字一样。比如有"一头一脑、呒没头呒没脑、花头花脑、木头木脑、鬼头鬼脑、滑头滑脑、戆头戆脑、夹头夹脑、寿头寿脑"等。

（2）第一和第三字不同。比如有"痴头怪脑、贼头狗脑、犟头倔脑、连头搭脑、摇头甩脑、油头滑脑"等。

下面来看它们在语用环境下的情况：

交关事体伊一头一脑个侪做好唻。（很多事情他都有条有理做好了。）

冷水浇了我一头一脑。（冷水浇了我满头都是。）

早浪向一起来就拨伊呒没头呒没脑骂一顿。（早上一起来就被他劈头骂了一顿。）

伊夹头夹脑拿我骂一顿,碰着赤佬了。（他把我劈头骂了一顿,碰着鬼了。）

搿个人花头花脑老会得讲闲话个。（这个人很会说话的。◇花头花脑：形容头脑活络,点子多。）

搿个人木头木脑个,勿灵活。（这个人很死板,不灵活。）

侬看伊鬼头鬼脑个样子,一定勿做好事体。（你看他鬼头鬼脑的样子,一定不做好事。）

伊滑头滑脑个,侬要小心点。（他很油滑,你要小心点。）

油头滑脑个人勿好要个,将来搞勿清爽个。（油滑的人不能要的,将来会很麻烦的。）

搿个人戆头戆脑,勿灵个。(这个人很蠢,不好。)

伊寿头寿脑个,人家讲伊两句好听闲话,伊所有事体侪讲拨人家听唻。(他傻傻的,人家说他几句好听话,他就把所有事情全说给别人听了。)

搿女小人痴头怪脑,骨头轻来西个。(这女孩子有点疯疯癫癫,很轻佻。)

搿个人贼头狗脑个,勿是好物事。(这个人贼溜溜的样子,不是好东西。)

大人讲闲话要听个!侬搿小人哪能老是犟头倔脑个。(大人说话要听的!侬这孩子怎么这么犟。)

搿股市拿伊连头搭脑全部套牢了。(这股市把他整个地套住了。)

搿只狗好白相个,看到我就摇头甩脑。(这只狗很好玩,看见我就摇头摆脑。)

(丁迪蒙)

2012年10月9日

要睡觉、睡午觉、刚睡醒、睡觉过程中的样子等等,和睡觉有关的上海话都有哪些?比如"打瞌眈、睏梦头里"。

"睏觉"睏不醒

睡觉,上海话叫作"睏觉"。上海话中形容睡觉、想睡觉、睡过头、睡觉姿势、睡午觉、刚醒来的词语有不少,我们现在就来看看。

先是睡意朦胧"打呵唏(ho xi)"(打哈欠),随后就"眼皮瞌眈、睡茫茫、打瞌眈"。该找地方"睏一歇(睡一会)、瞇一瞇(小睡)、睏中觉、打中觉(睡午觉)"了。

睡觉会有不同的姿势。有的喜欢"朝天睏",有的要"侧转睏"(侧一边),也有人喜欢"合扑睏"(肚子朝下)的。

冬天外面湿冷,被窝要"暖热"(暖和)许多,所以不少人喜欢"捂被头、赖被头、捂辣床浪(在床上)",这样睡得太沉就容易"睏失窨(huek)、睏失觉(睡过头,到点了没起床)",起来后还是"睏痴憎懂"(迷糊)的样子。

有人睡觉会"打昏涂"(打呼噜),搞得同屋"睏勿着、勿着窨(睡不沉,时常醒)",呼噜声大得会把人从"睏梦头里"(睡梦中)吓醒,这下早上就要"睏晏觉、瞌晏早(起不来)"了。那就倒下去再去睡个"回笼觉"吧！

如果说"一觉瞌醒了"那是已经"瞌了一瘾"了；人们把晚上不想睡觉的人叫作"夜游神"。

如果听到说"侬还辣躺死尸啊！"注意，这是骂人话，是在说你怎么还不起床呢？

当听到"侬大概瞌扁头了"时，注意这与睡觉无关。"瞌扁头"是"想象与现实差距太大，不知天高地厚，做白日梦"的意思。

（丁迪蒙）

2012年10月10日
上海话中有许多用比喻手法形成的词，比如"11路电车、软脚蟹、荷包蛋、珍珠米"。请你再举些例子，并解释一下。

比喻构词真奇妙

上海话中有许多用比喻方法构成的词，十分形象。如玉米叫"珍珠米"，形状像珍珠；"鸡毛菜"，菜叶形状和大小都如鸡毛；"粽子糖"，制作得如粽子形状；"橡皮泥"，像橡皮那样的模样和颜色，又像泥土一样的可供手工捏塑的泥块；"田螺眼"，是眼睛弹出像田螺那样；"板刷头"，指剃成如洗衣服用的板刷那样的平头；"芋艿头"，就是如芋艿那样头发稀疏且发黄的脑袋；"荷包蛋"，煎成的荷包形的鸡蛋；"牛踏扁"是一种大而扁的良种毛豆；"薄脆"，一种很薄很脆的饼干；"电车路"，指额上的皱纹；"电灯泡"，指光头；"蜡烛包"，是婴儿的抱被；"叫哥哥"，是蝈蝈儿；"模子"，喻身材；"照会"，喻人的面貌；"大肚皮"，喻怀孕；"吃萝(此处音'老'，lao)卜干"，喻手指关节扭伤；"二进宫"，指二次或多次进监狱；"八〇八"，喻手铐；"引线"，指绣花针；"烫山芋"，喻棘手的事；"天吃星"，指很会吃的人；"翘翘板"，喻摆不平；"兰花节头"，指手指翘起像兰花；"黄鱼脑子"，喻没记性很糊涂的脑袋；"黄牛肩胛"，指"卸肩不负责"；"橡皮饭碗"，指不会失业的职业；"空心汤团"，喻不能兑现的许诺；"磨光石卵子"，喻圆滑；"老爷"，喻质差，碰不得；"奶油"，喻可爱，讨人喜欢；"鸳鸯"，称东西不相同而

配成一对。

比喻的行为,更是层出不穷,如"砌墙头"(打麻将),"打电报"(眉目传情),"放鸽子"(爽约),"吃大饼"(跳水时胸部受水击),"咬耳朵"(凑近耳朵说悄悄话),"开无轨电车"(说话离题漫无边际),"行情看涨"(恋爱关系有进展),还有"乌搞百叶结"、"开荷兰水"(汽水)、"吃外国火腿"等。

(钱乃荣)

2012 年 10 月 11 日

上海话中表示最高程度的程度副词,主要有三个:① 老(长)个;② 忒(长)了;③ 顶(长)。这三个词怎样表示程度的,到底哪一个表示的程度最高?你还能举出上海话中哪些最高程度副词?

芝麻开花节节"高"

上海话中的"老……个"、"忒"、"顶"三个表示程度的副词,都是表示程度很高的副词,但是它们形容的角度是不同的。"忒",相当于普通话的"太",是在超过说话者的心理要求程度时说的。比如,他要一根一公尺长的棒头(棍子),你给了他一根一公尺十厘米的棒头,他就会说:"忒长了!"(太长了。)如果买裤子,要两尺四的腰围,服务员给你两尺六的腰围,你就会说:"忒大了!"(太大了。)

"顶",就是"最"的意思,上海话也常用"最"来说。这个词看上去是形容到顶了,还有"顶顶长"、"最最好"的用法。但是,这个词是用在比较中见分晓的。如:班里三个孩子,一个身高1.69米,一个是1.70米,第三个是1.73米,我们就说第三名最高,尽管第三名学生身材也并不是很高的,但是,这三个人一比,他是最高。

只有"老"才是完全形容人或事物程度很高的。如:"小王长得老高个。"这句话直接说"高"的程度达到"很"了。但是这里表达的是个模糊义,总之是"很高",虽然与主观心理不一样,是客观上的高,但究竟"高"到什么地步,是不好比的。

所以，三个最高程度副词，描写的角度是不一样的。

当然"蛮"、"相当"、"交关"这些程度副词，表示的程度就明显较低一级了。

上海话中的程度副词，还有"邪气"（邪气好）、"瞎"（瞎好，相当于"极"）、"一塌糊涂"（好得一塌糊涂）、"要死"（好得来要死）、"来死"（好来死，是"长来要死"的缩略）、"要命"（好得要命）、"死脱"（好得来死脱）、"勿得了"（好得勿得了）。上海宝山、嘉定用"好透好透"，奉贤、松江用"好去好来"。

为什么这些形容程度最高级的副词，都是从意义最坏的极端词语虚化来的？国内外用法都是如此，各地方言中都是如此，普通话的"极、非常、很、挺、蛮"也都是从坏的极端词里虚化来的。那是除了用形容最好的词语以外，人类为了表达极致的感情，好像非得要讲讲"煞根"才舒服罢了。

（钱乃荣）

2012年10月12日

本地俗语里有很多与医药有关的词语，如"搭脉、吃药、一帖药"，你能说出这些词语在上海话里都是什么意思吗？你能再举出哪些上海话里跟医药有关，但引申义已经超出本来意思的词语吗？

少"吃药"更不能"吃错药"

我们知道，人总会生病，看病吃药和我们生活是息息相关的。在上海话的词语中，也有不少是和这个有关的，而且它们大多数都已经不再是表示本义，而有了自己的引申义。今天我们就来看看和医药有关的词语。

首先来看中医。我们知道，中医讲究望、闻、问、切。其中的"切"就是医生通过搭脉博来了解病人的各项情况。上海话中有一个词"搭脉"，它的意思就是打听对方的实力，掂量、探究。如"侬想搭伊谈朋友，侬先要搭搭伊个脉"。这里并不是真的中医里搭脉的意思，而是指如果你想和她谈恋爱的话，你就要先打探一下对方的情况，再掂量一下自己的份量，看看是不是够资格。"搭脉"还可以引申为比较、较量。如："我个英文脱伊是勿好搭脉个"。意思就是，我的英文和他相比，是无法相提并论的，没有可比性，完全不在一个等级上。

　　接下来看看药。上海话中的"吃药"就是上当的意思。如,"伊拨我吃药,还要我帮牢仔伊讲闲话,真个是想也勿要想"。意思就是,他让我上当,还要我帮他说话,真是想都别想。生病就应该对症下药,如果"吃错药"了,那会发生什么呢？不但毛病治不好,反而可能会加重病情。于是,上海话中的"吃错药"就是指失常,神经不正常。如,"侬哪能辣辣领导面前讲迭种闲话个啦,侬吃错脱药啦？"意思就是,你怎么在领导面前讲这种话,你不正常了吗？以前的中药,经常会制成一些药丸,以方便服用。有一种药丸,是无法制得的,可是人人都想吃,那是什么呢？定心丸！"吃定心丸"就是指心中有数了,所以就可以安心了。如,"搿桩事体交拨伊去做,侬就吃定心丸好了！"意思就是,这件事情交给他去做,你就放一百个心吧！中药好不好,就看一帖药。这一帖药如果好,那么就能药到病除,病毒细菌乖乖地听你的话。"一帖药"在上海话里就是服帖、顺从,任何事情都言听计从的意思。"伊对侬是一帖药个"意思就是他对你是百依百顺、言听计从的。程度再要高一点,就需要这药的效果更加好,我们就说"一帖老膏药"。一般都是有病了再吃药,没有病的时候也可以吃药,那时候的药称为"补药"。如果别人说你的事情其实与你毫不相干,你就可以说,"算啦,我当补药吃"。而身体虚弱,天天需要吃药的人,他们一定是药瓶不离手。上海话中就用"药罐头"这个词来形容体弱多病,需要经常吃药的人。

（朱贞淼）

2012年10月15日

　　根据你的工作特点,试用"来得"一词造短句。比如:"搿只节目来得好听,听众见面会浪个人来得多。"在不同的情况下重音也有差异哦。

上海话"来得"有趣

　　上海话中"来得"是什么意思？比如这个句子:"搿只节目来得好听,听众见面会浪个人来得多。"今天来聊聊这个话题。

　　"来得"有两个意思。意思不同,发音也不一样。

　　(1) 相比之下显得。比如有"来得长、来得胖、来得粗、来得好看"等。重音在"得"上。且看句子：

搿件衣裳来得长，伊件短一眼。（这件衣裳长一点，那件短一些。）

伊来得胖眼，侬比伊瘦。（他比较胖，你比他瘦。）

搿条黄鳝来得粗，伊条比较细。（这条黄鳝粗些，那条比较细。）

搿双鞋子着辣脚浪来得好看。（这双鞋子穿在脚上好看些。）

(2) 特别。比如"来得好看、来得粗、来得臭、来得痒"等。注意，重音要放在"来得"上。看句子：

搿件衣裳着辣侬身浪来得好看。（这件衣服穿在你身上特别好看。）

搿条黄鳝来得粗，摆辣红烧肉里来得好吃。（这条黄鳝特别粗，放在红烧肉里特别好吃。）

搿是啥个味道啊！来得个臭！（这是什么味道啊！特别臭！）

搿搭拨毒蚊子咬了一口，来得个痒。（这里被毒蚊子咬了一口，特别痒。）

（丁迪蒙）

2012 年 10 月 16 日

上海话中的"兮兮"用得蛮多的，比如说"十三点兮兮、痒兮兮"。这两个"兮兮"表达的含义有何不同呢？你还想到有哪些"兮兮"呢？

这个人"神经兮兮"的

上海话中有一些带"兮兮"的习语，这"兮兮"的意思是"有那么点儿"。

比如有"红兮兮、痒兮兮、痛兮兮、戆兮兮、神经兮兮、阿胡兮兮、贼忒兮兮、十三点兮兮、下作兮兮、邋遢兮兮"等。

我们且看例句：

伊只面孔红兮兮个，好像塌了胭脂。（她的脸红红的，好像是涂了胭脂。）

啥个小虫子啊？身浪咬得痒兮兮个。（什么小虫子啊？身上咬得痒痒的。）

针打进去痛兮兮个。（针打进去有点痛。）

我今朝戆兮兮个，拨人家冲头斩进。（我今天傻傻的，买东西被别人

骗了。)

㑚个人神经兮兮个,侬勿要去睬伊。(这个人神经不正常,你不要去理他。)

小王阿胡兮兮个,侬好听伊闲话个啊?(小王不讲信誉,你不能听他的话。)

伊面个人贼忒兮兮个,快点走开。(那里有个人不怀好意,快点走开。)

㑚个人十三点兮兮个。(这个人很轻浮。◇多指女性。)

㑚个人下作兮兮个。(这个人很下流。◇指男性。)

㑚个人邋遢兮兮个,衣裳多少辰光勿汏啦?(这个人有点邋遢,衣服有多久没洗了?)

(丁迪蒙)

2012年10月17日

今天钱老师跟大家聊聊"车子"。近现代的大量交通工具都是在上海先出现的,比如"黄包车、脚踏车、无轨电车、老虎榻车、黄鱼车",有的还是从英文直译来的,你还能举出哪些?

"车"水马龙

开埠后的上海,各种车子在上海马路上涌现,上海人见一种车子就造一个车名,上海话中也集车名大全,从独轮小车的"羊角车"起。人力车先是有"东洋车",是日本人先用起的,最早用作有钱人雇的"包车",后来应租界工部局统一做成黄色的编号的车背,所以上海人称它为"黄包车",后来改进,用齿轮链条带动车轮的脚踩"三轮车"载人;双轮"自行车",上海人称"脚踏车",用汽油机动的,称"机器脚踏车",后称"摩托车",音译自英语 motor;英国上层人外出,坐载人马车,称为"马车",马车必须筑较宽大的路才能行进,造好的道路就称"马路"。私人外出,从国外引进的 car,本指小轿车之类,1901年上海人就首次见到"汽车"。后来在上海 car 车被转义为载货大汽车,而那些小型的使用汽油的车,上海都称为"小汽车"。"出租汽车"原来上海人有两个称呼,一叫"出差汽车",另一是完全音译,口头通用"差头"一词。"差头"是英语 charter

(包租)的音译词,概念上还是延续"黄包车"的"包"上来的,1919年祥生汽车出租公司初创时仅有一辆出租车,每包租运客一次称"一差"(charter的缩略读法),直到现在还留有"我已经做了三差"这样的说法。"差头"在20世纪50年代以后消失,到80年代重新活跃于上海的马路上,于是这个老词又重新复活。1908年,上海第一条有轨道的电动公交车始行,上海人称之为"电车"。1914年上海有了不用轨道的电车后,就分称这两种车为"有轨电车"和"无轨电车"。后来又有"公共汽车",这个名称又产生于上海话。上海有了"jeep"车后,上海人音译时,把两个英文合起来称名,叫"吉普卡"(jeep car)。还有许多车子,上海人分别取名为"自备车、搬场车、特别快车、行李车、集装车、棚车、眠车、饭车、花车、货色车、机动车(临时调度来赶急的)、蓬车、癞蛤巴车(形似)、电瓶车、助动车、驳车"等,五花八门。还有一些小搬小运的人力车,与20世纪50—70年代上海人的生活关系密切,如"老虎榻车、平板车"是前拉后推在马路上常见的搬运小型货物的装货车。"黄鱼车"是小菜场上踏黄鱼来卖的脚踏车,将一辆"脚踏车"和一部双轮的小型载货推车绑在一起构成,这种车比三轮装货车难踏,但在六七十年代菜场上常见。当时小菜场上通常只见带鱼卖,冷气黄鱼千年难得有卖,小菜场上排队最长的队伍是卖黄鱼,黄鱼就是用这种车踏来的,百姓引领久候,一见此车出现,马上高呼"黄鱼车,黄鱼车来了!""黄鱼车"便因此得名。

(钱乃荣)

2012年10月18日

今天请钱乃荣老师说说餐桌上的鱼,有很多都有上海话名称,你能说出哪些你吃过的鱼,并说说这些河鲜是什么样子吗?如"河鲫鱼、叉鳊鱼、昂刺鱼、草千、乌千"等。

年年有"鱼"

过去吃得多的是淡水河里的鱼,首推鱼肉很鲜美的"河鲫鱼",但后来因其鱼刺太多,就不多吃了。过去每年腊月送岁时,等着总有状若"元宝"的"元宝

鱼"，是较大形的"鲤鱼"，还讨巧"鲤鱼跳龙门"的吉利。除鲤鱼外，常有"草干、乌干"卖，"干鱼"就是"青鱼"，"草干"就是"草青"，"乌干"就是颜色较深的"青鱼"。上海人称"黑鱼"的，就是鲜鱼，生长在江南一带，形小但肉头厚的"塘鲜鱼"，就是"土咬鱼"，也是经常做汤吃的。"鲈鱼"清蒸是很鲜美的，骨头也少。"鳊鱼"头尖、鳞细、身扁；"胖头鱼"则是大头，又称"花鲢"，学名"鳙鱼"；还有一种"白鲢"才是"鲢鱼"。"鳜鱼"肉质细腻，味道鲜美，也是餐桌上的高档鱼；"鲴鱼"是产于长江里的鱼。过去上海人吃淡水鱼的机会较多。

海洋鱼常吃的有"带鱼"、"叉鳊鱼"（鲳鱼）、"大黄鱼"、"小黄鱼"、"箬鳎鱼"（比目鱼）；"鲥鱼"是脂肪厚、味美的海鱼，比较高档；"鳗鲡"有"河鳗"与"海鳗"之别，常常在冬天腌制风干吃，比较有滋味。其他还有"青占（鲟鱼）、橡皮鱼、马鲛鱼（鲅鱼）、沙丁鱼"等。现今海鱼种类增多，比如"鸦片鱼、石斑鱼、多宝鱼"都是颇受人们欢迎的深海鱼。

（钱乃荣）

2012 年 10 月 19 日

每种方言里都有独特的象声词，上海话里象声词十分丰富也不外如是。如"极力阁落、渐力索落、乒令乓冷"，你还能想出几个上海话里的象声词吗？是表示什么声音的？拿出来和钱乃荣老师一起来聊聊吧。

"乒令乓冷"话声音

上海话里有双音节、三音节的象声词，这里仅举四音节的象声词为例。

"咪里吗拉"是吹喇叭的声音，表示庆祝；"劈力拍腊"是放鞭炮的声音，或敲打物体的声音；"叽里咕噜"是多言，或因心中不满而嘀嘀咕咕的说话声；"乒令乓冷"是玻璃等硬脆物的打碎声；"滴粒笃落"是小物件掉下的声音；"凄里扯拉"是油锅里炒炸食物的声音；"擎令共隆"是大型物体撞击或重踩木制楼梯、地板发出的响声；"渐力索落"是因小动作而发出的轻微声音，或老鼠在纸张堆中活动发出的声音；"的粒笃落"是小物件接连掉下的声音，或重复啰唆的说话声；"极力阁落"是干活不断发出的较重声音；"轻令空龙"是走路时裤靴不断发出的重声,或者拿着的器皿撞击发出的声音;"兴令哄隆"是描写人多势众干劲足的声音和样子,既是象声又是象态。

这类词产生得很早,每个词的共同特点是:第一字和第三字的声母相同,第二字和第四字的声母也相同;第一字和第二字的韵母相同,第三字和第四字的韵母相同。如"咪里吗拉"中,"咪"和"吗"声母都是 m,"里"和"拉"的声母都是 l;"咪"和"里"的韵母都是 i,"吗"和"拉"的韵母都是 a。其他各词都是这个规律。从中还可以看到上海话的古代读法,如声母 j、q、x 原来都读 g、k、h 的,如"兴"和"哄",在古代都读 h 声母。

上海话的象声词还可以证明古代有复辅音声母,因为上海话的象声词里保留了上古年代的复辅音的痕迹,例如"劈力拍腊"实际在古代只是双音节"劈拍",因为"劈"原读"plik","拍"原读"plak","pl"是复辅音,后来慢慢分读成了"pik lik pak lak"。

(钱乃荣)

2012 年 10 月 22 日

今天我们再说"头",有哪些"头"字结尾的俗语呢,请大家想想。

运气不佳"触霉头"

今天我们来看看上海话里一些带"头"的词语。

比如有"大块头、小鬼头、爷老头、触霉头、吃牌头、宰冲头、出风头、掼浪头、一介头、三吓头"等。

请看在句子中的用法:

伊是只大块头呀,热天介老怕热个。(他是个胖子,夏天很怕热。)

只必过是只小鬼头,用勿着吓得个。(只不过是个小鬼,用不着害怕。)

阿拉爷老头今朝叫我回转去。(我爸爸今天叫我回去。)

拨冲手冲脱三千块洋钿,真是触霉头。(被小贼偷了三千块钱,真是倒霉。)

回转去要拨家主婆吃牌头了。(回去要被老婆责怪了。)

妙趣横生上海话

侬去买搿个物事啊!拨人家宰冲头咪!(你去买这个东西啊!被人家宰了!)

勿要去出风头好哦?(不要去出风头好吗?)

一日到夜只晓得掼浪头,又吭没真个本事个。(一天到晚只知道胡吹,又没真本事。)

我一家头辣屋里向,侬来白相哦?(我一个人在家,你来玩吗?)

侬三吓头去吓啥人啊?(你虚张声势去吓唬什么人啊?)

(丁迪蒙)

2012年10月23日

上海话中"头势"的用法有:① 跟在形容词后面,如"好看头势";② 跟在动词或形容词后形成一个名词,如"吞头势、热头势"。你还想到哪些?都用在什么地方呢?

他"难看头势"

今天我们来聊聊上海话中的"头势"。这个惯用语主要用在动词或形容词后面,表示厉害的样子。

比如有"好看头势、难看头势、难听头势、忙头势、懒头势、推板头势、作头势、龌龊头势、尴尬头势"等。

来看句子:

伊拉家主婆作头势啊,伊实在是吃勿消了。(他老婆好会作啊,他实在是吃不消了。)

搿个字小头势啊,微微(mi mi)一沰沰,看勿清爽。(这个字好小啊,只有一点点,看不清楚。)

搿个阿姨只公鸡胡咙难听头势啊。(这位阿姨唱得好难听啊。)

今朝辣伊面碰着了勿想碰着个人,尴尬头势。(今天在那里碰见了不想碰见的人,好尴尬。)

今朝辣车子浪看到一个女个,难看头势!(今天在车子上看到一个女人,真难看。)

搿抢忙头势,过一枪阿拉再碰头好哦?(这阵子特别忙,过一阵我们再见面好吗?)

今朝热头势,像煞是大热天咪!(今天真热,像是夏天了。)

搿个人懒头势,三个号头勿汏浴。(这个人真懒,三个月不洗澡。)

我只头痒头势,要去汏汏伊了。(我的头痒得很,要去洗洗了。)

另有个"搅头势",意思是"纠缠劲儿。"比如:

搿个小囡一直绕牢仔我,搅头势真结棍。(这个小孩一直缠住我,真会缠人。)

搿道题目搅头势,烦煞了。(这道题目很难,烦死了。)

还有"吞头势",它的意思是"样子、架势",含贬义。这是英语 tendency 的音译。比如:

伊搿副吞头势,我真勿要看伊。(他这副样子,我真不要见他。)

啥个吞头势,到我搿搭来做拨我看?(什么样子,到我这里来做给我看?)

(丁迪蒙)

2012 年 10 月 24 日

普通话里的一个"才"字,在上海话里可不简单。见以下例句:"他才吃晚饭","他要到下午才回来","他才吃了一口饭","他才不会去吃饭呢",这四句中的四个"才"翻译成上海话一样吗?你能把它准确翻译出来吗?

"才"字有才

普通话里一个"才"字,在《现代汉语词典》中有下面这几个义项:① 表示以前不久。如,你怎么才来就要走? ② 表示事情发生得晚或结束得早。如,他说十点睡觉,其实到了十二点才睡。③ 表示数量小、次数少、能力差、程度低等。如,这家工厂才十几个工人;别人都看完一本书了,他才看了十页。④ 表示强调。如,我才不去呢! ⑤ 关联词语中使用,前面使用只有、必须等词。如,只有吃饱了饭,才有力气学习。这一个"才"字在普通话中的不同用法

在上海话中却使用不同的词,可以说是分得清清楚楚。

这五个不同的意思在上海话中分别怎么说呢?有趣的是,没有一种情况是念"才"的。我们一个一个来看,再把前面的例句翻译成地道的上海话。① 上海话中我们一般说"刚刚"。如,"侬哪能刚刚来就要走啊?"② "才"的发音是 she,在这里的情况下,我们是说"再(ze)"。如,"伊讲伊十点钟睏觉,实际浪到了十二点钟再睏"。③ 这种情况下,我们说"只",或者是"只有"。如,"迭爿工厂里向只有十几个工人";"人家一本书也侪看脱了,伊只看了十页"。④ 在表示强调的时候,我们是说"真也"。如,"我真也勿去哎"。但是,这种用法在现在的年轻人口中有所变化,他们也说成了"再",像刚刚那句话,年轻人也说成"我再勿去哎"。⑤ 关联词语中,这个"才"也是说成"再"的。如,"只有吃饱仔饭,再有力道读书"。简单的一个"才"字,在上海话中却大有学问。

(朱贞森)

2012 年 10 月 25 日

上海话中有许多"成语"很有特色,用的形式是 ABAC 式,比如"熟门熟路、动手动脚、老吃老做",你能举出多少?这些"成语"在意义上有什么特征?

"熟门熟路"话熟语

"有心有想"是集中精力,有耐心的意思;"熟门熟路"是得心应手,门路很熟的意思;"有数有脉",是心中有数,或一清二楚,或有交情有默契的意思;"吃辛吃苦",是含辛茹苦的意思;"正行正经",是正式、认真的意思;"毕工毕整",是完全的认真,全照规矩,十分工整;"出手出脚",就是行事无所顾忌,不受拘束的意思;"忙手忙脚",是急急忙忙动手做的意思;"一点一划",是做人循规蹈矩,一丝不苟,不灵活;"一头一脑",是有条有理;"好声好气",是说话声音和气;"白吃白壮",是吃得淡,长得胖。下面这些都是贬义词:"老吃老做",是指一贯这样做,胡乱说话行事;"自说自话",是未经他人同意自作主张,或自言自语的意思;"勿着勿落",是言语举动不合适,没分寸;"加油加酱",是增添内容或材料使其严重,夸大其辞的意思;"夹嘴夹舌",是到处乱讲,搬弄是非说坏人家;"辣手辣脚",是手段毒辣;"出精出怪",是"想出歪点子,提出怪要求";"假痴假呆",是装呆装傻,或装聋作哑;"投五投六",指做事忙忙碌碌,很辛苦,或做事冒冒失失,没头绪;"半死半活",就是半死的意思;"蟹手蟹脚",指手脚不灵活,动作配合不协调……

这类四字"成语"中第一、三两字重复,可以使此词强调动作的重复性,表现行为的稳定和反复性,有"一贯"之义。有不少词语表现了一种认真踏实的精神,有些贬义的词语表现了经常出现的双重坏习性。

(钱乃荣)

2012 年 10 月 26 日

天气转凉,上海话中哪些词表示或形容冷或凉的感觉呢?和普通话有什么区别呢?

"冷""暖"自知

最近气温骤降,一不小心就会感冒。感冒在上海话里叫"伤风",也叫"着冷",也相当于普通话里的"着凉"。可见,普通话的"凉",到了上海话里面,都变成了"冷"。是不是都是这样的呢?

我们仔细地观察一下上海话的词汇,发现情况的确大多如此。上海话里似乎只有"冷",没有"凉"。北方话说的"凉",到了上海话里全部变成了"冷"。如,凉菜——冷菜,凉拌——冷拌,凉白开——冷开水,凉飕飕——冷飕飕。其中前面一个词是普通话的词汇,后面一个词是上海话的词汇。

当然,上海话中也并不是一点也不说"凉"的。在一些后来从普通话借入的词汇中,还是有"凉"这个字的。如"今朝老风凉个","风凉闲话","清凉油"等。

大人们总是叮嘱小孩子不要喝"冷水",别的地方的人可能听不懂了,为什么不能喝"冷水"呢?难道上海的小孩子一定要喝热水、温水才行吗?夏天我们不都还喝冰水吗?其实不是这样的。上海话中的"冷水"指的是未经烧开的生水,如果是烧开又冷却下来的水,我们叫"冷开水"。

妙趣横生上海话

上海话中表示"冷",还有一个特色词汇"瀴(yin)"。在形容天气情况的时候,这个词也经常使用。如,"秋天到了,夜里向瀴笃笃个"。另外,中药里面说药物的属性时,普通话是说热性、凉性,上海话则说"热个、瀴个"。

今天和大家介绍一个上海话的熟语,"头颈绝细,独想触祭"。"触祭"的意思是"吃",不过是带有贬义的。比如说一个人"生活勿肯做,一日到夜只晓得触祭",就是说他只知道吃,不知道工作。这个熟语的意思也是讽刺一个人只想吃饭,而且吃个不停。

(朱贞森)

2012 年 10 月 29 日

今天丁迪蒙老师跟大家聊聊几句上海熟语,如"闷声勿响大发财"、"矮子里向拔长子"、"人心难防、鸭肫难剥"、"好记性勿如烂笔头"、"额角头碰到天花板"。你能完整地说出这些都是什么意思吗?请造句举例。

上海话中的多字熟语

今天来聊聊上海话中的一些七个字的熟语。

"闷声勿响大发财"比喻沉默而得利。比如:

伊拿仔交关钞票勿响,闷声勿响大发财呀。(他拿了很多钱不说,闷声不响发大财。)

"矮子里向拔长子"比喻在差的里面挑相对好一点的。比如:

寻勿着好个呀,呒没办法,只好是矮子里向拔长子咯。(找不到好的啊,只好在差的里面找稍好些的。)

"人心难防、鸭肫难剥"比喻害人之心如同鸭肫难以剥下一样很难预防。比如:

侬哪能料得到伊会害人啊!搿就叫作人心难防、鸭肫难剥。(你怎么料得到他会害人啊!这就叫人心难防就像鸭肫难剥一样。)

"好记性勿如烂笔头"是指记性再好,时间久了也要忘记;再不会写,也比不记录要好。比如:

还是写眼下来好,辰光长要忘记脱个,好记性勿如烂笔头。(还是写下来好,时间长要忘记的,写作能力再差也比记性好。)

注意,这里的"如"和"是"读音相同,不能读成"路"。

"额角头碰到天花板"比喻运气非常好。比如:

今朝老板拨我五千块奖金,我是额角头碰到天花板咪!(今天老板给我五千块奖金,我真有运气啊!)

(丁迪蒙)

2012 年 10 月 30 日

"鼻头"的"鼻"和"笔头"的"笔","北面"的"北"和"单薄"的"薄","滴水"的"滴"和"笛子"的"笛",这几个字在上海话发音上,你感觉得出来有什么不同吗?今天就请丁迪蒙老师跟大家说一说上海话里独有的两个音调。

"笔头好"还是"鼻头好"

在聊今天的话题前,我们先来看上海话中这几个字音:"鼻头"的"鼻"和"笔头"的"笔","北面"的"北"和"单薄"的"薄","滴水"的"滴"和"笛子"的"笛"。你能感觉出来它们和普通话的读音有什么不同吗?

各位想想,这些字在上海话里都念很短促的音吧,这非常短促的音的叫入声。什么是入声呢?可以从源头上去分析。

在我国古代,汉语也有四个声调,但它们和现在的普通话不同,当时有四声八调:那就是:平、上、去、入,且各分阴阳。由于北方地区语音变化极大,现普通话的声调为"三声四调"——阴平、阳平、上声、去声(俗称第一声、第二声、第三声、第四声)。只有平声还是分阴和阳的,上声和去声已经不分了,而入声则已完全消失。那么,那些入声去了哪里呢?

它们分别进入了其他声调里。比如:

"哭、出、突",用普通话读是阴平声(第一声);

"国、革、独",用普通话读为阳平声(第二声);

"谷、笃、百",用普通话读是上声("上"读如"赏",第三声);

"玉、绿、鹿",用普通话读为去声(第四声)。

但这些音只要用上海话去读的话就可以知道,发音都是非常短促的,这些就是进入了其他声调里的原先的入声字。

这些在北方方言区已经完全无法从声音上去辨别的声调,却依然保存在一些方言里,比如在粤方言(俗称广东话)和吴方言等方言中就有保留(上海话是吴方言的代表方言)。因此,我们说方言是活化石,通过方言我们可以了解到古代的发音情况。上海话里完整地保留了两个入声:阴入和阳入。上文的"笔"与"鼻",在上海话里发音是不同的,一个为清辅音,一个为浊辅音。

汉语语音美感主要表现在两对对偶关系上:平仄和舒促。

(1) 平仄。所谓"平"是指平声,包括现在普通话的阴平声和阳平声;所谓"仄"就是上声、去声和入声。平仄现在的普通话还能分辨(只是入声部分因为进入了阴平和阳平而使得北方人已无从分辨)。

古代诗文都强调要调"平仄",因此就有了"平平仄仄平平仄,仄仄平平仄仄平"。如果不是这样来写,诗就不合平仄,就缺少美感。

(2) 舒促。所谓"舒"是指平声、上声、去声,它们的发音特点是宽缓舒展、辽远娴静,为长音;所谓"促"就是入声,它的发音特点是急促剧烈、烦杂激动,为短音。

若把舒声比作音乐中的全拍,促声则占半拍。舒促相间,在语音上就具有了类似切分音的节奏感。舒缓、平静的舒声和短促的入声夹杂,舒促相形、长短相间、时舒时促的诵读极显韵味,构成汉语音韵美。

以往符合平仄、舒促规律的诗词若用普通话去念就常觉不合,因此,在语音美感上是有所缺失的。今人特别是北方人由于入声没有了,对古诗文的赏析就会受一定的影响。这种情况在上海方言里就不会出现。

我们来看上海话的"勿晓得"。"勿"、"得"都是入声,半拍;而"晓"则是舒声,全拍,这就形成了切分音节的感觉。

再比如"风雪百年"这四个字,从平仄的角度看,都为"平仄仄平",北方话、粤语、吴语全相谐;但若从舒促的角度来看,北方话全为舒声,而粤语和吴语则是"舒促促舒",因此更具语音美。

回过来看"笔、鼻","北、薄","滴、笛"这三组音,前者的声母都是清辅音,属于阴入声,而后者的声母是浊辅音,为阳入声。声调不同意思也就完全不一样了。如果说"伊笔头好"是说这个人能写,写东西很不错;而如果说"伊鼻头好",意思则是这个人的鼻子特别好,嗅觉灵敏。

(丁迪蒙)

2012年10月31日

上海人过去和现在穿的各种上衣,五花八门。这里仅选所有"衫"字的衣服来说,比如"两用衫、滑雪衫、绒线衫",你能说出多少上海话里以"衫"字为结尾的衣服呢?

"衫"出风情

上海刚开埠的时候,外衣有两种,一种是盖到脚面上的,称"长衫";一种是只到腰的,称"短衫";如果是内衣,叫"衬里短衫",现在叫"衬衫"。罩在短袄或长袍外面的单褂,都叫"罩衫"。

现今称"衫"的衣服,多种多样,各有名称。衣襟对开的针织衣服,称"开衫";胸前无纽扣,贯头而穿的针织上衣,称"套衫";从头上直套下去穿的衣衫,上海人称它"套头衫";夏天单身穿的棉质圆领薄衣,称"汗衫";夹衣,称"夹衫";在春秋两季穿的,既能罩在毛衣外面,也能罩在衬衫外面的外套,称为"两用衫";"卫生衫"是一种较厚的,内面起绒的针织衣服。

还有一些"衫",是以衣服的质料命名的,如一种棉质的、较厚的针织单内衣,称"棉毛衫";防寒用的、用毛线一般手工编织成的衣服,称"绒线衫";用羊毛制成的衣服,称"羊毛衫";用羊绒制成的毛衣,称"羊绒衫";内胆用腈纶棉或羽绒,面子一般用尼龙做成的冬令保暖外衣,称"滑雪衫";内胆用羽绒的,称"羽绒衫";用鸭绒的,称"鸭绒衫";用尼龙布做的外衫,称"尼龙衫";用雪纺绸做成的衣衫,称"雪纺衫"。

现在有些衣衫是以形状称名。如衣领呈T型的套衫,称"T恤衫";用细带吊背的胸衣,称"吊带衫";形似蝙蝠状的上衣,称"蝙蝠衫";高腰的、前襟下摆成圆弧贝壳状的外套,称"贝壳衫";下摆高于腰部的衣衫,称"高腰衫";故意做成许多皱纹的衣衫,称"皱皱衫"。此外,还有前胸有凸形皱褶的单衫,多为小

孩或孕妇穿着的"娃娃衫";男女配套的情侣装,称"对衫";印有商业广告的衣服,多用于汗衫、T恤,称"广告衫";印有要传播一种文化内容的汗衫,称"文化衫"。

(钱乃荣)

2012年11月1日

今天我们来说说上海特色的交通工具。人力车为什么叫"东洋车"?为什么叫"黄包车、老虎榻车、冷巴"呢?你还想到哪些呢?

"车"来"车"往

车是人们出行时非常重要的交通工具之一。上海开埠较早,当时又是远东第一大都市,商业社会中,人们出行的频率比较高,所以在上海就有各种各样的车。今天我们就来说一说上海话中的各种车。

有一些车只存在于以前,现在早就不用了。比如有一种车叫"东洋车",其实它就是黄包车的前身,因为它是从东洋传入,因此取名叫"东洋车"。"黄包车"其实就是人力车,没有机械设备,全部靠人去拉,有两个轮子。那么为什么叫"黄包车"呢?因为当时的"黄包车"的车身都是黄颜色的,看起来就像是用黄色包裹起来一样。这个是载人的车,装货物的人力推车我们叫"榻车"。"榻车"里还有不同的种类。如"老虎榻车"是指一种双板平板人力拉货车,用的是汽车轮子,载重量约为一吨,前面有两支不长但很结实的手柄,也有可套在车夫肩上的皮带,车板末端上翘,既可防止货物滑掉,还可将重物铲上车,车板中间是包有钢圈的硬木车轮。"橡皮榻车"是用木料制成结实的车板,前面装有两支结实的手柄,还附有可套在车夫肩上的皮带,在木板的中央装有两只橡胶轮胎的重磅汽车车轮,非常吃重量,满载可达好几百斤,一名工人在前拉,两人在侧面用绳子拉,一人在后面推。而"黄鱼车"则似乎沿用至今,是一种用脚踩的三轮货运车。

上海是"脚踏车"王国,"脚踏车"的数量非常之多。"脚踏车"就是普通话的自行车。其实就命名来说,上海话比普通话精准。不用脚去踏,这车怎么会自己行走呢？当年上海的永久牌、凤凰牌自行车都是全国闻名的，质量上乘，很多人家里到现在可能还保留着。但是"脚踏车"使用的年数多了，有些地方可能就会生锈，就会不好用，上海人把这样的"脚踏车"戏称为"老坦克"。"脚踏车"上装了机器，就是"机器脚踏车"，现在被一个音译词所替代——"摩托车"。

上海是全国最早拥有出租汽车的城市，出租汽车叫"差头"，粤语叫"的士"（taxi 的音译），因此各种各样的"差头"也有了自己的名字，像"摩的、残的、货的"等。上海的"电车"以前还有"有轨"的，而现在几乎都是"无轨"的。"巴"也来源于粤语的"巴士"（bus 的音译），所以我们就有了"大巴、中巴、冷巴（空调车）"等词。至于像"山地车、折叠车、桑车（桑塔纳）、敞篷车、跑车、老爷车、滑板车"等各类车更是五花八门、层出不穷，连走路都被戏称为"11 路电车"，上海真是一个"车"的世界！

（朱贞淼）

2012 年 11 月 5 日

今天我们所说的"码子"的来历你知道吗？上海话当中在"码子"前面都加有哪些名词呢？比如"打桩码子"。

上海"码子"

"码子"这个词，一直活跃在上海人的口中，而且由"码子"这一词构成的别的词语也非常多。网上流行写"模子"，其实欠妥。首先，上海话中的"码（mo）"和"模子"中的"模（mu）"读音不同；其次，"模子"是由英语的 moulds 而来，意思是"模具"，和我们今天要讲的词意思不符。等看完我今天的解释后，大家就更加明白为什么应该写成"码子"了。

"码子"本来的意思是样子，表示一个人的身材、体形，如"码子大、码子小"。而我们现在所说的"码子"的意思，正是从刚才这个本义里引申出来的。在形容一个人在社会上混得不错，有实力、有气魄，我们就称他为"码子"。这类人相当讲义气，在外面的名声也是响当当的，答应你的事一定会做到。

而如果"码子"一词在一个词的最后，则表示有某一类特征的人，而通常这

样的人都是不太好的。"寿头码子"是指迟钝、不精明,容易上当受骗的人。"小刁码子"就是指那些刁钻阴险、会用心计的人,有时候也会指一些吝啬的人。"三光码子"非常有意思,以前战争时有一个"三光"政策,是指杀光、烧光、抢光,战争年代早已过去,现在的"三光"是指那些吃光、用光、当光的人。"滑头码子"是指一些油滑、不守信用的人。"半吊码子"是说那些不内行、不老成的人。"元宵码子"是指情场上的老手。而"连裆码子"和"撬边码子"都是指在做生意时的帮手。首先,"连裆"是指穿一条裤子的,所以"连裆码子"就是指那些狼狈为奸的同伙。两个或者多个人一唱一合,给顾客眼花缭乱的感觉。接着,"撬边码子"假装也是一个顾客,其实他就是卖方的合伙人,他在人群中以顾客的身份大肆渲染该货品,让不明真相的顾客全都蒙在鼓里,最后轻易上当。另外,周立波先生当年扮演的"打桩码子"的形象也深入人心,是指那些进行非法买卖活动的人。所以我们希望这样或那样的"某某码子"可以少一点,我们都要做真正的上海"码子"!

(朱贞淼)

2012 年 11 月 6 日

明天就立冬啦,大家棉毛裤穿了吗?今天我们将连线丁迪蒙老师,说说上海人在冬天到来之前都要做哪些准备?大家可以开动脑筋来说说。

老上海人如何过冬

明天就要立冬啦,大家棉毛裤都穿了吗?今天我们就来说说以前上海人在冬天到来之前都要做哪些准备吧。

以前,上海人家里的房间比较小,换季时就必须翻箱倒柜,把冬天要穿的衣服拿出来。春秋季节或夏天的衣物则要收藏起来,这是每个家庭一定要做的事情。翻出冬天的衣物后,要把箱子里取出的衣物放在太阳下去晒晒,去除霉气。接下来就是:

一、打毛衣

毛衣(上海话叫"绒线衫")还能穿吗?孩子"日长夜大"(每天都在长的意

思),很可能已经太小了,穿不下了,那么绒线衫裤就要拆掉重新"结"过(普通话叫作"打")。因此可以看到不少人家的晾衣竹竿上,会挂着不同颜色的一扎一扎的毛线。等这些旧绒线干了后,家庭主妇的手就不能停了,孩子多的人家就要一件一件结,因此,一般的家庭主妇是没有闲情逸致看看书,看看电影的。

也有些上海人家会给孩子买卫生衫裤穿,那是种比较厚的类似棉毛衫的内衣,这种内衣比绒线便宜,但会算计的、精明的上海人家通常不会去买,因为绒线衫可以反复拆结,可以一直用下去,而卫生衫穿坏了就只能丢了。

二、做棉袄

当时上海人过冬有两种料作的棉衣:棉花和丝绵。丝绵比棉花轻薄、暖和,但要贵不少,条件差的人家是没能力穿的;普通人家都穿棉花制成的,但外面都会有一件罩衫,一星期左右一定要洗一次。上海人讲究干净,衣服要经常洗涤。穿得旧点不要紧,但一定要干净。"文革"期间,很多"红卫兵"来上海串联,满街上跑着些北方来的小青年,身上穿的全是油渍满身的棉衣,上海人真是看得目瞪口呆:他们怎会把这么脏的衣服穿在身上不洗?在上海,家长如果让孩子穿这样的衣服在外面跑是要被人骂死的,这种人叫作"懒料坯"。

三、缝被子

"被子"上海人叫"被头"。精明的上海人一般只买薄的棉花被,到冬天再加盖一床就是了。而厚被子到天气热些就没用了。有钱人家还会有另外两种被子:丝绵被、羽绒被。通常盖在下面的一床是丝绵或者羽绒的,上面再压一床棉的就可以了,很轻也很保暖。以往没有被套,因此,每隔一个月左右就要拆开来洗被夹里,然后再缝起来。

上海人通常会在被子的最上面缝上一条棉布或两条毛巾拼合起来,这叫作"被横头",因为在人的脖子附近是被子最容易脏的地方。缝了这样的"被横头",一个星期只要拆洗一次"被横头"就可以了,这样,被夹里可以少洗几回,当时因为没有洗衣机,洗大件衣物是件非常累人的活。

四、使用"汤婆子"

以往没有电热毯,刚钻入冰冷的被子里时会感到很冷,因此上海人在临睡觉时要烧些热水去冲"汤婆子"或"盐水瓶",把它放在被窝里。"汤婆子"外面通常会有个布袋或毛巾袋,这样包起来既不会被烫着,里面的热量又可逐渐释放,早上起来时"汤婆子"还是温热的。

"汤婆子"是用铜做的,比较贵,因此穷人家就用医院里吊水的"盐水瓶"来替代"汤婆子"保暖了。上海冬天非常阴冷,室内与室外温差大概就是两三度。在暖和的被子里舒服地躺着是十分惬意的,因此就有不少人喜欢"焐被头、赖辣床浪向"而不愿起床了。

五、晒被子、晒太阳

上海的冬天又冷又湿,因此北方人或在外地待久的上海人都会感觉盖的被子总是"潮搭搭"的,而被太阳晒过的被子晚上盖在身上就特别舒服了。因此,只要看到外面太阳好,那么家家户户都要到弄堂里抢占个好位子去晒被子,有时还会为了个有利位置而发生争吵。

而老人们则只要看见有太阳,就会赶紧找个凳子到太阳底下去坐坐,一边晒太阳,一边东家长、西家短地聊天。

六、"假领头"

棉毛衫外面通常要穿件衬衫的,上海人发明了一种东西叫作"节约领",俗称"假领头"——上海话领子叫"领头"。其实"领子"并不假,只是除了领子外,下面衬衫部分包括袖子什么的就都没有了。"假领头"价廉,但如果每天换一个,既让人有新鲜感,又显得很干净,这也是上海人的精明之处。

七、其他

上海人不太愿意穿棉裤,嫌笨重难看。一般就穿绒线裤,细绒线和粗绒线的都有,春秋天穿细的,到稍冷些就换粗绒线的,大冷天就细的外面再加厚的,这样过冬就不会冷了。

以往是没有棉皮鞋的,因此大家都穿布棉鞋。商店里也有卖布棉鞋的,但更多上海人家是自己做的,买一双的价格自己可以做三双还不止。通常是先纳鞋底,然后做鞋面,最后缝合起来。

因为冬天阴冷,很多人手上、脚上,甚至是耳朵、脸上都会有冻疮生出来,手脚肿得像馒头一样高,还会溃烂。

上海话中形容冷的词语有"冷、冰冰冷、冷煞脱、冷死冷煞、冷得索索抖、冷得刮刮抖、冻脱了、冷飕飕、冷笃笃、冷丝丝、溲、溲飕飕个"等。

注意,"冷"和"溲"从感觉上来说是不一样的,"溲"只是感到略微有点冷。

(丁迪蒙)

2012 年 11 月 7 日

你知道"蚌壳精"在上海话里是什么意思吗？为什么上海人看望病人时不宜送苹果？今天的上海闲话，我们来聊一聊上海话里的谐音现象。

同音不同义，谐音真谐趣

谐音词在任何语言中都有，是利用同音或者近音的现象达到一种幽默诙谐的效果。如普通话中用"海龟"表示从"海"外学成"归"来的人，"海带"则表示"海"外回来却找不到工作，"待"业的人。上海话中的谐音词也不少，充分地反映了上海人的睿智和幽默。在这里随便和大家聊几个，其实远不止这些。

"盐书包"谐音"现世报"，本义是指某人作恶多端，等不到来世，在现世就有报应。后来词义慢慢引申，一般就是指小孩子调皮，尤其是不好好上学，这个词也没有了贬义。

"蚌壳精"谐音"碰哭精"，用来比喻那些一碰就哭的孩子，尤其是指女孩子。

"包龙图"谐音"包弄大"，用来指一些总是喜欢小事化大的人。在他们生活中，真的是唯恐天下不乱。

"粢饭糕"谐音"痴烦搞"，形容女孩子又痴又烦又会搞。你是不是这样的女孩子？

"马大嫂"谐音"买汏烧"，这个词的知晓程度最高。但是有不少朋友会把中间一个字写错，注意，不是"汏"喔，下面没有一点，是"汏"，"汏"是"淘汰"的"汏"。

"梁山伯"谐音"238"，2＋3＋8＝13，所以这就是骂别人十三点的词语，大家慎用。

"侪来三"谐音"馋懒散"，用来形容某个人又馋又懒又散，一般用在形容自己家里的孩子身上。

"本草纲目"谐音"笨吵戆木"，也是指这样的一类女孩子。

"再接再厉"谐音"再结再离"，用来讽刺多次离婚了又结婚的人。

"前功尽弃"谐音"前公尽弃"，和上面一条一样，也是用来形容那些放弃了

自己以前所有老公的离过很多次婚的女人。

另外,由同音引发的避讳等也不少。如在上海看望病人的时候不能送苹果,只因"苹果"和"病故"同音,实在不吉利。在家中吃梨,一般也不分开,因为"分梨"和"分离"同音。别人乔迁之喜,去别人家拜访时总要带些礼物。现在各式各样的钟很好看,但不能只送一个钟,因为"送钟"和"送终"同音。于是聪明的上海人想出来在送钟的同时再送一本书,取"有书(始)有钟(终)"的吉利意思,或者也有人送一瓶香水之类的,因为上海话中"水"和"始"也是同音的。

(朱贞淼)

2012年11月8日

今天来说说过去和现在上海人头上戴的各种帽子,并说明它们是什么样子的。如"橄榄帽、解放帽、草帽、浴帽"等。

"帽"出精彩

用稻、麦等杆料编织成的、一般做成防晒的较大形帽子,称"草帽";一种为御寒挡风的帽子,有的是连在皮大衣、棉大衣或尼龙等质料的衣服上的挡风帽子,称"风帽",又叫"风雪帽";夏天戴的凉帽,称"风凉帽";夏天用以遮蔽阳光的帽子,称"太阳帽";为防雨水而戴的,或连在雨衣上面的帽子,称"雨帽"。这些都是以季节不同用以对付天气的帽子。

以形状称呼的帽子有:"瓜皮帽",是颜色和形状像瓜皮模样的帽子;"小结子帽",是一种因顶部有一个小圆结的帽子;"八角帽",是做成有八只角、有帽舌的帽子;"鸭舌头帽子",是一种形状像鸭子舌头那样帽檐的帽子;"橄榄帽",一种锥形的帽子;"铜盆帽",一种形如倒转的铜盆模样的帽子。

以质料命名的帽子有:呢制的帽子,称"呢帽";用动物皮做的帽子,称"皮帽"。以特殊用途取名的帽子,有在正规场合戴的"礼帽",有在睡觉时为保护发型而戴的"压发帽",洗澡时为避免头发弄湿而戴的、现用薄塑料制成的"浴帽"。

还有一些其他名称,如一种可以折起,有可拉下遮住下巴的绒帽子,称"罗宋帽","罗宋"是 Russian 的音译;一种宽大的、有一圈帽檐的帽子,称"渔夫帽";有一种制服帽,曾风靡一时,大家喜欢戴,称"解放帽";有一种警察、保安戴的帽子,叫"大盖帽"。

(钱乃荣)

2012 年 11 月 9 日
"轧闹猛、人家、交上来"中的"轧、家、交"用的是古音,声母是 g。"家庭、交通"声母都是 j。还有什么字的语音在上海话当中是有两种读音的呢?

"家主婆"变成"嘎子婆"

今天我们来看些上海话的语音。你有没有觉得"人家、交上来"和"家庭、交通"中的"家、交"普通话是同字同音,但上海话发音却是不同的?这是什么原因呢?

音韵学家研究表明,汉语在古代是没有 j 类音的,凡现今一部分声音读 j 的字古代念 g 类。这可以从汉字系统和方言的发音上得到佐证。

先看汉字系统。

"奸、汗",形声字,它们的声旁都是"干";"江、扛、缸、肛、豇",形声字,它们的声旁都是"工"。

再来看方言。

上海话中"讲话"的"讲",黄浦江"江","轧闹猛"的"轧","强奸"的"奸"声母都是 g。

上海话的"家"和"交"在使用时则要看情况。

在说"人家、交上来"时,属于口语音,就是口口相传的语音,因此更接近古代语言,因此要用 g;而"交通、家庭"则是书读音,属于书面语,因此比较接近普通话,用的就是 j 音了。

前些天看见有家饭铺,店名写作"嘎子婆",老板说这是上海话"家主婆"(家庭主妇)的谐音。其实"家"和"嘎"的音完全不同。"家"是清声母字,而"嘎"则是入声字,形容鸭子等鸟叫声。就如"商"和"上"在上海话里不是同

音一样。在听感上,"嘎子"就是"锯子",家庭主妇居然成了一把锯子,实在是好笑之极。

这是近来一直排斥方言,不让说方言所引起的弊端。我们提倡和谐社会,提倡和而不同,为了交流的便利,普通话要推广,为了历史文化的传承,也不能忽略方言。这其实是不矛盾的。

（丁迪蒙）

2012 年 11 月 12 日

我们经常可以听到上海人说"罪过八腊、腻心八腊",那么你可知道"八腊"这个后缀词有什么含义吗？你还能说出带有"八腊"后缀的相关词语吗？今天丁迪蒙老师与大家一起聊聊相关话题。

这个小孩"罪过八腊"

我们常常可以听到上海人在说"罪过八腊、腻心八腊",那么"八腊"到底是属于什么词语呢？今天我们就来说说这个吧。

"八腊"主要是加强语气用的,用在双音节形容词后,它的意思是"颇、怪"。构成的词语不多,但很常用。主要有"危险八腊、罪过八腊、腻心八腊、龌龊八腊、作孽八腊"等,其中的"腻心八腊、龌龊八腊"含有贬义。

且看例句：

搿桩事体勿好做个,危险八腊个。（这件事情不能做的,很危险的。）

搿小人罪过八腊个,开水烫辣身浪痛得来要死。（这孩子好可怜的,开水烫在身上痛得要死。）

搿人腻心八腊个,鼻头污吃辣嘴巴里。（这人好恶心的,鼻屎吃在嘴里。）

伊已经好几个礼拜呒没汏浴了,龌龊八腊个。（他已经好几个星期没洗澡了,真龌龊。）

作孽八腊个,介小爷娘侪死脱了。（好可怜啊,这么小父母都去世了。）

（丁迪蒙）

2012 年 11 月 13 日

上海社会是快节奏的,现在每天大家急冲冲上班,急冲冲下班。请你谈谈上海话是怎么描写"急"的?如"急响响"、"极出乌拉"、"急得双脚跳"……请大家说说。

不要总是"急响响"

描写一个"急"的样子,上海话中有两个形容词,一个是"急响响"("响"也俗写成"吼"),就是描写一个人心情急切,等不及或熬不住的样子。比如说:"侬要慢慢叫来,勿要急响响个,要快是快勿出个。"(你要慢慢地来,别急急的,要快是不能快的。)还有一个是讲时间很紧急,扣紧在刚巧来得及的地步。比如说:"侬哪能老是弄得急绷绷个,勿好早点起来个啊?"(你怎么老是搞得刚刚好的,不能起身早点吗?)

"急绷"就是急得刚巧够得上的程度。"急煞",就是急得不得了的意思。

上海话中,清辅音声母的"急(jik)"和浊辅音声母的"极(jhik)",意思有些差异的。"急"是着急的意思,而"极"是"猴急"的意思,就是"急"得发极了,不能忍耐到要失态的地步,因此一般表示贬义。

比如说,上海话中"极里极响",如"侬为啥急到极里极响个样子?"就是说你为什么急到要失态的地步。"极出乌拉"就是迫不及待,十分急切,要有动作的样子。"极响拉吼",也表示快要失态了;到"极形极状",则是完全失态的模样了。比如说:"有闲话坦坦和和讲,侬极形极状做啥。"(你有话心平气和地说,你这么马上就要干的样子做什么?)这种急得马上就要干的神态,上海话还有一个词,叫"来煞勿及"。"侬像饿煞鬼,几天呒没吃,来煞勿及了,极形极状个吃相!"(你像饿狼投胎那样,几天没吃东西了,看你那来不及的样子,实在是难堪!)这样的动作拍成影视很生动,但是要用普通话讲出来颇难。

急得不停地打转,坐立不安,上海话描绘它的形象就是"笃笃转,团团转"。还有,到底急成什么样子了,可以说"急得六神无主"(急得什么主意也没有了),"急得神昏颠倒","急得像热锅浪个蚂蚁","急得双脚跳"!

今天讲一个常用熟语:"闲时勿烧香,急来抱佛脚"。

妙趣横生上海话

这个熟语字面意思是：平时空着不去烧香，到急的时候再去抱住佛脚求佛。言下是说：平时不给好处，急需时要求帮忙，那是没用的。

这个熟语简单点说，叫"临时抱佛脚"，如说："侬功课要常常复习复习，勿要临时抱佛脚，到考试辰光来勿及了。"（你功课要常复习，不要临时抱佛脚，到考试时来不及了。）平时懈怠，急需时才设法，已经来不及啦！

（钱乃荣）

2012年11月14日

汉语词语组成形式有一种是偏正式，如"红旗"、"高楼"、"电灯"，都是后一个字是中心，前面一个字是修饰后面一个字的。但上海话中有一些词，与其相反，如"人客"、"菜干"、"肉松"，前面的字是中心。你还能举出例子来吗？为什么上海话中会有这样"正偏式"的词语？

"客人"还是"人客"

上海话中正偏式构词的有"人客"、"菜干"、"肉松"、"鱼鲜"、"饼干"、"虾干"、"银圆"、"花红"（一种水果，苹果状，但形小）、"棒冰"、"熊猫"、"单被"、"单据"、"月生"、"鱼片干"、"汤三鲜"、"黄瓜生"等。

"黄瓜生"是"生黄瓜"的意思，"汤三鲜"是"三鲜汤"的意思，"雨麻花"是"麻花雨"的意思，"鱼片干"是"干片鱼"的意思，作为证据的单子叫"单据"。

有的词在上海话中是"正偏式"和"偏正式"两读的，如"人客"又读"客人"，"菜干"又读"干菜"，"单被"又读"被单"，意思完全相同。而在北方话里，这些词只读偏正式，不能读"正偏式"，这说明中心词在吴语以及其他南方话中可以前置，而修饰语在其后，所以浙南话可以说"我走先"，而北方话只能说"我先走"；上海话说"上海到快了"，而北方话只能说"上海快到了"。北方话的"狗熊"是偏正式，但是南方就把像猫一样的熊说成"熊猫"。

有的词在南方形成，北方话吸收了，也保留了它的固定形式了，如"单据"、"熊猫"、"银圆"、"肉松"。在上海的南边，有更多的正偏式词，如温州话里有"鸡公"，广东话里有"鱼生"等。

94

再说两个词,"屋里向"为什么不是"屋里厢"?"促揢"为什么不是"错刻"?"里向"、"外头"都是方位词,"里向"是"里面"的意思,如"心里向"、"脑子里向"。"厢"有两个义项,一是名词"厢房"的意思,是正房两边的房子;另一意思是"边上"的意思。"厢"在词义上没有里面的意思,在字音上是尖音字 sian,"向"是团音字 xian,听评弹的听众和在上海嘉定、青浦等地语言还分尖团的地方,就绝对不会把"向"说成"厢"字。

"促揢(cok kak)",从《水浒》、元代的戏剧和明清吴语小说中,一直写为"促揢","揢"上海话读 kak,如"揢进肉里去"。而"错刻"两字在老派上海话中读 cu kek,两个字的读音都不对,不能从普通话字的读音来转写上海话汉字,吴语地区"促揢"的用字应该统一。

(钱乃荣)

2012 年 11 月 15 日

上海话中的"脱",除了"坏脱"、"吃脱"等表示结果外,还有些场合,与前面的动词形成了固定的组合,有固化的含义了,不单单是前面的动词的结果,如"伤脱"、"瘪脱",你能举出类似的例子来吗?

"脱"也"脱"不完

上海话的"脱"加在动词或形容词后面,表示一种结果,往往都是负面的结果,如只有说"坏脱",没有说"好脱";只有说"少脱",没有说"多脱";只有说"臭脱",没有说"香脱"。但是有说"瘦脱",又有说"胖脱",比如说:"迭两日我又胖脱几斤。"(这两天我又胖了几斤。)那是因为"胖"在现今也被认为是不好的了。

"脱"在一些动词、形容词后面用得频繁了,就构成了一个固定的模式,形成一种引申出来的特定的含义。有以下这么几个,颇有"海派"意味:

"伤脱"原来是身体受伤,多指重伤的意思,如:"我个腰屏伤脱了。"(我的腰被扭伤了。)后来变成"事情受重创,一蹶不振"的意思,如:"我 30 万投辣股市里向,年底从美国回来,跌脱 20 万,乃末一记头伤脱!"(我 30 万投放在股市里,年底从美国回来,跌掉 20 万,这下一蹶不振了!)

"伤"的另一义是浪费的意思,所以"伤脱"又用在"过量"、"太多"、"大大过了头"上,如:"买房子买到我钞票伤脱,元气彻底吭没!"(买房子买到我钱用过头,元气彻底没了!)

"僵脱"原来是"僵硬了"的意思,如:"手冻僵脱了。"(手冻僵硬了。)现在表示呆板不能活动了,如:"脑子别勿转来,僵脱了。"(脑子转不过弯来,不能动了。)又引申为不上不下,僵持难以处理,不知如何才好,如:"事体僵脱,我脱伊关系已经僵脱。"(事情不能进展,我和他的关系已经不知如何是好了。)

"瘪脱"原来是凸起来的器具压扁了,凹下去了的意思,现有被强势压垮的意思,如:"伊辣人一点吓勿起,人家一逼,伊就瘪脱!"(他这个人一点也不能担惊,人家一威逼,他就没气了!)又作"自知理亏,无话可说"用,如:"伊刚刚还辣辣瞎三话四,拨我一句闲话就笃瘪脱了!"(他刚才还在胡说八道,被我一句话说得无话可说了!)

"疲脱"由疲劳转向"懈怠"解,如:"新簿子刚刚发个辰光,写字认认真真,写到后来,疲脱了,七歪八牵。"(新本子才发下时写字很认真,到后来就松懈下来了,写得东倒西歪。)

"酥脱"原来指食物做得太软不用咀嚼了,后来引申到预见开心的事情心花怒放、浑身发软,如:"听了伊个称赞,我骨头也酥脱了!"(听了他的称赞,我的骨头也软掉了!)

"废脱"原来是废除的意思,后来专说"没指望了,无可救了",如:"再辣能踢下去,年轻队员侪要拨伊废脱了!"(再这样踢下去,年轻队员都要被他毁掉了!)

"关脱"原来是关闭掉、锁掉的意思,现在有不谈了,让人闭嘴的意思,如:"侬忒饭泡粥了,讲来讲去瞎桩事体,关脱!"(你太烦啦,反复讲这件事,停了!)考试没通过也叫"关脱",如:"今朝一门数学拨老师关脱!"(今天数学考试被老师打不及格!)

"揩脱"原来是擦掉东西的意思,后来引申为比较抽象的"抹去"意思,如:"伊介大个污点,有本事揩脱?"(他这么大的污点,有什么能耐抹去?)

(钱乃荣)

2012 年 11 月 16 日

今天来给大家纠正下字音"续、帆、微、兽、世、刷、利、例、爽、翁"。另外"开大兴"和"开小灶"分别怎么解释呢？是怎么由来的呢？

少说些"洋泾浜"上海话

很多老年人都抱怨说现在的小孩子的上海话都不正宗了，有些小孩子甚至都不会说上海话了。究其原因，我们认为是上海话的大环境受到了极大的影响。很多小孩子之所以不会说上海话了，是因为他们生存的环境中上海话所占的份额越来越少。幼儿园、学校全部规定要说普通话，甚至连下课都是这样。回到家以后，也对父母长辈说普通话。而大多数父母长辈有时候比较迁就孩子，有时候不知不觉地被他们"牵着鼻子走"，自己也都说起了普通话。这样久而久之，孩子们在他们习得母语的最重要年龄段没有学到上海话，那自然等长大以后也不会说了，或者说不好了。

有一些字，甚至是常用字，现在的年轻人不知道该如何用上海话去发音，只知道普通话的读音，然后再用普通话的读音倒过来去读成上海话。这样一来，这个发音就和大多数上海人读的音相去甚远了。今天主要和大家讲讲部分年轻人中都容易读错的字。这里采用的发音标准都是上海绝大多数中老年人的读音。下文中标的也都是上海话中的同音字。

"续(shok)"，同音字为"熟、俗"，受普通话影响，很多人读成了"许"，如"继续"应该是"记俗"而不是"记许"。

"帆(fhe)"，同音字为"饭、烦"，普通话中是读阴平调的，所以就有人读成了"翻"，于是"帆船"变"翻船"了。

"微(fhi)"，同音字为"肥、未"和英语的 v，有很多普通话中读 wei 的字。上海话中有很多是读若英语的 v 的，像"潍、唯、维、薇"等，现在却读成了"弯"，而且音调也变了。

"兽(sou)"，同音字为"手、瘦"，有人读成了"寿"，因此"兽医"变成了"寿衣"。

"世(sy)"，同音字为"水、输"，有人读成了"市"，于是，世界级的博览会"世博会"转眼变成了市级的"市博会"。

"刷(sek)"，同音字为"色、失"，有人根据普通话的读音，读成了 sua，上海

97

妙趣横生上海话

话里本来没有这样的读法。

"利、例(li)",同音字为"李、里",有些人读成了"立、裂",于是"利息"变成了"立息","举个例子"变成了"举个栗子"了。

"爽(sang)",同音字为"嗓、赏",有些人读成了suang,而这种拼合读法在原来的上海话里是没有的。

"翁(ong)",有人根据普通话的读法读成了"温",其实它就读ong,可以说是保留了比较古老的音。大家所熟悉的陆游的诗《示儿》"死去元知万事空,但悲不见九州同。王师北定中原日,家祭无忘告乃翁",押韵的字分别为"空、同、翁",可见以前这三个字是押韵的,而现在的普通话中不再押韵了。

今天再和大家说两个上海话的熟语。"开大兴"的意思就是吹牛,说大话,说话不算数。如果有人经常这样,我们就可以说,"迭个人经常开大兴个"。而"开小灶"的意思本来是说不吃大锅饭,给予特殊优待的饭菜,后来没有了大锅饭,这个词的意思就引申指老师除了学校里统一上课的"大锅饭"之外,还另外专门给予个别指导。

(朱贞淼)

2012年11月19日

上海话当中形容"碰巧"都有哪些俗语?另外"凸进凸出"有什么含义呢?

"呆呆叫"他来了

今天来谈一谈上海话当中形容"碰巧"的俗语。

主要有"齐巧、正巧、邪气巧、介巧个、碰巧、恰恰叫、恰恰好、呆呆叫、呆呆调"等。

且看例句:

介巧(邪气巧)个,我今朝正好要到侬屋里来看侬。(这么巧,我今天正好要到你家里来看你。)

正巧碰着侬,我有桩事体想问侬。(刚巧碰见你,我有件事想问你。)

我碰巧看见伊,伊正好辣伊面做衣裳。(我碰巧看见他,他正好在那里做衣服。)

想去寻伊个,恰恰叫(恰恰好)辣马路浪拨我碰着。(想去找他的,恰巧在马路上被我碰到。)

伊想来看侬,呆呆叫(呆呆调)碰着我,我就带伊来了。(他想来看你,刚好碰着我,我就带他来了。)

这里的"呆"要读如"眼(nge)",不是发呆的"呆"音。

有网友问"凸进凸出"是有什么意思?和将军肚一样吗?

"凸进凸出"是指吃得过饱或东西装得过满,吃得"凸进凸出"只是一种个人的感觉或夸张说法,并不是真的凸出肚子。它同将军肚皮不一样,将军肚是总凸在身上的形象。

我们来看句子:

麻袋塞得太满,凸进凸出。(麻袋塞得太满,凸出来了。)

吃喜酒,吃得凸进凸出。(吃喜酒,吃得肚子非常饱。)

（丁迪蒙）

2012年11月20日

上海话形容黑、暗的词语有哪些?请举例说说。

天色"黑骨隆冬"

你知道上海话形容黑、暗的词语有哪些?今天我们就来聊一聊这个话题吧。

主要有"暗孛留秋、暗洞洞、暗蒙蒙、暗黜黜、墨出里黑、黑洞洞、黑骨隆冬、黑铁墨托、黑漆墨通、黑孛落作、黑孛隆冬、黑黜黜、黑黳黳、黑魆魆、黑黜黜、黑秃秃"等。

我们来看例句:

狲个地方暗哼留秋个,哪能勿开只灯呢?(这个地方这么暗,怎么不开个灯呢?)

狲地方暗洞洞个,吓人倒怪个。(这地方暗暗的,很怕人的。)

天还暗蒙蒙来,介早出去做啥?(天还没亮呢,这么早出去干什么?)

暗黜黜个走路老吓人个,慢点走。(黑暗里走路很吓人的,慢点走。)

搿搭哪能墨出里黑个啦?做啥勿开灯啦!(这里怎么这么黑呢?为什么不开灯啊!)

黑洞洞个地方勿要去,有坏人个。(黑暗的地方不要去,有坏人的。)

哪能路灯也吭没个啦,黑骨隆冬,吓煞脱人。(怎么路灯也没的呢,太黑了,吓死人。)

今朝夜里黑铁墨托个,星星、月亮侪吭没。(今天晚上黑黑的,星星、月亮都没有。)

搿种黑漆墨通个地方勿好去个噢!(这种黑暗的地方不能去的噢!)

勿好到黑孛落作个地方去。(不能到黑暗的地方去。)

侬一介头辣黑孛隆冬个地方坐辣海做啥?(你一个人在黑暗的地方坐着干什么?)

伊面黑黜黜个,侬要过去先要开灯。(那里黑黜黜的,你要过去先要开灯。)

黑黢黢个地方侬过去做啥?(那么暗的地方你过去干什么?)

到夜底头山里向黑魆魆个,动物侪要出来了。(到晚上山里黑魆魆的,动物都要出来了。)

山洞里向黑黩黩个,勿要走进去了。(山洞里很暗,不要走进去了。)

伊面黑秃秃个,吭吭没啥好看个。(那里黑秃秃的,没什么好看的。)

"黑黜黜、黑黢黢、黑魆魆、黑黩黩、黑秃秃"意思差不多,都有人说,也都可以说,因为语音不同,就可有不同的选择。可见,方言的词语的形象与丰富一定程度上胜于普通话。

(丁迪蒙)

2012 年 11 月 21 日

上海话中关于身体和身体某部位上的一些词,很有特色,有的在普通话里是没有对应词的,或普通话里要用一个词组、短语才说得明白。请你举例并解释意思,如"大块头、囤肉、小耳朵、通关手"。

五"体"投地

上海话中关于身体和身体某部位上的一些词,很有特色,下面说一些:
"肉鼓皮",是指甲边翘起的一丝皮;"颗肉",是不结实、松的胖的肉;"囡(kang)肉",表面上看不出,实际上很结实的肉;"大块头",称又大又胖的身材及其人;"小耳朵",耳朵旁边凸起的一块肉;"小头发",鬓毛;"蕾蕾头",是皮肤上突起的发红的或化脓的小块;"二下巴",脸因胖而下巴下面垂着的肉;"扛肩胛",肩膀上抬耸起;"招风耳朵",与脸的角度较大的耳朵;"蒸笼头",很易出汗的脑袋;"水泡眼",眼泡肿胀的眼睛;"眯牵眼",眯成一条缝看东西的眼睛;"斗鸡眼",两眼珠同时偏内的眼;"通关手"掌中横纹一线贯通的手掌;"瘪嘴",嘴形凹陷的嘴;"隔夜面孔",没睡醒的脸的样子;"脚花",指脚力;"身胚",指身架子;"白相心",是玩的尽头和兴味儿;"忘记心",是易忘的毛病;"嗲劲",是妩媚娇滴滴的样子;"嗲味道",是一种表现出来的妩媚娇柔的内在气质。

(钱乃荣)

2012 年 11 月 22 日

上海人吃饭,也引申到工作、职业上去,"饭碗头"就是指用以谋生的职业,"吃银行饭"就是在银行工作。所以有"吃"各种各样的"饭",比如说"吃青春饭"、"吃老米饭"、"吃生意饭"等都含有特指内容。你还能说出哪些"吃……饭"吗?请说明含义。

吃什么"饭"很重要

上海人捧饭碗吃饭有各种各样的吃法。"吃生意饭",就是经商。"吃律师饭",就是做律师。拜师傅学生意的,包括那种只给吃住不给薪俸要满几年才出头的,要为师傅生煤炉倒夜壶的,都叫"吃学生意饭"。打杂工的,做跑龙套的,做最重最脏的事的,尽干起码活儿的,过苦日子,叫"吃萝卜干饭"。那些没

有正当职业,靠敲诈拐骗等过日,专门"吃白食"的"白相人",他们就是"吃白相饭"。靠富婆养着的情人,或靠妓女生活的"小白脸",叫他们是在"吃软饭"。女子利用青春时期的貌美、能干等素质去赚钱,如做公关小姐、女秘书、女招待等,叫"吃青春饭"。如果去坐牢,现在叫"吃盒头饭"或"吃格子饭"。没有经济收入来源的,就只好在家"吃死饭"。旧时生活无着,去投靠亲友,自己不干活,而吃人家的饭,叫"吃隑饭"。凡不工作了,只有花费没有收入,靠老早积留下的钱生活的,也叫"吃老米饭"。有的人辞退了工作或退休了,官不做了,生活不做了,回老家了,只在家吃饭,谦虚说一句,我现在在家"吃老米饭"了。

(钱乃荣)

2012年11月23日

"老爷"在上海话中有什么含义?放在一个词之前,或是之后再成为一个新词组,请你举例。如"老爷车"。

谈天说地话"老爷"

有些人,虽然已经结婚生子,但是仍然"衣来伸手,饭来张口";还有些人,回到家之后,什么家务也不做,只知道看电视、上网、玩游戏,吃完饭屁股一拍走人,家务事都不管,活脱脱像家里的"老爷",我们就称之为"老爷脾气"。有这样脾气的人,都是绝对说不得的,否则,轻则对着你"骂山门",重则在家里"掼家生",是万万惹不得的。我们今天的话题也由"老爷"引发。

"老爷"除了表示刚刚说的这样一类人之外,还可以表示东西老旧了。"老爷车"这个词大家一定都知道,本来,只要是又老又破的车,都叫"老爷车",而现在由于古典的老式汽车极具收藏价值,因此,"老爷车"专指在1926年至1941年生产的车辆。别的东西老了,破了,都可以冠名"老爷",如"老爷电风扇"、"老爷手表"、"老爷机器"、"老爷矮凳"等。有时候,说某样东西"老爷"并不一定是指它破旧,有时候还指这东西的质量比较差,一碰就要坏。

而如果把"老爷"两字放在词末,则是对各路神道的尊称。比如,"财神老爷"、"城隍老爷"、"灶家老爷"等。这些"老爷"都是泥塑木雕,随你怎么叩拜,他们都一动不动,也不看你。有些窗口行业的办事人员,像极了这个样子,你问他五句,他答你一句,而且不看着你,也没有表情,我们也把这样的人讽刺地称为"老爷"。不过现在的服务窗口,这样的"老爷"越来越少了,正说明我们服务意识的提高。

今天再给大家说一个上海话中的熟语:"碰着侬算我路道粗"。首先,"路道粗"在上海话中是善于打通各种关节,很有门路的意思。但是这个熟语并不是褒义。字面上看来,这句意思是,碰到你算我本事大、有门路。其实它是一句反语,一般在对对方的言语行为无计可施时,说此话。

(朱贞淼)

2012 年 11 月 26 日
上海话中形容"木讷"有哪些形容词呢?

"木知木觉"

上海话中形容人比较"木讷、呆笨"的有哪些词呢?今天我们就来看看吧。

主要有"木头、木头人、木兄、木太、木鬼、戆大、戆人、阿戆、戆巴子、戆浮尸、呆木头、呆木大、木呼呼、慢吞吞、木国国、木知木觉、木头木脑、死洋怪气、像根木头"等。

我们来看例句:

伊是个木头人哎,搿只木兄侬等伊有得好等了。(他很木讷的,这个慢性子的人你等他要等好久。)

侬看伊急得搿能副吞头势,家主婆倒是个木太,配好个。(你看他急成这样子,老婆倒是个慢性子,配好的。)

侬只木鬼(木兄、木太),衣裳还呒没着好啊?(你这慢性子的人,衣服还没穿好啊?)

伊是戆大(阿戆)哎,侬勿要去睬伊。(她傻傻的,你不要去理她。)

搿种戆巴子侬去睬伊做啥!(这种傻瓜你干吗去理睬他!)

侬派两个戆人(阿戆、戆巴子、戆浮尸)来有啥用场!头子活络点个末好

呀!(你派两个笨家伙来有什么用处!脑子要活络些的好呀!)

伊是只呆木头(呆木大)哎,木呼呼(木国国)个!(他是个慢性子哎,很慢的!)

注意,这里的"呆"读如"眼(nge)"。

挢个人木头木脑个,做啥事体侪死洋怪气(慢吞吞)个。(这个人很木讷的,做什么事情都慢吞吞的。)

人家侪晓得了,伊还辣木知木觉,侬讲戆哦?(人家都知道了,她还不知道,你说蠢吗?)

立辣伊面像根木头,戆得来!我看到伊就触气。(站在那里像根木头,好蠢!我看到他就生气。)

"戆大"是英语 gander(呆鹅、糊涂虫)的音译,上海话的意思是"低能者,傻瓜",因此,在上海话中凡带"戆"的词都有笨的意思。

(丁迪蒙)

2012 年 11 月 27 日

上海话当中形容"胖"都有哪些俗语和词组呢?

他长得"雪白滚奘"

今天我们来聊聊上海话中形容人"胖"的词或短语。

主要有"奘、胖子、滚奘、象腿、肉咕咕、肉鼓鼓、福得得、大块头、柏油桶、小胖敦、排门板、雪白滚奘、白白胖胖、肥头肥脑、肉脂肉面、肥头胖耳朵"等。

下面来看例句:

挢个人邪气奘个,是只胖子。(这个人非常胖,是个胖子。)

挢个囡养得滚奘(雪白滚奘、肉咕咕、肉鼓鼓、白白胖胖)个,老好白相个。(这孩子养得好胖,很好玩。)

伊面个大块头侬认得哦?(那边的胖子你认识吗?)

挢个人老胖个,大腿像象腿一样粗。(这个人很胖,大腿像象腿一样粗。)

挢个老阿奶福得得个。(这老奶奶胖胖的。◇带褒义))

搿个人像柏油桶一样。(这人胖得像柏油桶一样。◇有贬义)

肥头胖耳朵好看啊！我是勿欢喜个。(这么胖好看啊？我是不喜欢的。)

年纪轻轻就肥头肥脑(肉脂肉面)，将来身体一定勿会好个。(年纪轻轻的就这么胖，将来身体一定不会好的。)

小人勿应该是小胖敦，忒胖勿好个。(小孩子不应该是小胖子，太胖不好。)

有网友提出"模子大"和"杀博"。两词意思和"胖"不一样。"胖"的特点是肉多且带有松弛感。"模子大"主要说人长得高大；"杀博"是指身体健壮结实。

(丁迪蒙)

2012 年 11 月 28 日

上海人很喜欢种花、插花、赏花，上海话中用"花"字开头的词也特别多。请你想想有哪些用"花"字开头的词语，如"花头、花样经、花好稻好"，说说各是什么意思。

上海话中"花头"多

"花"有一大包形容词、名词："花头"，引申是"花样"、"花招"以至是"狡猾弄术"的意思。"花俏"，就是说话花里胡哨，会献殷勤讨好人，包括衣着鲜艳时髦，也是"花俏"。"花妙"，就是甜言蜜语，很巧妙，如："伊讲得'花妙'，女朋友一糊涂，就当是伊真个水平高。"(他说得甜言蜜语，女朋友一糊涂，就当他真的水平高。)"花巧"，可以是形容很有一套，如："伊讲个闲话老花巧个，我还有点勿懂。"(他说的话很有一套，我还有点不懂。)"花巧"还是名词，是一种"花头经"，新异的窍门，也是一种"花招"，包括不正当男女关系的苗头，如："伊拉一眼飘过来，一眼传过去，当中肯定有'花巧'。"(他们眉来眼去，当中肯定有不可告人的秘密。)如说一个男人就是"花样劲"透，名堂奥妙，会出花头，有"才情"，有噱头，这时这个人的"花样"，又成了别人很眼红羡慕的东西了。至于说到这个小伙子"老有花功"、"花功道地"之时，就是说他聪明伶俐，富有感情，表扬他对女朋友细心伺候，温柔入化，够标准的！

"花好稻好"一词中,"花"在上海郊区一直是指棉花,"稻"是指水稻,"花好稻好"就"样样好"了,所以上海话熟语中有一句"花好稻好样样好"。上海话中,还有"花花绿绿",是五彩缤纷、品种繁多的意思;"花里八腊",是颜色图案很花;"花头花脑",是善于想出各种诱惑人的主意;"花样百出",是办法、主意层出不穷;"花腔花调",是唱歌唱戏腔调变化多;"花里花绿",是花里胡哨的意思;"花花肚肠",是善于想出许多新奇点子;"花搭搭",是不太正经;"花拆拆",是喜欢与异性调情;"花倒侬"就是迷倒你的意思。

上海人常常说到"花露水足"的人。"花露水",本是上海人造出来的一种香水,后来上海人把凡是可吸引人的"花头",都叫"花露水"。如某个人新奇的主意多,就说这个人"花露水足"。别人想不到或做不到的事情他就行,就说这个人"就是有花露水"。某个单位人气上涨,大家夸它"这个公司就是有花露水"。"有噱头"的人,都藏有"花露水"。杂技节目偶尔发生惊险动作,有玄机,或变化多端,就会说:"哦,这个节目'花露水浓'!"这个人有本事,有噱头,有名堂,这个地方有变化,有生机,有吸引力,都是"花露水足"!

(钱乃荣)

2012 年 11 月 30 日

上海话中的姓氏,读法非常有特点,我们来看以下几个问题。问题1:龚、任、奚的读法。问题2:如何区分王与黄、陈与郑?问题3:普通话张、章同音,上海话中如何区分?

姓氏读音拾趣

上海话中的有些姓氏的读法非常有特点,有些音和普通话相去甚远,有些姓普通话能区分,上海话却不能区分;有些姓普通话中是同音的,上海话中却不同音。我们一起来看一下。

第一个,"龚"。我们去查《现代汉语词典》,它只有一个音 gong,但是,上海话中却是念 jiong,为什么是这样读的?原因还是在于,上海话保留了古音。而姓氏和地名中的读音,往往又是最顽固的,不容易变化的,所以这样的一个非常存古的读音就一直保留了下来。

下一个,"岳"。这个音,比较难发,或许只有母语为上海话的人才能读准、读好。上海话的拼音是 ngok,同音字有"鳄、鹤"。还有一个,"奚",这个字平时用得也比较少,有些没接触过这个姓的人还真的吃不准怎么读,有读"西"的,也有读"吸"的,其实,这个字读作"怡"。可千万不能把人家的姓氏读错哦,这是很不尊重的。

刚刚说到,姓氏里的读音往往比较老,没错。有些字文白异读(书面语和口头语的读法不一样),而有些字的白读只存在于姓氏中。如"任",在别的词中都读成"神",而在姓氏中,读"宁"。

由于上海方言的特色,使得有些普通话中不同音的字在上海话中变得同音了。像"王"和"黄",我们只能用"三划王"和"草头黄"来区分。类似的例子还有"沈"和"孙",我们要用"三点水沈"和"子小孙"来区分。"柳"和"刘",区别的时候,我们说"柳树个柳"和"卯金刀刘(劉)"。"俞"和"于",我们说"人则俞"和"干勾于"。除了两个字同音外,还有三四个字同音的。如"曹、赵、邵",我们只能通过"曲日曹"、"走肖赵(趙)"、"刀口邵"来区分。"陈、郑、程、岑"也都同音,还好后面两个姓比较少,前面两个我们就用"耳东陈"、"奠耳郑(鄭)"来区分。至于"何、贺、胡、吴"更是都和"糊"同音,简直要彻底搞糊涂了。为了不至于太糊涂,我们把它们分别称为"人可何"、"加贝贺"、"古月胡"、"口天吴"。

当然,也有部分姓氏在普通话中同音,在上海话中反而能分得清了,如"江(gang)"和"姜(jian)","胜(sen)"和"盛(shan)"。至于普通话中最搞的"弓长张"和"立早章"我们也是能区分的,分别为"张(zan)"和"章(zang)"。

(朱贞淼)

2012 年 12 月 3 日
上海话中形容人又高又瘦都有哪些词?

"长脚鹭鸶"好高挑

今天我们来谈谈上海话中形容人又高又瘦的词。

妙趣横生上海话

上海话中原先"高"只是指楼房或树木,人是不能用"高"形容的,只能用"长"。现在受普通话影响,也说起"高"了。

主要有"长子、长脚、长条子、瘦长条子、狭长条子、又瘦又长、瘦瘦长长、吊长丝瓜、长脚鹭鸶、绿豆芽(小孩)、电线木头"等。

这些词语有些差别。"长子"指人长得高。"长脚"除了"高"外,更说明人的脚长。"长条子、瘦长条子、狭长条子、又瘦又长、瘦瘦长长、长脚鹭鸶"都指人除了高外,还比较瘦。比如:

伊长得瘦瘦长长个。(他长得高高瘦瘦的。)

伊面有个长条子男人,侬看见哦?(那里有个高个子男人,你看见吗?)

忒长咪!长脚鹭鸶好看啊!(太高了!像鹭鸶一样好看啊!)

"吊长丝瓜、电线木头"则有贬义在内,说话者不太喜欢这个高而瘦的人才这样说的。比如:

搿人是根吊长丝瓜,勿灵个。(这人太瘦了,不好的。)

长得像根电线木头,好看啊?(高得像根电线杆,好看啊?)

"绿豆芽"则通常指在发育过程中的孩子。比如:

搿枪里搿小人像根绿豆芽,拼命朝上窜,勿长肉个。(最近这孩子像根绿豆芽,拼命朝上窜,不长肉。)

(丁迪蒙)

2012年12月4日

上海话中形容害怕、惊慌失措的俗语或短语都有哪些?

害怕得"刮刮抖"

今天的新闻是"最近一辆轿车以每小时125千米的速度,在高速公路上失控狂奔,刹车失灵,驾驶员报警求助。一场现实版'生死时速'就此展开。在交警的努力下,最终失控车驾驶员安全脱险。"那么,各位听众是否知道上海话中形容"害怕、惊慌"的短语或俗语?我们今天就来聊聊这个吧。

短语主要有"吓、老吓人、吓一跳、吓煞脱、吓丝丝、吓老老、吓煞人、吓人倒怪、别别跳、勃勃跳、索索抖、刮刮抖、角角抖、六神无主、鸡皮疙瘩、心惊肉跳、汗毛凛凛、脚骨发软、手脚冰凉、神志野胡"等；俗语则有"心别别跳、魂灵也吓出来了、手脚侪软脱了、汗毛卓卓竖、汗毛管侪竖起来了"等。

且看例句：

老吓人个，我老吓个，我吓煞脱了。（很吓人的，我很害怕的，我吓死了。）

听上去吓人倒怪个。（听上去让人害怕。）

我吓了一跳，心是辣辣别别（勃勃）跳。（我吓了一跳，心跳得厉害。）

吓得我汗毛管侪竖起来了。（吓得我汗毛都竖起来了。）

我吓得汗毛卓卓竖。（我吓得汗毛直立。）

我吓得六神无主了。（我吓得不知道怎么好了。）

看上去吓丝丝（吓老老、吓人倒怪）个。（看上去怕怕的。）

伊是吓得索索抖（刮刮抖、角角抖）啦，魂灵也拨吓出来了。（她吓得在抖，灵魂也被吓出来了。）

"索索抖、刮刮抖、角角抖"形象地表现出抖的样子。

搿桩事体听得我汗毛凛凛（淋淋）个。（这件事情听得我汗毛都竖起来了。）

搿桩事体听得我心惊肉跳个。（这件事情听得让我心惊肉跳。）

听得来鸡皮疙瘩也起来了。（听得汗毛都竖起来了。）

"吓丝丝"和"吓老老"程度上不同。前者表示有点害怕，程度较轻，后者的语气要重些。"汗毛卓卓竖"是说汗毛一根根都竖起来的意思，更生动形象。

伊面闯穷祸哚，地浪向交关血，吓煞人。（那里闯祸了，地上好多血，吓死人。）

我看得人汗毛凛凛，吓得脚骨也发软哚！（我看得怕死了，吓得脚都发软了！）

搿部车子辣高速路浪一直一百廿码开，煞也煞勿牢，吓人倒怪个。（这辆车在高速路上一直以120码的速度开，刹也刹不住，吓死人。）

伊是吓得来手脚冰凉，人辣刮刮抖啦！（他吓得手脚冰凉，人在抖！）

今朝有人从楼浪向跳下来，我看见个。吓得来人是缩缩抖。（今天有人从楼上跳下来，我看见了，很吓人的。）

魂灵也拨吓出来了！（灵魂也被吓出来了！）

我吓得手脚侪软脱了,心别别跳、人缩缩抖!(我吓得手脚都软了,心跳得厉害、人抖得厉害!)

人是吓得神志胡知咪!(人是吓得精神恍惚了!)

(丁迪蒙)

2012 年 12 月 5 日

上海境内有哪些以河流或湖泊定的地名?它们各是用了什么河的后缀?如"泾"、"浜"、"溪"等。比如"泗泾"、"泖港",它们在什么地方?

江南福地"水"连片

吴语地区江河的名称类后缀有南方的特点,如有"浦"、"浜"、"溪"、"泾"等。这些大河小河经过,留下了带这些后缀的地名。"浦"是较大的河流,上海"黄浦江"过去就叫"黄浦"。现以"浦"定名的地点在上海版图上留下不少,如"青浦、周浦、月浦、彭浦、杨树浦"等,以上所举的例子都已没有同名的河流了。

小一点的河流,在上海地区称"浜",数量最多。"浜"是最具太湖片江南特色的河名,现有的较大的河流是宝山的"蕴藻浜",地名如"肇家浜、陆家浜、张华浜、南塘浜、洋泾浜、北库浜"等都已无水了。还有"泾"、"港"、"塘"、"荡",也都是江南的水名后缀,如"漕河泾、白莲泾、泗泾、枫泾、朱泾、泖泾、洞泾、徐泾"都已是镇名;"大泖港、横泾港、向荡港(在松江)"都是水名,"泖港"已是镇名;"练塘、五里塘、蒲汇塘"都是地名;"石湖荡"(在松江)、"淀山荡"(在青浦)也都是地名。"溪"在浙南是常见的水名后缀,在上海较少,在青浦有个"凤溪"镇,宝山的祁连镇原地名叫"蕰溪"。

有不少地名表现出重叠地名后缀的现象。如"洋泾浜"、"向荡港"、"横泾港"、"漕河泾"、"沈泾塘"。一般可以作此理解:如"横泾港",开始叫"横泾",后来"泾"代表"水"的后缀渐渐淡漠了,于是跟周围的河流的后缀一样,再加个后缀"港"上去。像"漕河泾"这个地名,是三个都是"河"的意思的字的叠加。

今天再补充一个熟语:"瞎猫碰着死老虫"。

这个熟语,是说一只瞎了眼睛的猫,它找不到吃的,恰巧遇上了一个不会逃的死老鼠,那么它就会有一顿美食了。这个熟语的意思是"额角头高",碰得正,幸运之至。

这里还可有点引申。比如此人并不能干,只是"戆人有戆福",命运好罢了;或者说歪打正着,也说不定;或者说没有把握的事,有时去逞强一下,偏偏也会有收获;或者说人间总有奇遇。

(钱乃荣)

2012 年 12 月 6 日

上海话中表示或形容疲乏、累、无力支撑时,有哪些词?怎样形容法?比如"倦搭搭、死蟹一只"等。

累到"死蟹一只"

上海话中表示疲乏吃力,形容疲乏、累、无力支撑的词是很多的,人"疲沓沓"的,就是疲劳得不想动的样子,"疲沓"甚至是懒得对什么都厌了。身体"软披披",有点飘来飘去的感觉。"头重脚轻",则是人站也站不稳了;感觉是"腰酸背痛",只想躺下;"直腰懒掼"的表现,就是无精打采,身子东斜西靠。上海人形容乏力,常用"掼"字,就是描述人要"掼(跌)倒"的地步,像"掼头掼脚"、"掼东掼西",都是描写人站不住了。走起路来"摇摇摆摆",还是较轻的,"頍(pi)来頍去",就要滑东滑西了,是十分无力的状态。描写人的头脑昏晕,轻的是人有点"倦迷迷"、"倦搭搭",如果说已经"昏头搭脑"了,就是到了昏头昏脑、糊里糊涂的地步;"昏头落恙",更为严重,要晕头转向,走路要跌跌撞撞了。"浑身勿起劲",就是全身没有一点力;"衰痞煞脱",就是快要到累死的地步;"趖趖(bhe)勿起","趖",是"爬"的意思;"鋈(te)",比爬还要小的动作只是擦动,这个词语,比较老,是说瘫在地上,爬不起来了。"七丁八倒",是说身体东倒西歪,脑子什么都搞不清楚;"撑勿牢",是支撑不住;"勿死勿活",就是半死不活;要"翻白眼",是到要断气的时候;"死蟹一只",是一点也动弹不得了。

下面再说两句"配"的熟语:"大饼配油条,鸡头配脚爪";"破扫帚配戆(ngak,与'额角头'的'额'同音)畚箕"。

第二句的意思是,即使是破的扫帚,也会有缺口多的簸箕来配合的。这两句都是说明"各有相配,自然成双"的意思,比喻哪怕是条件再差的人,也会找到合配的人,成对结婚,带有点诙谐。

(钱乃荣)

2012年12月7日

上海话中很多词组,音调一变,意思马上就变。如"炒饭、做好、东西、做人家、想起来"。你还想到哪些?

说 准 变 调

吴语有一个很大的区别于别的方言的特征,就是连读变调。连读变调就是指,某一个单字读的调子和它在词语里读的调子不一样,也就是说"连"起来"读"的时候"调"会"变"。上海话也不例外。而且上海话中,有些词写法一样,但换一种读法,意思就完全不一样了。把一个词作为一个整体来读和分开来读的时候,意思有时候会大相径庭。下文用1~5的五个数字来表示音调。

"炒饭",当成一个词读成33—44时,它的意思是一种炒成的饭,是一个名词,如,"我欢喜吃炒饭"(我喜欢吃炒饭);而分开来,读成34—23的时候,就是一个动作,意思是用铲把饭炒熟。"花红",读成55—21的时候,是一种水果的名字;而读成52—23的时候,就表示花朵的颜色,如,"公园里向是花红柳绿啊"(公园里花红柳绿)。"切面"和前面的"炒饭"情况差不多,读成3—44时是一种面条,为名词;而读成4—23时是一个动作,表示切面条。

接下来我们来看看三个字的。"做人家"当成一个词,读成33—55—21时,意思是节俭,如,"迭个人老做人家个"(这个人很会过日子)。而分开来读成34—22—44时,表示的是组织家庭,如,"迭个小姑娘老会得做人家个"(这个女孩很会理家)。同样的例子还有"排门板",读成22—55—21的时候是一个名词,它是我们以前经常能在"烟纸店"(小杂货店)关门后看到的,在店外面一块一块的木板;如果读成了23—22—44则变成了一个动作。另外,还有"想起来",读成33—55—21意思是想起某件事情;而读成34—33—44意思就是想起床。"拍两张"读成 3—55—21 意思是拍若干张;读成 4—22—44 则就是指拍两张,是一个确数。这个"两"字情况在和别的动词量词搭配的时候也有这样的现象。

今天再和大家介绍一个上海话的熟语:"开年礼拜九"。我们知道,一个星期是没有星期九的,"开年"就是明年的意思。明年的星期九,它指的就是毫无指望的日期。如,"侬麑借钞票拨伊,等伊还是开年礼拜九了",意思就是你不要借给他钱,因为你永远也等不到他还钱了。

(朱贞淼)

2012 年 12 月 10 日
上海话当中形容人个子矮小,都有哪些俗语或形容词?

长得"矮北落托"怎么啦

今天来说说上海话形容人个子矮小的形容词或俗语。

主要有"矮子、小僵瓜、活狲精、小老虫、一微微(mi mi)、矮悠悠、矮东东、矮冬瓜、武大郎、五短身材、矮北落托、三等公民"等。

比如:

我勿欢喜寻个矮子,肚皮里工夫忒多了。(我不欢喜找个矮子,肚子里工夫太多了。)

"寻"是指找的意思。意思是找个矮个子男人做对象。

伊是只小僵瓜呀!(他很矮呀!)

把人形容为僵了的瓜,带有贬义。

侬勿要看伊是只活狲精,身体来得个好味!(你不要看他又瘦又小,身体非常好的!)

"活狲精",上海人叫"猴子"为"活狲",是说人又瘦又小,略带贬义。

小老虫一样个人,门槛来得个精。(小老鼠一样的人,特别精明。)

上海人叫"老鼠"为"老虫"。"小老虫"是说尚未成年的孩子。

人一微微(微微一沰沰)大,脑子蛮好个。(人一点点大,脑子挺好的。)

辫人勿长,矮悠悠(矮东东)个。(这个人不高,比较矮。)

"矮悠悠、矮东东"只说人比较矮,没有贬义。

伊啊,矮冬瓜一只(五短身材),勿灵个。(他啊,很矮,不好的。)

形容人的形象如同"矮冬瓜",明显带贬义了。"五短身材"当然也不美观。

伊是个武大郎呀,矮北落托个,侬欢喜啊?(他是个武大郎呀,特别矮,你喜欢啊?)

"武大郎"借水浒里的人物,表明身材矮小。而"矮北落托"形容人矮的样子。

今天谈的熟语是"矮子肚里疙瘩多"。是说人因为矮,所以肚肠弯绕也多,而高个子则是一根肚肠通到底,说话直来直去。调侃因人矮而心思多,脑子会转。比如:

侬个男人勿长啊!勿长好呀!矮子肚里疙瘩多,只要人聪明就好咪!(你丈夫不高啊!不高好呀!矮子心眼多,只要人聪明就可以了!)

(丁迪蒙)

2012年12月11日

上海话中形容后悔、懊恼都有哪些形容词或俗语?

没有后悔药

今天我们来说说上海话中形容后悔、懊恼的词语或句式。

上海话里表示后悔有个专用句子,即"蛮好勿要 V 个",表示带有后悔的遗憾。其中 V 表示动词,比如"去、做、讲、来、吃、想、写、出去、进来"等。

我们来看例句:

蛮好勿要出去个,就勿会碰勿着了。(如果不出去多好,就不会碰不到了。)

蛮好勿要写个,乃弄坏脱了!(如果不写多好,这下弄坏了!)

蛮好勿要走个,就碰得着伊拉了。(如果不走多好,就能遇到他们了。)

蛮好勿要想个,搞得一夜天吭没睏着。(去想它干嘛,搞得一个晚上没有睡着。)

除此之外,还有一些词语也是表示后悔的。比如有"懊老、懊恼、懊闷痛、殟塞、郁闷、老呒没劲"等。

我们看例句：

我老懊老个，勿去就好了。（我很后悔，不去就好了。）

伊懊恼煞了，蛮好勿要听伊拉同事个闲话个。（她后悔死了，不听她同事的话多好。）

现在想想真是懊闷痛。（现在想想真是后悔。）

拨贼骨头偷脱皮夹子，伊殟塞得勿得了。（被贼偷掉皮夹子，她后悔得不得了。）

我老郁闷个，觉着老呒没劲个。（我心情很不好，情绪很不好。）

"郁闷、老呒没劲"的说法现在比较流行，以前说得比较少。

另外，还有新流行的，如"寻只河浜跳下去、买块豆腐撞撞煞"。

比如：

我老勿开心个，真想寻只河浜跳下去算了。（我很不开心的，真想找条河跳下去算了。）

侬想勿落啊？葛去买块豆腐撞撞煞哦！（你想不通吗！那去买块豆腐撞死吧！）

"买块豆腐撞撞煞"的说法是开玩笑的。

今天再说两个熟语如下：

(1)"拍脱牙齿肚里咽"，指上当受骗后自己吞进，不告诉任何人。比如：

拨人骗脱了6万块，只好拍脱牙齿肚里咽。（被人骗走了6万元，只能拍了牙齿往肚子里咽。）

(2)"霉头触到哈尔滨"，指哈尔滨距离上海遥远，比喻倒霉透顶。比如：

一出门就拨人家撞一记，真是霉头触到哈尔滨了。（一出门就被人撞了，真是倒了大霉了。）

（丁迪蒙）

2012年12月12日

上海话中有哪些描写做事不认真、不负责任的词语？比如说"拆烂污、淘浆糊、黄牛肩胛"。

妙趣横生上海话

做事不能"拆烂污"

一个人过日子老是在混,极其马虎不认真,上海话中有好多词可以用来形容。之前说过"淘浆糊",就有做事敷衍塞责、滥竽充数的意思,后来大家嘲笑那些糊里糊涂只是混混的老兄为"浆糊兄",把那些善于搅和蒙混的人称为"浆糊师"。"混",还有一个词,叫"混腔势","腔势"是从英语 chance 来的,这种人总是寻找机会来混。

有的人惯于"拆烂污",天生的一副"黄牛肩胛",遇事卸肩,不负责任。他们做起事来,"七勿牢牵",很不像样,非常马虎;做事说话"脱头落襻",即丢三落四;托他一件事,他就是一个"王伯伯","王"和"忘"谐音,"托着一个王伯伯",忘得快,极不负责。"乌里买里",是他们一贯的作风,做事很不讲究,马马虎虎,混到哪里是哪里。什么事都做得"喇叭腔",办糟了,不可挽回。做事情,拖拖拉拉,磨磨蹭蹭,称为"搭水扳浆",脑子里是"一笔糊涂账","脑子拎勿清,七里缠辣八里",这个搞到那个上去,把事情都办糟。或者是"五分钟热度",一会儿热情就降,干不了了;或者是一会儿奔东,一会儿转西,"投五投六",冒冒失失;他做出来的活儿,就是"烂糊三鲜汤",由于胡来一起,搞得乱七八糟。

下面再说一个熟语:"要吃天花粉,铲起杜瓜根"。"杜瓜"是一种采用块根的中药植物,采药的人把"杜瓜"的块根从泥中铲出,然后磨成粉,便是一种称为"天花粉"的中药。所以说你如果要吃"天花粉"的话,你就要把杜瓜根铲起来磨粉。这个熟语是比喻什么事情都要寻根循源。

(钱乃荣)

2012 年 12 月 13 日
上海话里有不少形容做事认认真真、很负责任的词语,比如说"一门心思"、"熟门熟路"。你还想到哪些?

做事要"一门心思"

上海话中表现做事认真负责的词语很多。"认真"这个词上海话叫"顶真","仔细"上海话叫"把细"。上海人很讲究做事情一个是要"顶真",求真到顶;一个是要"把细",把握得细。上海人讲究"硬碰硬","乌龟背碰石头——硬碰硬",就是做事情要实事求是,经得住考验,要"看功夫"。

上海话"成语"里,"一门心思",是一个心眼,专心致志的意思;"有心有想",是一直有耐心的意思。一个人要办成大事,必定要有这样的思想素质。"一点一画",是做人办事循规蹈矩,一丝不苟的意思;"熟门熟路",是做到得心应手,门路很熟悉的地步。办一件大事也必须得中规中矩,做到得心应手的程度。

"一板三眼"也是认真规矩的意思;"一脚一手",就是可一个人包下来,善始善终地把事情做完。"立时三刻",就是很干脆,接到的事情,随手马上做好,这就是一种认真负责的作风,不是拖拖拉拉,拖个"半半六十日"才草草收场的坏作风。

"生活掼得出",是说做出来的活儿十分漂亮,拿出来过得硬,"托得牢"。事情做得是"板板扎扎"的,即结实完美、一丝不苟的;"勾勾勒勒"的,即精细、负责、清楚不含糊的。

今天再说一个熟语:"夹忙头里髈牵筋"。"髈",就是"腿","牵筋"是"抽筋"的意思。"夹忙头里"是"在忙的时候(突然发生)"的意思。上海话中"忙"与"梦"同音。这句话,原来是说"夹在梦里",也就是在做梦的糊里糊涂时刻,突然腿抽筋了,意想不到地发生疼痛。后来就成了说"在已经够忙的时候,出了没有意料到的事情"。

(钱乃荣)

2012 年 12 月 14 日

上海话当中"相"字出现在很多词里,比如"打相打、相帮"等。你还想到哪些?

"相"亲"相"爱

俗话说得好,一只碗不响,两只碗叮当。意思就是很多事情要发生,必须有双方互相的参与。因此,上海话中有很多词里面带有"相",今天就来说说这样的词。

打架、吵架这一类事情,一定是孤掌难鸣的,一个人挥空拳或者骂街,别人一定当你是神经病。你一拳我一腿,你一句我一句,一定是"相互"的。因此,上海人把打架称为"打相打",把吵架称为"吵相骂"。根据我们的调查,整个吴语地区基本上都这么说,北到苏州,南到温州,都说"相打"和"相骂"。"打相打"的时候,一定会有"亲密"接触,因此上海话中有时把亲密接触也称为"打相打"。比如天冷,人冻得发颤,牙齿就会"打相打";人瞌睡的时候,上下眼皮快粘在一起了,我们也说上下眼皮"打相打"了。另外,男女两人互相要好,可以叫作"相好";如果结婚以后,还有"相好",似乎就有"姘头"之嫌了。

上海话中的"相帮"倒不一定是互相帮忙。"侬相帮我迭眼物事搬搬好哦"(你帮我搬一下这些东西好吗),是请你帮助我,我可不一定能来帮助你。除了这些词以外,还有一些别的词是带有"相"的。"相面"中的"相"是动词,这个词的意思就是,从人的长相来预测人生,当然,这可能是带有一定的迷信思想的。"相公"就是丈夫的意思,另外,如果谁搓麻将的时候多摸了或者少摸了牌,他也就成了"相公"。"相"可以表示人的样子,"识相"是我们在现今社会上混必备的技能。它表示一个人安分、知趣,不冒犯别人,也表示一个人能够看别人的神色来行事。而"看相"就表示看中,如果一个女孩子对你说"我看相迭件衣裳了"(我看中这件衣服了),那你就准备好掏钱吧!

"相"放在词语的后面,还可以表示看起来的表面样子,如"坐相"、"睏相"、"卖相"、"面相"、"吃相"、"难看相",其中,"吃相"既可以表示吃的样子,也可以泛指一种架势。

今天给大家介绍一个熟语,"吃素碰着月大"。意思就是,这个月我在吃素,吃不到肉,可偏偏又遇上大月,有31天,我还得多熬上一天才可以。用来比喻非常倒霉,原来就已经非常苛刻自己了,偏偏难度又增加了。

(朱贞淼)

2012年12月17日

上海话"穷×八×"是什么意思,你知道吗?比如"穷做八做、穷讲八讲"。你还想到哪些呢?

"穷做八做"还得巧做

上海话中有种特殊的句式你可知晓?那就是"穷×八×",表示"很厉害、非常、拼命干谋事"。比如"穷做八做、穷吃八吃、穷看八看、穷吵八吵、穷走八走、穷想八想、穷兜八兜、穷骂八骂、穷打八打、穷作八作"等。

我们来看例句:

勿要做来,穷做八做咃没人讲侬好个!(不要做了,拼命做没人说你好的!)

再好吃个物事穷吃八吃也是勿来三个呀!(再好吃的东西吃太多也是不行的呀!)

明朝再看好来,穷看八看做啥啦!(明天再看吧,一直看干什么!)

伊拉辣伊面穷吵八吵,侬去劝劝伊拉呀!(他们在那里拼命吵,你去劝劝他们呀!)

伊拨爷娘穷骂八骂、穷打八打来,老罪过个。(他被父母骂死、打死了,很可怜的。)

今朝穷走八走走了一日天,吃力煞脱了!(今天拼命走走了一天,累死了!)

伊勿来,侬穷想八想有啥用场!(他不来,你拼命想有什么用!)

昨日仔娘囡女穷兜八兜兜了一整天,买勿着伊要个物事。(昨天母女俩拼命兜兜了一整天,买不到她要的东西。)

昨日仔搿小囡拨伊拉爷穷打八打,真是罪过。(昨天这小孩被他爸爸往死里打,真是可怜。)

妙趣横生上海话

侬穷作八作有啥作头,伊又勿会来睬侬个!(你和他胡搅蛮缠干吗,他不会来理你的!)

今天我们说两个熟语:

(1)"小狗跌辣污坑里",这是调侃小孩子有很多喜欢吃的东西,来不及地往嘴里塞。比如:

今朝个小菜侪对伊个胃口,只小鬼是小狗跌辣污坑里了。(今天的菜都对他的胃口,这孩子拼命地吃。)

(2)"死要面子活受罪",形容为了爱面子而自讨苦吃。比如:

明明吮没啥钞票,硬劲装有铜钿,乃末死要面子活受罪了哦!(明明没什么钱,硬要装有钱,这下是自讨苦吃了吧!)

(丁迪蒙)

2012年12月18日

上海话中表示昏头昏脑、很糊涂都有哪些俗语或词组?

"神野胡志"要出事

各位听众想想,上海话中表示"昏头、糊涂"有哪些俗语或短语呢?

下面这些都是:"昏头、糊涂、神志胡知、神野胡志、神志野胡、稀里糊涂、混天糊涂、昏头落眽、昏头七冲、昏头搭脑、昏冬冬、混沉沉、五昏六素、七昏八素、懵懵懂懂、木知木觉、酒水糊涂"等。

且看例句:

我今朝昏头咪,昏头落眽,拿五十块当十块辣用。(我今天糊涂了,把五十块当十块在用。)

伊稀里糊涂到回转来再晓得个,真是倒霉透顶!(他糊里糊涂到回来才知道的,真是倒霉到了极点!)

侬辫眼闲话讲得我五昏六素(七昏八素),勿晓得是哪能桩事体。(你这些话说得我糊里糊涂,不知道是怎么回事。)

今朝身体勿好,走路有点昏头七冲(昏头搭脑、昏冬冬)个。(今天身体不

好,走路有点昏昏的。)

叫我今朝夜里去吃夜饭个,我神志胡知(神野胡志、神志野胡)拿伊忘记脱了,乃末拨伊骂脱一顿。(叫我今天晚上去吃晚饭,我糊里糊涂把这件事忘记了,这下被他骂了一顿。)

伊一日到夜混天糊涂(稀里糊涂),勿晓得辣辣做点啥!(他整天糊里糊涂,不知道在做什么!)

人家侪晓得侬辣讲伊,只戇大木知木觉(懵懵懂懂)一眼也勿晓得!(人家都知道你在说他,这傻瓜傻傻的,一点也不知道!)

侬老酒好勿要再吃咪!吃得来酒水糊涂,好看啊!(酒不要再喝了!喝得糊里糊涂,好看啊!)

今天我们要谈的熟语是:"聪明面孔笨肚肠"。这是形容人空有一副好皮囊,外表很不错,实际上没有什么本事。比如:

侬只姑娘,长是长得蛮好看个,最好勿要是聪明面孔笨肚肠。(你这姑娘,长是长得挺好看的,最好不要是看上去聪明实际上很笨。)

(丁迪蒙)

2012年12月19日

上海话中有许多量词和普通话用法不一样。比如"一部电车"、"一部机器"、"一囊橘子"、"一爿商店"、"去一趟"等,你能再举出一些例子来吗?

一"辆"车,一"部"车

上海话中,有不少量词用得与普通话不一样。普通话用"件"的,上海话用"桩",如"一桩""事体、心事、买卖、生意"。上海话用"样"表示事物的种类,如"一样""物事、事体、生意、料作、图案"。普通话用"台、架、辆"等的,上海话用"部",如"一部""机器、拖拉机、扶梯、脚踏车、火车、汽车、电影"。

上海话中有一个"爿",常用于商店、工厂等,如"一爿""店家、厂家、饭馆";"爿"还能用于成片的东西,如"一爿""天、田、墙头、门面"。

植物的成片状的一部分,用"瓣",如"一瓣""叶子、花瓣、大蒜、橘子皮、鱼鳞"。瓜果的一片,用"囊",如"一囊橘子,一囊西瓜"。薄形平面的东西"一片",上海话有的说成"一张",如"一张馄饨皮"。

圆珠形、小碎块形和颗粒状的东西,上海话用"粒",如"一粒""米、子弹、糖、黄豆、珠子",不用"颗"。普通话用"块"称呼的东西,上海话有的不用"块",如"手表"上海话用"只"表示,"糖"上海话用"粒"表示。

"伞"、"茶壶"、"枪",上海话说"一把";老派用于某些杆棒状物,还可用"管",如"一管""手枪、尺、笔"。

上海话称整座房子,为"宅",如"一宅花园洋房"。一座房子,称"幢",不称"座",如"一幢""高层、牌楼、三层楼房子";"幢"还用于成层成堆的东西,如"一幢""书、碗、盒子、被头"。

"台阶、楼梯"称"级",读作 jik 或 jhin(琴),如"一级""胡梯、阶沿石"。排列整齐的成层成叠或成排的东西,称"坒(bhi,音'皮')",如"一坒""砖头、房子、钞票、青菜、石头"。"顶"用于某些有顶的东西,如"一顶""桥、帽子、帐子"。

"绞"用于扭在一起的细条状物,多股合成一绞,如"一绞""绒线、丝线、铜丝"。

"一页书"称"一版书","一行字、房子"称"一坎字、房子","一道题"称"一门题目","一簇花"称"一毬花"。"门"还可以用作"一门技术"、"一门大炮"和"一门亲事"。

"泼"用于数量较多的人或货物,如"一泼""人、橘子、货色"。"票"用于一批货物,如"一票""货色、生意"。

上海人还有一个较生动的字用来形容比"点"大一点的、有时带黏液的水滴,称"沰"(与"笃"同音),如"一沰""馋唾、烂泥、痰"。旺盛的一簇,称"蓬",如"一蓬""火、野草"。

表示双手横着伸直的长度,称"庹"(与"托"同音),如"一庹布"。一笼蒸出来的面食,称"蒸",如"一蒸""蛋糕、小笼馒头"。可合手抱起的一丛,称"捊",如"一捊""书、柴爿"。

一会儿,上海话说"一歇歇";一点儿,上海话可说"一眼眼";一阵子,上海话说"一抢"(做一抢,休息一抢);一下,称"一记",如"打一记、听一记",又称

"一趟",如"去一趟";还有来回的过程,称"转",如"走一转";表示用水的整个过程,称"潽",如"冲一潽、揩一潽"。

上海话的"只",与普通话的"个"相似,是一个泛用量词。除了"一只手、一只虫、一只面孔、一只篮头、一只电视机、一只台灯"的用法外,还能用于比较抽象的东西,如"一只""企业、班级、节目、指标、任务、报告、文件、礼拜、国家、风景区、谜语、新闻、画、题目",和以前不能用的"一只""汤、布、画、工作"(特别是用在"辖只"后面)等中去。

(钱乃荣)

2012年12月20日

上海话中有个"法"后缀,经常用。如"做法、吃法、跳法、唱法",常常用在"哪能"(怎么)后面,你能再举例子并加以造句吗?

"法"力无边

"做法"就是"做的方法","吃法"就是"吃的方法",在普通话中不能这样说,但在上海话中,"法"可以跟在一些动词后边,形成了一个类后缀,即像后缀一样的东西,但是它的实义还较明显,没有完全虚化,所以可称类后缀。

"吃法":"辖只鸡,侬看哪能吃法?"这句话可以是这样的意思:一个孩子,他没有掌握好先吃鸡的什么部位比较方便,就这样问起来;也可以是另一种意思:就是买来了一只活鸡,要征求一下大家的意见,把这只鸡红烧,还是炖汤吃。烧法就是吃法。这两个意思,就要看具体的说话环境,听者自然会听出是什么意思的。

"写法":"侬辖能写法可能伊拉勿大欢喜个。"为什么他的写法,大家不会喜欢呢?因为大家希望他写得通俗有趣味一点,但是他用论述文、说明文的写法,所以不合欣赏者的胃口。

"看法":"辖张画勿是辖能看法个。"这里的"看法"不是普通话的"有什么意见,有什么见解"的"看法"的意思,而是"看的方法"或者引申到"看的角度"等。这句话是对看画的人指出他的那种看的门路、角度有问题。

"打法":"我第一趟来打高尔夫,也勿晓得哪能打法。"(我第一次来打高尔夫球,也不知道怎么打。)

"开法":"搿部车子,我先要研究一下伊个开法。"(这部车子,我先要研究一下它怎么开。)

"跳法":"跳舞我勿来三,搿种交谊舞哪能跳法?"(跳舞我不行,这种交谊舞怎么跳?)

双音节的词也能加在"法"前,比如"白相法"、"休息法"、"商量法",不过组合起来就不够紧密些。如"搿副棋哪能白相法?"(这副棋怎么玩?)"伊气还呒没消了,叫我哪能告伊商量法?"(他气还没消呢,叫我怎么与他商量?)

(钱乃荣)

2012 年 12 月 24 日

圣诞夜,诸位听官晚上约会有着落了吗?寒潮来的夜晚,隔着玻璃吹着暖气,吃着大餐,是何等惬意。今天丁迪蒙老师跟大家聊聊,除了"惬意"之外,上海话里的"舒服"怎么表达。

日子过得很"写意"

圣诞夜,诸位听官晚上的约会是否有了着落?夜晚寒潮来临,隔着玻璃吹着暖气,吃着大餐,是何等的惬意啊。今天来谈谈上海话中表示舒服的词语。

主要有"舒齐、舒泰、写意、适意、受用、舒服、焐心、乐惠"等。

我们来看例句:

伊个生活安排得邪气舒齐(舒泰)。(他的生活安排得非常舒服。)

伊屋里向弄得舒舒齐齐个。(她家里弄得舒舒服服的。)

"舒齐"侧重在生活、居家,可以重叠。

我个生活勿吃力,蛮写意个。(我的工作不累,挺舒服的。)

退休以后写写意意蹲辣屋里。(退休以后舒舒服服待在家里。)

"写意"侧重在心里感觉舒服、称心、愉快,也可以重叠。

今朝天气勿冷勿热,感觉老适意个。(今天天气不冷不热,感觉很舒服。)

太阳老老大个,又呒没风,适适意意辣外头孵太阳。(太阳很大的,又没风,舒舒服服在外面晒太阳。)

"适意"侧重在感觉好,人舒服,同样可以重叠。

搿眼闲话听辣耳朵里老受用个。(这些话听来很受用的。)

今朝吃得邪气受用。(今天吃得非常受用。)

"受用"侧重在因外界因素而引起的舒服感。

年终奖发着交关,邪气焐心。(年终奖发了很多,很是开心。)

"焐心"形容心里舒服、愉快。

屋里向地暖开辣海,再冷个天也勿怕了,我觉着老乐惠个。(家里地暖开着,再冷的天也不怕了,我感到很舒服。)

一家头辣屋里老酒扳扳,大闸蟹咬咬,乐乐惠惠过过小日脚。(一个人在家里喝酒,吃大闸蟹,舒舒服服过小日子。)

"乐惠"也可说"小乐惠",侧重于舒适、合意。

搿件衣裳着辣身浪老舒服个。(这件衣服穿在身上很舒服的。)

阿拉舒舒服服过自家个小日脚好咪!(我们舒舒服服过自己的小日子好了!)

这是受普通话的影响而使用的,但从语音上看仍是沪语。

(丁迪蒙)

2012年12月25日

圣诞节来临,行人和车流汇成了申城道路交通的一道繁忙风景线。今天来聊聊上海话里形容"多"的词语,除了"造造反反、勿勿少少、麦克麦克",还有哪些词语是形容"多"的呢?

有"行情行事"的东西

圣诞节来临,路上行人和车流汇成了申城道路交通的一道繁忙风景线。今天我们就来聊一聊上海话里形容"多"的词或短语吧。

主要有"行情行事、勿勿少少、造造反反、独多、麦克麦克、人千人万、人天

妙趣横生上海话

人地、七包八裹、潽出潽进、塌塌潽、十七廿八坎、七手八只脚"等。

我们来看例句：

农贸市场里有行情行事物事，啥物事侪有个。（农贸市场里有好多东西，什么东西都有。）

昨日仔南京路浪向有勿勿少少人，大家侪去过外国人个圣诞节了。（昨天南京路上有好多人，大家都去过外国人的圣诞节了。）

前两日商店里个人是造造反反，侪去轧闹猛，塌塌便宜货。（前几天商店里的人多极了，都去凑热闹，买些便宜货。）

苹果上市个辰光，水果店里独多个苹果。（苹果上市的时候，水果店里就是苹果多。）

上面这些短语既可用于人，也可用于物品。

箇个人有铜钿个，钞票是多得来麦克麦克。（这个人有钱，有好多好多钞票。）

注意，只有形容钞票多可以说"麦克麦克"，这"麦克"是英文 mark 的音译。

店家一搞促销，商店里就人千人万，轧得来路也吼没办法走了。（店家一搞促销，商店里就挤满了人，挤得都没办法走了。）

商店里人天人地，箇个辰光是勿可以去买物事个。（商店里人非常多，这时候是不能去买东西的。）

人多用"人千人万、人天人地"，但不可用于形容物品多。

逢年过节民工回乡个辰光，大家手里七包八裹，侪是个物事。（逢年过节民工回乡的时候，大家手里包裹特别多，全是东西。）

手上东西多用"七包八裹"，但不能用于形容人多。

菜盛得太满咪！碗里向塌塌潽咪！（菜盛得太满了！碗里东西要满出来了！）

吃得忒多咪，吃得来潽出潽进了。（吃得太多了，吃得快要溢出来了。）

菜或者汤、水等盛得多或吃多了用"塌塌潽、潽出潽进"，是形容快满出来、溢出来了。

我来寻侬，已经跑了十七廿八坎了！（我来找你，已经走了无数次了！）

次数多用"十七廿八坎"。

介许多人辣箇搭，七手八只脚，哪能介做生活啊！（这么多人在这里，人多手杂,怎么做事情啊!)

形容人多、手杂用"七手八只脚"。

另外还有"多多头、海会、木老老"。

"多多头"形容家中多子女,最小的那个就叫"多多头"了。

"海会"现在用得少,只有松江一带的本地人仍在用。

"木老老"原是浙江一带的吴语,随移民带入了上海话。

(丁迪蒙)

2012年12月26日

在街头,如果你遇到一个陌生的人,想要问路,用上海话应该怎样称呼?以前是一个"同志"走天下,现在你会用什么称呼?"师傅、老兄、朋友、大佬倌、爷叔、夹里",这些富有上海特色的称呼应该怎么使用?今天钱老师要跟大家说说上海话里非亲属之间的称呼。如果是刚刚认识的两个人,男的你认为称呼什么最好?女的呢?

从"同志"到"朋友"

20世纪五六十年代,不论男女,大家都泛称"同志"。"同志",带有点政治因素,如当时对"地富反坏右"不能称"同志",但也带有一些尊重你的意味,还有点好处是不分性别,在不知对方是男是女时在通信信封上一概写"同志"就很方便,有点像日本统称"王san"、"李san"。后来风尚一变,大家都不互称"同志"了,从工厂里传出来的泛称尊重一点的人,一度都叫"师傅"。

改革开放以后,从海外华人那儿,带回了50年代前的称呼,男的叫"先生",女的已婚的称"夫人"、"太太",未婚的称"小姐"。然而在有的地方传来"小姐"另有别称,不方便了,便称"女士"。但是"女士"的书面语味道太浓,总不能说"伊拉女士",所以称普通女性就很难称呼了。又由于"先生"、"小姐"有性别的不同,所以在不明男女且其姓名不含性别标记时,就难以带上称呼。过去还有一个"大姐"的称呼,是五六十年代对从家里出来参加里弄工作的女士的尊称,现已不用了。

近来,"老师"这个称呼在知识阶层意义开始扩大,泛称须得尊敬一点的记者、编辑和长者;"老板"这个称呼也有泛用的场合,由原来的贬称摇身一变成为一种尊称,但是这两种非正式的称呼,叫者和听者似乎都会有点别扭。所以说,现在上海话中,非亲属的统称称呼还是挺难的,不像古代或近代,尊称有一套,谦称也有一套。不但在上海话里没有规范的称呼,就是普通话也是这样,所以要建立一个文明礼貌的社会,现代汉语的非亲属称呼需要规范一下还是有必要的。

在上海还有一些带有别的风俗色彩的称呼,如从青年中开始叫起的"朋友",从亲密关系者之间直用到客气随意的称呼陌生人,如"朋友,帮帮忙""朋友,几点钟?"便是。对小孩现在沿至青年,亲热点都称"小朋友"。而孩子尊称非亲属的长辈,就是"爷叔、阿姨"。还有过去称"某夹里"的,如叫"王夹里"、"李夹里",实际是"王家里"、"李家里",是对某家里人的简称,一般用于称男性户主,也有延伸到某家别的人的。"夹"实际是"家"轻声音变而成,现在与浦东的尊称"大佬官"一样,已趋于淘汰。

(钱乃荣)

2012 年 12 月 27 日

上海话中,动词重叠,表示些什么意思?如:"摇发摇发","摸咾摸,兜咾兜","想做想,想勿出好办法","骂做骂,打做打,拿伊咾没办法"。今天我们请钱乃荣老师来讲讲这些分别代表什么意思。

上海话"讲来讲去"

如果动词用"V"来表示,上海话中有这么几种动词重叠形式:"V 发 V 发"、"V 个 V"、"V 记 V 记"、"V 咾 V"、"V 来 V 去"、"V 几 V"、"V 做 V"、"V 是 V"。

"V 发 V 发",是表示比较长的持续动作,比较轻松。如:"伊坐辣摇靠椅浪摇发摇发真写意!"(她坐在摇椅上摇啊摇的真舒服!)

"V 个 V",是表示短时持续的意思。如:"伊拿衣裳晒好了,拍个拍。再收到屋里去。"(他把晒好的衣服拍拍,再放到屋里。)"菠菜烧个烧熟,再吃。"(菠菜烧烧熟再吃。）

"V记V记",是表示动作一下一下连续进行,带有贬义。如:"侬做啥轧记轧记?难过勿啦!"（你干吗挤个不停,别人难受不难受!）"坐坐好,勿要一歇勿停,动记动记!"（坐好,不要不停地动来动去!）

"V咾V",表示动作一下一下连续进行。如:"不倒翁推一记,摇咾摇,真好白相。"（推一下不倒翁,摇啊啊,真好玩。）"侬勿要脚翘咾翘,派头一落!"（你不要脚翘来翘去,好像很有派头似的。）

"V来V去",表示来回动作不停。如:"侬兜来兜去啥事体?"（你走来走去干吗?）"我伊妹儿收来收去收勿着。"（我 E-mail 收来收去收不到。）

"V几V",表示动作仅持续几下。如:"药水摇几摇再吃。"这是改说"药水摇两摇再吃。"意思是相同的。"侪预备好了,侬只要辣上面勾两勾,就可以。"（都准备好了,你只要在上面勾两下,就可以了。）

"V做V",要与下面一个小句一起说,表示"即使……也"的意思。如:"想做想,想勿出好办法。"（即使再想,也想不出好办法。）"骂做骂,打做打,拿伊呒没办法。"（即使又骂又打,也对他没办法。）

"V是V","V也V",表示强调。如"恨是恨得来!"（恨得不得了!）"搿本书,伊碰也勿肯碰。"（这本书他碰也不想碰。）"读也读勿出。"（读也读不出）

（钱乃荣）

2012 年 12 月 28 日

今天来说说上海话里的"拆"。这个字大量出现在动迁房屋的外墙上,一个大大的"拆"字外面画个圈。除了拆房子,上海话里的"拆"还有哪些意思?拆字能组成哪些俗语?"拆穿西洋镜、拆空老寿星",这些俗语分别代表什么意思。一起来听朱贞淼老师说一说。

"拆"天"拆"地

自改革开放以来,全国就进行了大规模拆除旧房屋,建造新楼房的工程。

妙趣横生上海话

尤其是在上海。因为上海是个老城市,要建设,必须拆了旧的建筑才可以。今天我们就来说说上海话中"拆"字开头的俗语。

首先来说说一个字"拆"。"拆"字除了表示和普通话一样的意思外,还有"下"和"生"的意思,不过只用于动物下蛋。如鸡和鸭子下蛋,我们就说"拆蛋"。当然,同样从那个地方出来的,还有别的,因此人们的拉和撒也叫"拆",我们说"拆尿(cak sy)"、"拆污"。如果是小孩子半夜忍不住了尿了床或者是大人们受了惊吓等原因大小便失禁等,我们便在这个短语后面再加个"出",变成了"拆尿出"和"拆污出"。

"拆"字开头的俗语真不少。"拆白党"是指一类特殊的人群,他们不务正业,专门以奸骗妇女为生,就好像吃软饭的人那样,不过他们比吃软饭的人更可恨,他们一旦有机会,还会骗得钱财一走了之。这样的男人,简直是"拆"男人的"招牌"。"拆招牌"就是砸牌子,某店或者某人本有极好的名声,可是却被砸了,就叫"拆招牌"。拆完了招牌"拆台脚","拆台脚"的意思和"拆招牌"有点类似,普通话中似乎也有拆台这个说法。如果一直做对身体健康不利的事情,非常地不爱惜身体,我们叫"拆身体",似乎意思就是把自己的身体骨架都要拆开了,可想而知这对身体的伤害有多大。普通的"拆尿"、"拆污"倒也没什么,顶多是粗俗了点,但千万不可以"拆烂污"。"拆烂污"的本义是拉稀,引申为做事情极不负责。而"拆家棚"是指无缘无故地把东西拆坏以及这样做的人,也引申指把家产任意挥霍以及这样做的人。"拆穿西洋镜"就是揭穿了真相,通常用在魔术表演的时候。而"拆空老寿星"的意思是彻底完蛋,一切都完了。可见日常生活中"拆"字开头的俗语确实不少。

今天为大家讲一个熟语:"阿爹拉娘"。这个可不是爸爸妈妈的意思,而是一个感情强烈的叹词,含贬义。它表示不满、惊叹、责怪等情绪。如,"字写得来阿爹拉娘"就是指这字写得惨不忍睹;"阿爹拉娘,烧饭烧得统统焦脱"更是有一种不满、责怪的语气在里面了。

(朱贞淼)

2012年12月31日

上海话当中说到"少",都有哪些俗语或词组?比如"一眼眼"。你还想到哪些呢?

东西只有"一眼眼"

上海话当中说到"少"的短语或俗语主要有"一点点、一眼眼、一滴滴、一微微(mi mi)、一沰沰(dok dok)、一口口、一歇歇"等。比如：

我好像有一点点（眼眼）感冒了。（我好像有点感冒了。）

强调的是刚开始有。

搿个物事我只有一眼眼（点点），伊多交关。（这个东西我只有一点点，他多很多。）

强调的是我占有得不多。

倒了介一滴滴（点点、眼眼）开水啊，一口就吃没了。（倒这么一点开水啊？一口就没有了。）

强调水少，用"滴"更传神。

一微微（眼眼）大个人，闲话老会讲。（这么小的人，很会说话。）

微微一沰沰个人，枪花倒老会调个。（这么小的人，花言巧语倒很会的。）

"调枪花"意思是"用花言巧语或各种手段欺骗人"。

字小得来一微微（点点、眼眼）大。（字非常小。）

强调人小或字小，用"微微"很形象，"微"读 mi，声母为 m，这是上海话中保留的古音。

介小气个，问侬讨眼物事只拨我一沰沰（点点、眼眼、滴滴）（这么小气，讨你点东西只给我一点点。）

强调只给一丁点用"沰沰"更确切。

侬饭只吃一口口（点点），肚皮一歇歇就要饿了！（饭只吃一丁点啊！肚子一会儿就要饿的。）

饭只吃一口，强调东西少。

侬等等伊，伊一歇歇就来了。（你等等他，他一会儿就来了。）

时间短一定要用"歇歇"。"一"也是表示少，前面的"一"说话时可以省略。

今天要说两个熟语：

"刀切豆腐两面光"，这是形容像刀切出的豆腐一样两面光滑，比喻为人圆

妙趣横生上海话

滑,不得罪人。比如:

伊是上下勿得罪人,搿叫刀切豆腐两面光。(他上下不得罪人,这叫刀切豆腐两面光。)

"万宝全书缺只角",这是比喻再有本事的人也会有不太懂的事情的。比如:

侬勿要看伊来三,万宝全书也会缺只角个。(你不要看他行,他也有不懂的地方。)

(丁迪蒙)

第三部分

(2013年1月～2013年3月)

虽然已进入隆冬季节,但"上海闲话"板块却依然茁壮地成长着,丝毫不受季节影响。现在似乎已经可以看到这棵大树枝繁叶茂,不再有当时青涩、稚嫩的感觉了。在下面的文字中,不仅有上海话童谣,上海话中的亲属称谓,更有新上海人很头疼的"伊讲伊慧伊讲"的话题和数字"2"的读法等相关内容。可以说,大树的任何一片叶子,都是有关上海话、上海文化的细节与感悟,值得细细品味。

2013年1月4日

今天跟大家说说上海话里的"触"。"触霉头"、"触气","触"这个字在上海话里似乎总是与一些贬义词联系在一起。你还能说出几个与"触"字相关的上海话俗语吗？

"触"目惊心

上次我们提到一个词"触祭"，就是吃的贬义说法。其实由"触"开头的词语，上海话中还真不少。

"触电"的本义就不说了，但很多人都觉得，帅哥美女的眼睛会放电，如果你正好被电到，这样的"触电"或许人人都想经历吧。"触气"则是惹人讨厌，上海话中有个同义词是"惹气(sha qi)"、"讨惹厌"。如果有东西碰到了你的眼睛，那自然会不舒服，因此，"触眼"就是不顺眼，比如看到一堆垃圾堆在绿地中，那可是相当地"触眼"。类似的，如果你听到不好的东西，自然会觉得非常地刺耳或者心里不舒服，那自然就是"触耳朵"了。如果大家在聊天，有人有意无意说到了你以前的一件不开心的事，让你情绪再次牵动，心中再次荡漾起涟漪，我们说"触心旌"。最后一个词平时说得最多，"触霉头"。它可以作形容词，表示倒霉，如"要死，今朝真触霉头，一出门就落雨"（今天真倒霉，一出门就下雨）；也可以作动词，表示挖苦，如，"侬覅再来触我霉头咪，我已经够倒霉了"（你不要再来挖苦我了，我已经够倒霉了）。

今天给大家介绍一个上海话熟语："开无轨电车"。我们知道，上海以前的电车是有轨的，而后来改成了无轨的。虽然我们也知道，即使没有轨道，但车顶上还有"辫子"与"空中轨道"相连，不可能想开到哪里就开到哪里的，但人们还是用"开无轨电车"这个词来形容说话、讨论或思想离题万里，漫无边际。

（朱贞淼）

2013年1月5日

上海话当中"弹"字开头的词语有哪些？比如"弹硬、弹眼落睛"。你还想到哪些？

妙趣横生上海话

"弹"来谈去

"弹"字，在普通话中是个多音字，"子弹"、"弹跳"两词中的"弹"的读音就不同。但是在上海市区话中读音只有一个dhe。上海话的词语中，有"弹"字的不少，各种各样都离不开"弹"字。

当你看到某个人非常讨厌，希望他滚开，哪儿凉快哪儿待着去，我们就可以毫不客气地请他"弹开"，而"弹脱"则是撵走的意思。如，"伊想来寻我个麻烦，拨我弹脱了"（他想来找我麻烦，被我撵走了）。"弹硬"是坚强的意思，大多数用在小孩子的身上。如，"迭个小朋友邪气弹硬，掼了一跤，就是勿哭"（这个小孩很坚强，摔了一跤就是不哭）。小时候，我们很多人都应该玩过"弹皮弓"，要是不小心打到了别人或者是谁家的玻璃窗，那一顿臭骂是少不了的。"弹老三"是上海话中的一个隐语，就是死亡的意思，用在不恭敬的场合，通常用来表示位低人卑，又和自己无亲无故的人的死亡。"弹簧床"就是席梦思，现在用了音译词是不是显得更加洋气了？"弹硌路"是上海非常有名的一种路，它是由高低不平的鹅卵石或者小块的花岗岩铺成的道路。现在在上海的市区，这样的路越来越少了，但凡还存留着这样的路的地方，总是会惹起大家的一片回忆。而在这样坑坑洼洼不平整的道路上骑自行车，这屁股自然不好受，上上下下颠簸得难受，我们就把这样的感觉称为吃"弹簧屁股"。见到了夸张的事物，人们常常会大跌眼镜，这是因为看到了这些东西以后，人们的眼睛瞪大了，把眼镜都顶了下来，这样的说法已经很夸张了，但上海话中的说法更夸张，叫"弹眼落睛"，就是指眼睛瞪得很圆，眼珠子都掉下来了，这样把所有不戴眼镜的朋友们也包括进来了。"弹眼落睛"表现出两种样子，一种是凶狠，一种是吃惊。这两种情绪程度非常强烈的时候，就可以说"弹眼落睛"。虽然表达方式夸张，其实形容范围反而比普通话的"大跌眼镜"要小。"大跌眼镜"可以用来表达东西破败，令人失望，而"弹眼落睛"基本上指的是东西光鲜亮丽，巧夺天工，让人眼前一亮。

今天为大家介绍的上海话熟语是"耳朵打八折"。"打八折"原本指的是原始货价乘以0.8，而如果耳朵也这样打了折扣，意思就是责怪对方听不清自己说的话了。

（朱贞淼）

2013年1月7日
　　上海话中说"讨厌"、"惹人厌"都有哪些词组或俗语呢？

这个人"触气"吗

　　在上海话中有哪些词语是表示令人讨厌的呢？我们今天就来看一看吧。
　　主要有"讨厌、讨惹厌、惹气、触气、惹怪、嫌比、嫌之"等。
　　且看例句：
　　真讨厌（真是讨惹厌），辫桩事体随便哪能也做勿好了。（真讨厌，这件事情无论如何也做不完了。）
　　辫个人老讨惹厌（讨厌）个，叫伊辫个物事勿要动勿要动，伊就是要动，乃么弄坏脱咪！（这个人很讨厌，叫他这个东西不要动不要动，他就要动，这下弄坏了。）
　　辫个人惹气（触气）得勿得了，总归搭我唱反调。（这个人非常讨厌，总是和我唱反调。）
　　我一眼也勿要看伊，看到伊就触气（惹气）。（我一点儿也不要看他，看见他就讨厌。）
　　侬只小惹怪，惹来惹气惹人家，人家勿睬侬了还要惹，作啥介讨惹厌啦！（你这个小淘气，到处惹别人，别人不理你了还要惹，为什么这么让人讨厌啊！）
　　"惹怪、小惹怪"一般是指小孩子，说话的人不是真的很讨厌对方，只是有那么一点，且还带有点爱怜。
　　年纪大了，手脚慢了，闲话多了，背时得搭个，会得拨小辈嫌比个。（年纪大了，手脚慢、话多，比较背时，会让小辈讨厌的。）
　　这个地方不能用"嫌之"。
　　伊常庄嫌之（嫌比）辫个、伊个勿清爽。（他时常嫌这个那个不干净。）

（丁迪蒙）

 妙趣横生上海话

2013年1月8日

上海话为什么"吃茶"不说"喝水"?为什么"鹅"叫"白乌龟"?

"白乌龟"和"吃茶"——谐音

今天来谈谈上海话中的"白乌龟"和"吃茶"。

"白乌龟"是什么?新上海人也许会觉得好笑:明明就是"鹅"嘛,为何上海人要叫"白乌龟"?天底下哪有白色的乌龟?

客人到上海人家里去做客,主人通常会客气或礼貌地给你杯水,虽然给的也许并不是用茶叶泡出来的水,但嘴里却会说:"来,请吃杯茶。"

这"白乌龟"和"吃茶"其实是谐音文化在上海话中的体现。

先看"鹅"。"鹅"在上海话里发音和"我"类似,为避免说"我吃鹅"谐音成"我吃我",就把鹅叫作"白乌龟"了。同样,"鹅蛋"也就叫作"白乌龟蛋"了。但为什么要把"鹅"叫作"白乌龟",现在却已无法考证。

上海人不说"喝水"而说"吃茶",也是为了避免同音而产生联想。

在上海话中,"水"的发音与"尿"类似,为避免产生给人"喝尿"的联想而改用"吃茶"。我曾经教过个金发碧眼的美国人,她在上海新锦江饭店做了八年大堂经理。普通话说得不错,上海话也都能听懂,因为马上要离开上海却不能说上海话而觉得很冤,因此要学上海话。某次提及这个话题,她突然恍然:"怪不得先前去朋友家玩,明明说给我喝茶,倒来的却是杯白开水,一直不知为什么,现在终于明白了!"

那么,如果真的是需要一杯水,而不是放茶叶的茶水该怎么说呢?很简单,只要说"我要杯(白)开水"或者"拨我杯开水"即可。而如果要给你喝有茶叶的"茶",则要说"拨侬吃杯茶叶茶"。

至于为何说只"吃"茶而不说"喝"茶,则是另一个话题,容待以后解答吧。

(丁迪蒙)

2013年1月9日

"轧"是上海话中很有特色的字,请你说说上海话哪些词由"轧"组成,如

"轧闹猛、轧勿和、绕轧"。

做事不要"轧一脚"

"轧"有两个意思。一个是"挤"的意思。如:"轧闹猛"是在有人的地方挤来挤去的意思,"轧电车"就是在电车上挤,"轧进"就是挤进;"轧一脚"是"挤进来插一手"。

"挤"又引申出"压"的意思,有"挤压"一词。上海话中说"轧坏手",就是"挤压坏了手"的意思。"轧钢"是"压钢坯"的意思。从"轧钢"引申到过去农村中用"轧稻机"来脱粒,就叫"轧稻"。电车上、火车站用检票机来压下去打洞称"轧票"。"轧马路"是逛马路的意思。"轧扁头"就是两面受压,左右为难。"轧脚"、"轧牢"都是受到阻碍,被压住卡住了。象棋中的"轧脚马",就是被"夹住、卡住"马脚使其跳出去受阻。"轧叉"是夹住头发的发夹。遇到障碍纠缠,就是里面有"绕轧"。"绕轧"到成为名词时,就是事情遇到的障碍纠缠。

"轧"的另一个意思,是从英语的泛义动词 get 中来的,"获得、搞到、得到"的意思。如"轧道"是交朋友的意思,人们经常说要"轧好道",不要"轧坏道";"轧朋友"就是交到朋友,特指交到女朋友,后来就变成谈恋爱的代名词了。"轧勿和"就是合不来,交往不合拍的意思;交往朋友又引申到和合的层次,于是有"轧得和"和"轧勿拢"等词,"轧勿拢"就是合不起来,不融洽,如,"我跟伊一年朋友轧下来,轧勿拢"(我与她谈恋爱谈了一年,合不来)就要分手。又引申到商业做账,"轧账"是做账使其"轧拢",账与"轧朋友"一样也有"轧拢了"或是"轧勿拢"两种情况,"轧得拢"就是合得拢;"轧勿拢"就是账对不拢,搞不平衡。

"轧"还可作象声词,说出汗多,讲汗"轧辣轧辣"出来,这是有点夸张了,这个词又有点"拟态"了。

(钱乃荣)

2013 年 1 月 10 日

上海话中有许多"平"字开头的词语,如"平顶头、平脚裤、平脚板",你能再

妙趣横生上海话

举出几个类似词语并作解释吗?

"平顶头"住"平顶房"

"平房",指的是无楼的房子;房子的"平顶",就是室内的天花板;"平顶房",是指多层联体的采用平顶结构的楼房。上海有一段时期有个"平改坡"工程,就是把难看、易漏、顶层房热的"平顶房"改造成传统的斜顶结构。

"平顶头"是指人头顶上头发剪成短平的头,上海人又称"板刷头";"平脚板",是平足,是脚底平直没有弓形,不宜多走路;"平跟鞋",是鞋跟和鞋底持平的鞋子;"平脚裤",是裤管较一般短裤短,前后裤裆之间用一块横条连接的一种原是乒乓球运动员穿的短裤。

有一种"老虎钳"不是一般尖头而是平头的,称为"平头钳";一种平头的镊子,用于夹住邮票等,称"平头镊子";一般锅子都是凸圆底的,平底的称"平底锅"。

"平扯扯"是大致扯平的意思,就是大家都差不多。如:"辖幢房子个人家收入是平扯扯个。"(这幢房子住的人家的收入差不多。)"平摊"是平均摊派的意思,"平摊摊"是大致平均分摊的意思。比如过去一幢楼里几户人家,合用一个自来水水表,因为大家用水相仿,每月水费账单来了,付钱时大家就按照人头平摊摊。

"平碰"是象声词,是手用力或大风吹来关门关窗的声音。"平碰三响",是指声音弄得很响。

今天再讲两个熟语:

一个是"毛头姑娘十八变,临仔上轿变三变"。这是指十八岁以后,小姑娘长得漂亮起来,变得很快,越变越好看。在上轿出嫁前还要变上三变。

另一个是"做天难做四月天,做人难做中年人"。这是说四月的天不易做事情,有的人希望它多下点雨,这跟庄稼开始生长有关,但雨也不能太大;有的人要它晴,便于出外踏青游玩。用四月天来比喻中年人,上有老,下有小,忙不过来,工作家务沉重。

(钱乃荣)

2013 年 1 月 11 日

说说你曾经在弄堂游戏时唱的沪语童谣。为什么沪语童谣现在很少有创新了？

童谣伴我一起长

童谣,伴随着我们每个人的成长。记得还在穿开裆裤的时候,母亲和外婆就都会教我们很多悠悠动听的童谣。伴随着有节奏的乡音,和那些似懂非懂的歌词,关键还有父母长辈的爱,这些童谣牢牢地印在了我们的脑海中。

小时候听得最多的,莫过于"摇啊摇"了。"摇啊摇,摇啊摇,摇到外婆桥。外婆叫我好宝宝,一只馒头一块糕",在睡前听起来是多么温馨。随着年龄的增长,自己也会哼唱一些儿歌,特别是和自己的玩伴在一起的时候。"一箩麦,两箩麦,三箩开手拍大麦,劈劈啪,劈劈啪",一边唱着这首童谣,一边和好朋友一起玩。如果谁玩输了,我们则会一边打着手心,一边唱"本来要打千千万万记,现在辰光来勿及,马马虎虎打十记,一、两、三、四……"。我们还会唱"笃笃笃,卖糖粥,三斤蒲桃四斤壳,吃侬个肉,还侬个壳,张家老伯伯,问侬讨只小花狗,汪汪",女孩子则一边跳橡皮筋一边唱"小皮球,小小篮,落地开花二十一,二五六,二五七,二八二九三十一;三五六,三五七,三八三九四十一;……"。正当玩得有趣的时候,突然下起雨来,大家一路唱着"落雨喽,打烊喽,小八腊子开会喽"一路跑回家。

在许多儿歌里,均能体现出孩子们幼小纯真的心灵。有些儿歌是伴随着孩童的游戏发展起来的。可是现在,儿歌童谣的现状不容乐观。究其原因,可能有很多。也许是幼儿园、小学的老师们都已经不会了,儿歌的传承断层了;也许是商业化社会使生活节奏加快了,快餐文化、电视、游戏机取代了孩童游戏;也许是现在的独生子女不太合群,也不太能参加小朋友的集体活动;也许是考试测验过多,孩子们再也没有时间出来一起玩。也许这些都是理由,也许这些都不是理由。一个文化在我们这一代要消亡了的确是非常可惜的,我们也只好把它们写进书本里,做在回忆的节目里,成为所有人的回忆。

今天也为大家介绍一个熟语,"三钿勿值两钿",它的意思就是指某样东西

妙趣横生上海话

根本一点也不值钱的，不用太珍惜。

(朱贞淼)

2013年1月14日

"咾"这个字，看似陌生，其实在上海话中却是最常用的语气助词之一。比如，很多人经常挂在嘴边的"我又没有做错咾"。"咾"可以表达很多种语气——公认语气、反驳语气、提醒语气、劝告商量语气、应答语气，等等。你能用这个"咾"在这些语境中各造一个句子吗？你知道"咾"还有什么用法吗？

语气词"咾"

"咾"这个字人们看似陌生，其实在上海话中却是最常用的语气助词之一。"咾"可以表达很多不同的语气。主要有以下几个方面：

(1) 表示当然。例句：

葛末就是咾，侬讲了一眼也勿错个。(那就是了，你说得一点也不错。)

搿个又勿是我个错咾。(这个又不是我的错。)

(2) 表示公认。例句：

伊末是老来三个咾。(他是很行的。)

搿桩事体是伊做得对咾。(这件事情是他做得对。)

(3) 表示反驳。例句：

介怪个，我又吪没做错脱咾。(这么怪，我又没做错。)

侬讲伊走了，伊又吪没走脱咾！(你说他走了，他又没走。)

(4) 表示提醒、警告。例句：

再搿能下去要出事体咾！(再这样下去要出事的。)

侬再勿䀹觉？我来咾！(你再不睡觉？我来了！)

(5) 表示劝说、商量。例句：

慢慢叫再讲，侬现在先回转去咾。(以后再说，你现在先回去吧。)

勿要介急，啥事体侪好商量个咾。(不要这么急，什么事情都好商量的。)

(6) 表示确认。例句：

142

也就是讲，俚侪有得联系个方法个咾？（也就是说，你们都有联系方法的？）

伊礼拜三一定去个咾！（他周三一定去的。）

(7) 表示叮嘱。例句：

游戏勿要再白相咾！（游戏不要再玩了。）

介冷个天末多穿两件衣裳咾！（这么冷的天，多穿几件衣服。）

(8) 表示应答。例句：

我来咾！（我来了。）

（丁迪蒙）

2013 年 1 月 15 日

"唻"也是上海话中的常用语气助词，比如表示劝说、商量用"算唻"，表示延续如"现在辰光还没到唻"。你还想到哪些？

语气词"唻"

"唻"也是上海话中的常用语气助词，同样可以表达很多种不同的语气。主要有以下一些：

(1) 申明或表白。例如：

里向还有好个物事唻。（里面还有好的东西。）

我有五十万资金唻。（我有五十万资金。）

(2) 劝听、商量。例如：

算唻，侬让让伊末好唻！（算了，你让让他么算了。）

让伊去坐脱一歇唻！伊吃力煞唻！（让他去坐一会吧！他累死了。）

(3) 提出、指明。例如：

拨我戳戳看唻！（给我戳戳看吧。）

侬让伊走一走唻！看看跟脚哦？（你让她走一走吧！看看鞋合脚吗？）

(4) 表示延续。例如：

辫桩事体还呒没结束唻！（这件事情还没结束呢。）

现在辰光还呒没到哝!(现在时间还没到呢。)

(5) 反对、轻蔑。例如:

侬讲伊老实,还老实哝!(你说他老实,还老实呢!◇言下之意是滑头得不得了。)

伊辣个人真也勿清白哝!(她这个人一点也不清白。)

(6) 提醒、警告。例如:

侬可以回转去哝!(你可以回去了。)

我明明看见侬个,还要赖哝!(我明明看见你的,还想赖。)

(7) 表示羡慕、称赞。例如:

屋里向房子嫽哝!(家里的房子很漂亮啊。)

伊有得四房两厅哝!(她有四房两厅啊!)

(8) 表示责怪、气愤。例如:

侬老早忘记脱我哝!现在来寻我哝!(你早就忘记我了吧!现在来找我了。)

(9) 表示程度高。例如:

肉卖到三十块一斤哝!(肉卖到三十元一斤了。)

青菜卖到肉价钿哝!(青菜卖到肉的价格了。)

(10) 表示事件的现在状态。例如:

伊生毛病哝!(他生病了。)

落雨哝!(下雨了。)

六点钟哝!(六点钟了。)

这个"哝",老派上海话是念"哉"的,现在也改为"哝"了。

注意:"哝"和"了",上海话里有些不同,但很难确切地用普通话去解释。比如下面的句子:

我陪侬去好哝。(我陪你去吧。)

我陪侬去好了。(我陪你去吧。)

这两句话用普通话翻译是一样的,但在语气上上海话是不同的。"好哝"带有乞求、期盼、建议、劝告等的感觉;而"好了"就比较直白,不带什么感情色彩。

差头票过两天拨我好了。(出租票过几天给我得了。)

这里的"得了"是普通话,可以这么说,改换成上海话就是这样表达,翻译成"吧"也同样。

"好哎"和"好了"在语调上也不同,说"哎"时语调是往上提的,说"了"时则要用降调。

(丁迪蒙)

2013 年 1 月 17 日

上海开埠以后,大量新鲜事物迎面扑来,一时造出许多音译词,如"沙发、水门汀"。来不及造,就造出了许多以"洋"字开头的词语,如"洋囡囡、洋泡泡、洋风炉、洋山芋"。你还能举出一些以"洋"字开头的词语来吗?

"洋"气十足

外国人,称"洋人";从外国进来的货物,统称"洋货";洋人住的西式房屋,称"洋房";外国人在上海用的外国钱,称"洋钿";纺织厂里制成的布,区别于"土布",称"洋布";西洋琴类乐器,称"洋琴";过去国人用菜油等点油灯的,后来西洋人带来了煤油,称为"洋油";水泥板,称为"水门汀",而水泥粉,称"洋灰";西装和其他西方人穿的上装,称"洋装";西方人带至的袜种,称"洋袜";洋人带至的伞,称"洋伞";洋人使用的洋式刀具,称"洋刀";有瓶颈的玻璃瓶,称"洋瓶";钉子,称"洋钉";点火用的火柴,称"洋火";做针线活用的线,称"洋线";线绕在一个木芯上的,称"洋线团";小型的煤油炉,称"洋风炉";搪瓷碗,称"洋铁碗";薄型的锌板,常用来做畚箕、水桶等,称"洋铅皮";做成的提水桶,称"洋铅桶";布娃娃或赛璐璐娃娃,称"洋囡囡"或"洋娃娃";氢气球,称"洋泡泡";一种淡和的红色,称"洋红";一种籼米,称"洋籼米";土豆,称"洋山芋"。

到现今,有几个带"洋"的名称依然在用,如"洋房、洋伞、洋山芋、洋泡泡、洋红、洋钉"。

(钱乃荣)

妙趣横生上海话

2013年1月18日
上海话中"上"字开头的俗语有哪些？比如"上路、上档次"等。

从"上海"的"上"说起

大家知道，"上"和"下"是一对反义词，上海地名的来历也是由"上海浦"而来，与之相对的地名有"下海浦"，目前这个地名还有所保留，比如在上海的虹口区。自然，在上海话中以"上"开头的词语也真不少，其中还有些词的开头还能换成"下"。

我们先来看看哪些词可以既说"上×"，又可以说"下×"，它们的意思分别又是什么。"上班—下班"，这个不用多解释。但是"上班"还有个意思就是定时去打麻将。有些人麻将瘾特别大，每天到了那个时辰是一定要去的，简直比上班的人还准时，还要能坚持，因此就把这类人每天坚持打麻将称为"上班"。而"下班"就是不工作了，所以有时候某个机器出了些问题，无法正常工作，我们也称为"下班"。再如"上手—下手"。"上手"是指做主要工作的人，而"下手"则相反。同时，"上手"还有开始做某件事情的意思。"上风头"是风吹过来的方向，而"下风头"就是风吹去的方向。如果某个地方在烧东西，父母一定会叮嘱我们要站在"上风头"，不要站在"下风头"，否则必定要呛死。上海人很讲究礼仪，吃饭的时候，"上座"一定要留给客人或者长辈。因为"上座"是主要位置，而"下座"就是在旁边的不重要的座位。以前上海还分"上只角"和"下只角"，用来区分住在那个区域的人的祖籍和贫富程度，而现在这样的情况早就消失了。

接下来看看"上"字开头的其他词语。"上小课"和上次说的"开小灶"意思类似，都是在外面补课的意思。但不管是上大课也好，小课也好，一定要"上心"，也就是要一直放在心上，这样才能学得好。不过有些事情一直太放在心上，就会产生担忧，我们就说"上心事"。如果一样东西品质较好，把它拿出来放在柜面上时也一定更能吸引别人眼球，大家也更愿意把这样的东西拿出来展示，因此，"上台面"就是指某样物品的品质较高，进而引申为形容一个人的谈吐、举止落落大方。和这样的人相反，有些人胆子比较小，上了舞台或者在人多的时候就会怯场,我们就称之为"上场昏"。同样说东西质量好,我们还可以说"上品、上档子、上档次",它们都表示某物品能排上一定的等级,品质、品位都比较高。其中"上品"还能表示人讲义气。人除了要讲义气之外,做事还应该通情达理,这样的人我们称之为"上路";而如果有些人耐不住自己的脾气了,对着别人发作,或者自己寻衅滋事,我们说"上腔"。现在的女孩子非常喜欢拍照,有些人在照片里看起来比真人漂亮,我们就叫"上照"。

今天要为大家介绍一个上海话的熟语"阿咪咪",表示一种不屑一顾的态度。当别人有事相求,她却对别人说,"哼,阿咪咪!"就是想告诉对方,这件事情,你谈也别想谈!

(朱贞淼)

2013年1月21日

上海话中关于男女谈恋爱方面有哪些俗语或词组?比如"讨新妇、轧马路"。

你"轧朋友"了吗

今天我们要谈的话题是上海话中关于男女谈恋爱方面的俗语或短语。

上海人通常会问进入婚嫁年龄的男女:"侬轧朋友了哦"、"朋友谈了哦"、"对象寻了哦"、"有对象了哦"、"辖几天压过马路哦"?这个"轧朋友、谈朋友、压马路"都是指男女在处对象。

那为什么处对象叫"轧马路"呢?这实在是上海人的一段伤心往事。

20世纪50年代以来,作为经济重镇的上海一直是上交给国家财政最多的,但大部分老百姓的生活却是糟糕到难以想象的地步:一家8口人居住在10来个平方米的小屋,吃喝拉撒全在里面,这在上海是司空见惯的。这种现象一直到90年代末才发生变化。

那么,人要找对象、要谈朋友去哪里说话呢?家里众目睽睽之下不行,看电影吧,永远是《地道战》、《地雷战》,又没有酒吧、茶室可坐,大家就只能去"压马路"了。这个"压马路"和"荡马路"不同,"荡马路"是想买些东西,而"压马路"则只是在走路,边走边聊天,以增进双方的了解。

妙趣横生上海话

如果说"伊拉已经辣谈敲定了",那就是八九不离十,可称为"毛脚"了。而"毛脚"就是指尚未过门的"新妇"(媳妇)或"女婿"。

"轧朋友"通常有两种途径:一是自己认识,在工作中逐渐产生好感进而恋爱的;一是有亲戚或朋友介绍而认识的。第二种常会被人问:"侬来电了哦?"(你是否有感觉了?)"伊放电了哦?"(他是否有些意思了?)这时候,如果是女的主动追男的叫作"发电、倒贴、吃煞伊、开倒车"。

到了婚嫁年龄尚未有对象的男性是"单身汉、单吊、单飞";女性则是"剩女、老姑娘、老处女"。这几个短语是有差别的。"剩女、老姑娘"只是没有出嫁的女性,未必是姑娘身,但"老处女"一定是没有经历过男女性关系的女性。

男婚叫"讨新妇、讨娘子"。"新妇"就是"媳妇",这个词语早在晋朝就有。王羲之的碑帖《地黄汤帖》,起首句就是"新妇服地黄汤",可知这个词语是古语在上海话里的遗留。女嫁叫"嫁囡儿、嫁男人","大娘子"指的是年龄比丈夫大的女性。还有"先上车后买票"的说法,那是未婚先孕的意思。

今天要说两个熟语:

一个是"男追女隔座山,女追男隔层单"。这是说女的看中男的比较容易成功,只隔了件单布衫;男的要追女的可不容易,要隔着一座山呢!

另一个是"拉辣篮里俙是菜"。只要是菜都可以拿到篮子里来。这是指人择偶时不加任何选择,只要是异性都可以。以往上海人买菜时要带一个竹篮子用以存放各类菜蔬的。

(丁迪蒙)

2013年1月22日

上海话中表达惊讶、意想不到,都有哪些俗语或词组?

什么叫"吓煞脱人"

今天我们谈的话题是上海话中表示"使人惊奇、奇怪"的词语。主要有"奇出怪样、稀奇古怪、奇形怪状、奇奇怪怪、妖形怪状、吓人倒怪、吓煞脱人、特里特别、怪头怪脑、怪胎"等。

来看例句:

搿物事奇出怪样个,我从来也呒没看见过个。(这东西很怪,我从来也没看见过。)

啥物事奇形怪状啊,阿拉从来也呒没看到过。(什么东西怪怪的,我们从来也没看到过。)

乡下人到上海,交关物事伊看勿懂,侪是稀奇古怪个。(乡下人到上海,很多东西他看不懂,都是稀奇的。)

搿个物事看上去奇奇怪怪个。(这个东西看上去怪怪的。)

吓人倒怪个,啥物事啊?(很吓人的,什么东西啊?)

搿个人着得妖形怪状个,要吓煞脱人个。(这个人穿得怪怪的,要吓死人的。)

搿件衣裳特里特别个,着辣身浪蛮怪个。(这件衣服很特别,穿在身上挺怪的。)

怪头怪脑个物事勿要拿过来!(怪怪的东西不要拿来!)

搿个物事怪胎哦?我呒没看到过。(这个东西怪不怪?我没看到过。)

今天要说的熟语是:

(1)"勿识相要吃辣火酱"。这是在警告对方若不知好歹要给颜色看。比如:

侬当心点,闲话勿要瞎讲八讲,勿识相要吃辣火酱是哦!(你当心点,话不要乱说,要给你点颜色看看是不是?)

(2)"哭出乌拉笑嘻嘻"。有两个解释:

一是指哭笑不得的样子。比如:

搿只面孔哪能介好看啦?哭出乌拉笑嘻嘻,做啥啦?(这脸怎么这么好看啊?又像哭又像笑,为什么?)

二是指又哭又笑的样子。比如:

搿小人,刚刚还辣哭,一歇歇又笑咪!哭出乌拉笑嘻嘻。(这孩子,刚才还在哭,一会儿又笑了!又哭又笑的。)

(丁迪蒙)

妙趣横生上海话

2013年1月23日

表示心情不好、没有劲,上海话中有哪些词语?如"殟塞、懊闷痛",还有哪些类似的词?

多点开心,少点"殟塞"

心情郁闷,不舒服,不痛快,叫"殟(wek)塞";后悔而内疚心疼,叫"懊闷痛";自尊心受刺伤后很痛心想发怒,叫"响",是英语 hurt 的音译词;一种难以名状的难受,叫"响势";心情烦杂理不清,不能平静,叫"乌苏";烦恼、伤脑筋了,头也胀起来了,就叫"头大";惹人生气,烦心,就"火冒";气得一点也说不出,说"闷脱了"。

表示轻度的心情不好,有下面几个词可以形容:"厌气",是闲着无聊,感到寂寞;"气闷",是苦闷,闷在心里,不好受;"勿焐心",是心中不愉快、不满意;"膙肿",是懊丧、不愉快;"吃酸",有难堪、棘手到不好受的意思;"懊丧"是很懊恼的意思;"奥糟",是心里一团糟,不舒畅;"气数",是令人气愤,不像话,没劲;"难行",是难受、难过的意思。

表示没有劲头,没有兴趣等,有下面几个词可以表达:"茄门",是不感兴趣,不起劲,不热心;"茄搭搭",是一副没劲、松散的样子;"散松",是松弛、松散的模样;"疲沓",就是无精打采、拖拖拉拉;表现出无精打采、拖拖拉拉的样子,就是"疲沓沓";"捂",形容不爽快,久久不动;"牵丝"是迟钝、拖延、磨蹭、不爽快;"慢热",是只能慢慢热起来的意思。

表示心中不满的词,有"讨厌"、"触气",是惹人讨厌,使人生气;"惹气",也是让人讨厌;"感冒",是对某人某事很不满意或厌恶;"气得阿潸阿潸",是形容气愤之极到无力回应,只能连连喘气的地步。

(钱乃荣)

2013年1月24日

春节将临,上海人在春节中有哪些东西是有象征意义的?在张贴的图片中有哪些有表达吉祥意义的?如"吃汤团"是"团团圆圆";贴一张"帆船"年画,是"鹏程万里"。

吃年糕,节节高

春节是喜庆之节日,所以吉利语也说得特别多。如"吃圆子、汤团",有寓意"团团圆圆"的意思;"吃鲤鱼",寓"鲤鱼跳龙门"的祝愿;端出一盆大鱼,有头有尾,寓意"有头有尾"成事和"年年有余"的意思,因为"鱼"和"余"同音。吃年糕,是年年高发的象征;吃甘蔗,有"节节高"的意思;在家门上贴一张"帆船"(上海人称"篷船")年画,是"鹏程万里"的意思;把"福"字红纸倒贴,预言"福到"。

说一个谚语:"邋遢冬至干净年,干净冬至邋遢年"。

这里的"邋遢"指的是"雨多地湿","干净"指的是"大晴天"。这句话有人认为是冬至那天如下雨,那么过年时候就是晴天,或反之。实际上,这是一句描述整个冬季的雨水分布情形的气候谚语,指的是,如果冬至期间雨水多,春节期间就会天气晴好;冬至时候没有雨水,意味着春节期间多会下雨。

(钱乃荣)

2013 年 1 月 25 日
上海话当中关于睡觉有哪些俗语或词组?比如"睏梦头里、焐被头"等。

"睏"来"睏"去"睏"不醒

睡觉是人生的头等大事,只有睡好了才能有利于第二天的学习和工作。现在的都市人大都缺觉,平时睡得太少,马上就要过年了,大家正好可以乘长假的机会,好好地休息一下。睡在上海话中叫"睏",关于"睏",也有很多有趣的俗语。

首先,睡觉还可以叫"焐被头"。想想也是,特别是在冬天,能缩在暖暖的被子里实在是一种享受,不愿意起床。女子睡觉另有一种说法,叫"练美女功"。诚然,睡眠与美容确实有千丝万缕的关系。一直有这样一种说法,叫美女是睡出来的。有些人睡觉的时候会打呼噜,老派的上海话中有一个词,叫

"打昏涂"。上海话中表示睡一觉的意思时,可以说"睏一觉",老派的会说"睏一痟(huek)",这个"痟"字在古书里就有,它的意思就是"一觉"。每天要早起上班,万一睡过头了,那可就麻烦大了,睡过头我们说"睏失痟"。而"睏落痟"的意思是入睡深。如,"迭桩事体终于做好了,乃朝终于好睏落痟了",意思就是事情做完了,心里的石头也放下了,没有心事,晚上自然就能彻底地睡个好觉。又如,"昨日夜里喫仔杯咖啡,睏勿落痟了",这就属于比较倒霉的,因喝了一杯咖啡而导致晚上睡不熟。"睏"的俗语,自然都和睡有很大的关系。说一个人"睏扁头",是指一个人不知天高地厚,就好像是白日做梦那般。"睏痴懵懂"是指人因瞌睡而糊里糊涂的样子,这个词用来形容因为没睡醒而白天上班迷迷糊糊的上班族是再好不过的了。而"睏梦头里"和"睏痴懵懂"略有不同,"睏梦头里"主要就是强调在睡梦中,如,"半夜里向两三点钟,我还辣睏梦头里,辣末生头电话铃响了"(半夜里两三点钟,我还在睡梦中,突然电话铃响了),在睡梦中被电话吵醒的确不怎么舒服啊。而想象一下"睏梦头里笑嘻嘻"的样子,在睡觉的时候都笑嘻嘻的,那一定是非常高兴的事情了,所以这个词就是用来形容一个人高兴、得意的样子。

今天要和大家说一个上海话的歇后语。"叫花子拉胡琴——苦扯(差)",这个是利用了上海话中的谐音字来达到幽默的效果的。"叫花子拉胡琴",本来生活已经很苦了,还要扯琴,而上海话中"扯"和"差"又同音,因此就和"苦差"同音了。

(朱贞淼)

2013 年 1 月 28 日

上海对亲属的称谓,有很多不同于普通话的地方。姑姑不叫姑姑叫"嬢嬢",爸爸老派叫"阿爸",叔叔叫"爷叔"。今天丁迪蒙老师跟大家一起聊聊上海话里独特的亲属称谓。

上海人的亲属称谓(一)

今天让我们一起谈论上海人的亲属称谓。

一、对祖辈的称呼

太太：属曾祖辈，通常不分男女。也可称"太公、太婆"。注意不能加"老"，"老太婆"是骂人话，如说"侬只老太婆"就是你这老不死的意思了。

父系面称：爷爷、大大、尔奶、阿奶、老爹、亲娘、好婆、阿爷、阿娘。

父系背称：祖父、祖母。

爷爷是受普通话影响而有的，"大大、尔奶、阿奶"是上海浦东地区本地人对祖父的称呼；"老爹、亲娘、好婆"是苏州、常州一带人的称呼；"阿爷、阿娘"是宁波人的称呼。

在上海，只要听到称呼祖辈的叫法就可大致推断出他老家大概在什么地方了。

母系面称：大大、尔奶、阿奶、老爹、亲娘、好婆。

母系背称：外公、外婆。

外公外婆以往都是背称，面称和父系一样。

二、对父母的称呼

面称：爸爸、阿伯、爹爹、姆妈、阿妈、妈妈。

"爸爸、妈妈"是受普通话影响而有的；"妈妈"原指女佣。本地人称"爹爹、姆妈、阿妈"，宁波人称"阿伯、阿姆"。

背称：爷、爷老头子、娘。

三、对公婆的称呼

面称：公公、阿公、婆婆、阿婆。

背称：公阿爹、婆阿妈。

四、对丈人、丈母的称呼

面称：爸爸、阿伯、爹爹、姆妈、阿妈。

背称：丈人、丈人老头、丈人阿伯、丈母、丈母娘。

五、对与父母平辈的父亲家亲属的称呼

主要有"伯伯、大姆妈、爷叔（叔叔、阿叔）、婶婶、孃孃（姑妈）、姑夫"。

"叔叔"是受普通话影响而有的，"阿叔"是小孩子模仿"阿姨"的叫法。"孃孃"读如"酿酿"。

六、对与父母平辈的母亲家亲属的称呼

主要有"娘舅（舅舅、阿舅）、舅妈、姨妈（比母亲大）、阿姨（比母亲小）、姨

夫"等。

"舅舅"是受普通话影响而有的,"阿舅"是小孩子模仿"阿姨"的叫法。

七、长辈对下辈的称呼

祖辈对孙辈的称呼主要有"孙子、孙新妇、孙囡、孙女婿、外孙、外孙新妇、外孙囡、外孙女婿"。

父母对子女晚辈的称呼,主要有"儿子、新妇、囡儿、女婿"。

如尚未过门,但关系已基本敲定,则可称"毛脚",如"毛脚新妇、毛脚女婿"。

(丁迪蒙)

2013年1月29日

继续说上海话中的称谓,范围是平辈之间。比如夫妻之间称呼"男人、浮尸、老太婆"。还有呢?

上海人的亲属称谓(二)

今天接上次的话题,继续聊上海人的亲属称谓。

一、夫妻间的称呼

(1) 女性称呼丈夫。有"男人、老公"。比如:

伊拉男人(老公)回来了。(她的丈夫回来了。)

"先生"称呼是指丈夫文化层次高、书读得多的人,比如银行等高级职员。

伊拉先生是读书人。(她丈夫是读书人。)

"老头、老头子、老头邦"是年过半百的夫妻间的称呼。

阿拉老头(老头子、老头邦)今朝夜里勿辣海。(我丈夫今天晚上不在。)

还有"浮尸、老浮尸、烂浮尸、老棺材"等对自己丈夫的称呼。这是一种倒反的修辞手法,甚至有某种溺爱之意。

(2) 男性称呼妻子。有"女人、老婆、家主婆"。比如:

伊拉女人(老婆、家主婆)今朝出去了,勿辣屋里向。(他老婆今天出去了,不在家。)

"太太"的称呼,用于身份是高级白领的妻子身上。这里的"太太"与长辈的"太太"音调是不一样的,不能替换。

"老太婆"用于年过半百的老夫妻身上。"夫人"则用于称呼官太太,且职位要高些的。

二、兄弟姐妹间的称呼

上海人通常用"阿"以示亲昵。

(1) 对兄弟及其爱人称呼。有"阿哥、阿嫂(嫂嫂)、阿弟、弟新妇"。注意:只有弟弟之妻用"新妇"。这个"新妇"是古语,早在晋朝就有这样的用法了,如王羲之的《新妇服地黄汤帖》。

(2) 对姐妹及其爱人称呼。有"阿姐、姐夫、阿妹、妹夫"。还有"妹妹、妹妹头"称呼,这里的"妹"的发音和前面不同,读如普通话的四声。这个"妹头"虽也指家中小妹,却通常指最小的女儿。

三、对妻子的兄弟姐妹的称呼

有"大姨子、小姨子、大舅子、小舅子"。

四、对丈夫的兄弟姐妹的称呼

有"大伯、小叔子、姑娘"。

今天说的熟语是:

(1) "十只节头有长短",这是比喻人的能力有强有弱,不能强求。"节头"指手指头。比如:

挢桩事体勿是人人会得做个,十只节头有长短嘛!(这件事情不是人人会做的,十个手指有长短嘛!)

(2) "七十二只大头鬼",比喻倒霉透了,倒了八辈子的霉。比如:

今朝啥事体也勿顺,真是触霉头,碰着七十二只大头鬼了。(今天做什么事情都不顺,真是倒霉透顶。)

(丁迪蒙)

2013年1月30日

上海人为什么取名"火车、轮船"?为什么叫"黄包车、汽车、卡车、吉普卡、差头、黄鱼车、榻车、大篷车"?

妙趣横生上海话

交通工具名称拾趣

　　上海开埠后,我国第一条铁路——吴淞铁路在上海诞生,上海人是最早看到火车的。上海人为什么对它取名为"火车"?因为当时"火车"是火力烧煤推动蒸汽机产生动力的,所以取名"火车"。世界上的交通工具只有"轮船"是没有"轮子"(除现在尚未推广的"磁悬浮列车"外)的,上海人为什么取名为"轮船"?那时因为上海人在黄浦江上初次看到机动船也是用火力驱动的,在当时的轮船上面中央,有两个很明显并排的大齿轮转动着。原来上海人使用"扯篷(帆)"风力驱行,现在见到火力驱行,就取名为"火轮船",用了一段时间后,双音节化,成为"轮船"。

　　当年,新的交通工具在上海频频出现,上海人见一样新出现的车子,就取一个名字。比如先是有用很大的单个木轮手推的车子,称它为"独轮车";后来人力车不断进步,有了从东洋(日本)来的"东洋车",后来英租界工部局统一管理,对这种"包车",把它的车背都涂成黄色的,就称为"黄包车";后来有了用汽油(隄士林)开的小轿车,上海人叫它"汽车"。轿车和汽车英语称car(卡),上海人有了汽车的名词后,慢慢将"卡车"这个名词转义为称装载货物的大汽车了。上海有了jeep车以后,又就jeep和car合成一个"吉普卡"车,也称"吉普车";上海人民间叫"出租汽车"为"差头",那是英语charter的音译词,charter是"包租"的意思,上海那个年代的载客收费人力拉车,也称为"包车"的,如"黄包车"。1919年第一家上海人创办的祥生汽车出租公司初创时,仅有一辆出租车,是每次包租给客户用的,每出租客用一次称"一差"(charter的缩略读法),一天可租二三差。直到现今的出租车司机还有称今天我做了几差的。直到40年代末,出租汽车,还是正式称呼为"出差汽车"的,80年代后恢复这种taxi,现在称为"出租汽车","租"是意译,"差"是音译,实际都是从起源来的称呼,和现在该车的功能的准确描述有点距离。其实正式的称呼称"出租汽车"词太长,称"计程车"也不确切,还是称呼"的士"最好。

　　在五六十年代,有些人力车的取名也颇有趣,如像上海称"货色车"那样,

156

从公用的角度,把小菜场上经常装载"黄鱼"的车称为"黄鱼车",把前有人背拉,后有人手推的双轮平板装货车称为"榻车"或"老虎榻车"。

(钱乃荣)

2013 年 1 月 31 日

上海在近现代吸收了大量的音译词,如"沙发、马达、马赛克、萨克斯、高尔夫",后来都被普通话吸收了。还有没传入普通话的,比如"水门汀、司的克",你能再举出一些例子吗?

外来语无处不在

上海作为一个国际性的大都市,在近现代,吸收了大量的外来词(即音译词),如"沙发(sofa)、马达(motor)、马赛克(mosaic)、麦克风(microphone)、维纳斯(venus)、咖啡(coffee)、可可(cocoa)、咖喱(curry)、柠檬(lemon)、课程(course)、加拿大(Canada)、丹麦(Denmark)、秘鲁(Peru)、伦敦(London)";有的音译词后面加了一个表示大类的语素,如"啤酒(beer)、卡片(card)、萨克斯风(saxophone)、高尔夫球(golf)、华尔兹舞(waltz)、霓虹灯(neon)、卡通片(cortoon)、牛轧糖(nouget)"等。这些词后来都被普通话吸收了。有许多词一看就是由上海话语音翻译的。

其实上海话中还有更多的外来语,比如"水门汀(cement)、司的克(stick)、扑落(plug)、凡尔(valve)、引擎(engine)、腊克(lacquer)、克罗米(chromium)、泡立水(polish)、围丝(waste)、水汀(steam)、戤司(gas)、派力司(palace)、凡立丁(valitine)、开司米(cashmere)、土司(toast)、布丁(pudding)、白脱(butter)、白兰地(brandy)、罗宋汤(Russian)、苏打(soda)、阿司匹林(aspirin)、来苏尔(lysol)、凡士林(vaseline)、老虎窗(roof)、法兰盘(flan)、道林纸(dowling)、拍纸簿(pad)、米达尺(meter)、司必灵锁(spring)、茄克衫(jacket)、雪纺绸(chiffon)、乔其纱(georgette)、法兰绒(flannel)、阴丹士林布(indanthren)、倍司(bass)、梵哑铃(violin)、披耶那(piano)、沙蟹(show hand)、道勃儿(double)、司到扑(stop)、搞尔(goal)、捎(shoot)、哈夫(half)、派对(party)、戳

子(chop)、台头(title)、派司(pass)、司答脱(start)、番司(face)、克拉(colour/carat)、磅(pound)、打(dozen)、听(tin)、令(rean)、加伦(gallon)等。

同个时期,广州话也吸收了一些外来词,像"沙律(色拉)、朱古力(巧克力)、车呔(车胎)、摩打(马达)、迪士高(迪斯科)、忌廉(冰淇淋)"等,不过后来进入普通话的都是按上海话的用字。

(钱乃荣)

2013 年 2 月 1 日

今天说说上海话里的"刮"。"刮三、刮辣松脆、一刮两响",您还能想出哪些和"刮"有关的俗语和用法?请朱贞淼老师和大家一起来聊聊。

"刮皮"又"刮三",做人吃不开

上海人形容事物特性非常形象,因为上海话有入声,发音短促果断,因此在某些形容词里的入声字读起来就更有节奏感。比如在上海很流行的一种小吃"脆麻花",那咬起来是叫一个脆啊。我们有个非常生动的形容词叫"刮辣松脆(guak lak song ce)"。四个字里有两个入声,这样的象声形容词读起来马上就给人一种身临其境的感觉。仔细想想,上海话中这样的形容词中用到"刮"字的还不少,如"石刮挺硬",就表示东西非常坚硬;"赤刮辣新",表示东西是崭新的;"淡洁刮辣"说明吃的东西淡而无味;"寿头刮气"是说一个人傻里傻气,不灵活。

除了这样的形容词里有"刮"之外,还有别的不少词里也有"刮"。如"刮皮"是说一个人小气,专门想得到别人的钱财而自己却不想给别人。而"刮皮鬼"就是专门指这样的人,也就是小气鬼。"刮散"这个词我们经常说,有时候也写成"刮三"。它的意思有两个,一个是指事情败露了或者被拆穿了。如,"伊结好婚还辣外头寻小姑娘个事体,现在刮散了"(他结婚后还在外面找情人,这件事情败露了)。所以有些事情是万万做不得的,否则一定会败露。另一个意思是难堪、尴尬。比如男孩子亲了女朋友一口,女孩子害羞了,说"覅迭能介呀,拨人家看到末,刮散勿啦"(不要这样呀,让别人看到,多难堪),娇嗔的样态瞬间体现。天冷,有些女孩子要风度不要温度,衣服穿得少,难免"刮刮抖"。有时候我们说这个人是"的的刮刮"的老上海人,这里的"的的刮刮"又是什么意思呢?它就相当于完完全全、确确实实,也就是说,这个人是一个非常正宗的上海人,如假包换。"一刮两响"是指干脆,它可以用来形容言谈、办事,也可以用来形容干果。

今天要和大家说一句上海话中的句子,"我辫辈子认得侬"。字面上的意思就是,我这辈子认识你。是什么事情要让一个人一辈子都记得另一个人呢?那自然是不太好的事情。所以一般只有在有了深仇大恨的时候才会这么说,千万别以为对方是真的因为想念你而把你牢记在心哦!

(朱贞淼)

2013年2月4日
以前过年家庭聚会时,经常要找邻居借凳子,上海话中凳子都有哪些说法和种类呢?借凳子有哪些故事呢?比如"矮凳、春凳"。

林林总总的凳子

过去每逢过年家庭聚会,经常要找邻居借凳子,那么,上海话中凳子都有哪些说法和种类呢?今天我们谈论的话题就是有关矮凳的。

上海方言里的凳子种类有不少,一般可以这么说:"侬拿只矮凳过来。"(你拿只矮凳过来。)这个矮凳只是凳子类,细分的话有不同的叫法。

一、矮凳、小矮凳

通常是指凳子,没有靠背的凳子。

有个比喻用法大家要留意:"矮凳料、柴爿料",说的是人的用处。说这是"矮凳料",用处虽比不上做大橱、做桌子的料,却还是有用的;如果说是"柴爿料",那就毫无用处,只能烧掉了。

二、板凳、小板凳

木板做的硬的凳子。也有比喻用法的:"硬板凳、冷板凳"。

"硬板凳"形容其硬。比如:

我今朝坐了一天个硬板凳。(我今天坐了一天硬凳子。◇表示自己坐得很辛苦、不舒服。)

"冷板凳"比喻遭受冷遇。比如：

伊勿睬我,叫我坐了一天冷板凳。(他不理我,让我白坐了一天。)

根据凳子的形状和用处的不同,还可以细分为"长凳、方凳、圆凳、骨牌凳、帆布凳、折叠凳、汰脚凳、浴凳"等。

还有种叫"春凳"的,比一般长凳要宽一些、长一些,以前是做为性爱工具使用的,现在知道的人已不多,一般在家里可代替桌子,在凳上放些小菜,小孩子就坐在周围吃饭。

三、椅子

凡后面有靠背的凳子叫椅子。有"靠背椅、靠手椅、转椅、藤椅、躺椅、帆布椅、太师椅、摇椅、老板椅、休闲椅、沙发"等。

"沙发",来自英语 sofa 的音译。这是上海人用上海话直接音译过来的,指一种特别软的坐具。"沙",上海话声母不卷舌,韵母读 o,不是 a。普通话叫它为 shafa,和英语的发音完全不同。

今天要说的熟语是：

(1)"闲话多,饭泡粥",是嫌人话多,烦得很的意思。在上海话里"饭、烦"同音。比如：

侬哪能介烦啦,闲话多,饭泡粥。(你怎么这么烦啊,话真多,真是烦透了。)

(2)"阿咪咪,蛋炒饭",指谈也不必谈,这事没谈的可能性。在上海话里"蛋、谈"同音。比如：

侬要我来做辣桩事体？阿咪咪,蛋炒饭。(你要我来做这件事情？我不会做的。)

(丁迪蒙)

2013 年 2 月 5 日

上海人在吃年夜饭时,座位应该如何来安排？怎样形容喝多了酒之后的状态,都有哪些形容词？

吃饭时坐法有讲究

上海人在吃年夜饭时,座位应该如何来安排?怎样形容喝多了酒之后的状态,都有哪些形容词?马上要过年啦,想和大家聊的话题是过年时吃饭。这个饭不是平常日子里吃的,因此上海人把它叫作"吃酒水"。

吃酒水,首先讲究的是座位。

就坐有一定的规矩。一般分为上首和下首,上首是尊位,通常是指对着门,或者靠左的那一侧;下首是卑位,通常是靠外或者靠右的一侧。

通常斟酒或添加饮料是晚辈的事,点菜则由最后付账的人负责。主人请客人点菜是一种客套,若非很熟,千万不要去点。

上菜也有讲究。

首先是冷盆。客人尚未入席,冷盆应该已经摆在桌子上了。通常有四到八碟冷菜,或者一个大拼盘,里面也须装满四到八样冷菜。上海人家做冷盆的通常有:烤夫、肚子、糖醋小排、牛肉、熏鱼、海蜇、皮蛋、门腔(猪舌头)、如意(黄豆芽)、黄瓜、色拉、油爆虾,等等。

客人就座后倒酒或饮料,然后先让大家品尝冷盆,随意说话。

其次是上热炒。热炒同样要上四到八样。通常有:虾仁、地梨肉片、鳝丝、腰花、猪肝、鱼片(甩水)、鸡丁、清蒸桂鱼、双菇冬笋、芹菜百合、荠菜肉丝羹,等等。

第一道热炒一般会上"清炒虾仁"。这炒"虾仁"作为第一道热炒是大有深意的,这是讨口彩,因为在上海话中"虾仁"和"欢迎"是同音,为了让客人有"宾至如归"的感觉而作为头道热炒送出的。

然后上的是大菜,主要有:栗子鸡、八宝鸭、走油蹄髈、水笋烧肉,等等。

接下来要上点心,有:圆子、水果羹、馄饨以及各类糕点。

最后上汤。这个汤通常是暖锅。暖锅中的食料大都是熟的,有肉禽类,也有蛋饺、鱼、肉圆等,只有菠菜和线粉(粉丝)是等开锅后放入的。汤底通常由鸡鸭骨及猪骨熬制的膏汤,鲜美可口。因为是最后的汤,菜已经吃多了,因此这个汤是完全不放盐的。

上海人过年也喝点酒助兴,但一般是浅尝。所谓"老酒渳渳(mi)",不喜欢贪杯。因为喝多了会产生副作用,"酒水糊涂、开齐橱门、穷呕八呕、呕得一天世界、神志野胡"。

"酒水糊涂"是形容喝酒多话多、举止随意,而这些都是讲究体面的老上海人特别在意的。他们希望自己一直是仪表堂堂,因为再喝下去就要"开齐橱门"了——"穷呕八呕、呕得一天世界(一塌糊涂)"的结局是不被人喜欢的,是他们不愿意让人看见的。

(丁迪蒙)

2013 年 2 月 6 日

昨天说了年夜饭,今天来说说上海人年三十到年初三的习俗。上海土话里管"大年夜里"有哪些叫法?年初一过去都有怎样的"拜年"仪式,吃些什么?说些什么庆贺的话?

迎春纳福过大年

上海人过新年,从"年脚边头"(年底)、"年三十夜"(除夕)到年初三,庆祝的活动是很多的,大家辛劳了一年,无论穷富人家,都想庆祝一番,一家人聚在一起,欢欢喜喜过年。

"年脚边头",除了"送灶"(把一年一度的灶家菩萨送上天,迎接新的灶君上灶)活动以外,还有一个重大活动是"掸檐尘",就是对庭院和房间进行大扫除。再在大门上贴上新的春联,上海人原称为"贴门对"。常见的春联有"爆竹一声除旧,桃符万户更新"、"三阳开天地,五福集重门"等。在厅堂里,"贴年画",换新的年画贴上,有初春耕牛图、胖孩鲤鱼跳龙门、文武财神、四季平安等的吉祥图。"插瓶花"也是一个活动。桌上放水仙花,瓶里插上"天竹腊梅",还有如意佛手,带来满室清香。

在年三十夜,一家人团聚吃"年夜饭"。好的东西很多,如:"厚百叶包肉",雅称"如意卷";"油豆腐黄豆芽",称为"如意菜";鸡蛋和肉红烧后蒸制,称为"元宝肉";全鸡全鸭等全备,讨个口彩"全家福";炮仗声声,催人振奋,旧时还有驱邪除鬼的意思。其中有一种名唤"高升"的炮仗,寓意"新年高升"的愿望。有的父母把"压岁钱"放孩子枕头底下,有的在年初一早上分发"压岁钱"。

　　大年初一,先要"拜年",一拜天地,炮仗声中送旧岁,寒梅香里迎新春;二拜四方,迎春接福,吉祥如意;三拜长辈,福长寿长,开心健康。有的家庭小孩、老人身上还"挂花钱",这种大大的圆似铜板的"花钱",上面有"八卦",有"梅鹿"等图案,有"寿"、"福"、"长命百岁金玉满堂"等字样。邻舍相望,一句"恭喜发财",或者"新年大喜";有的草班来凑热闹,大唱:"恭喜发财,元宝搭台,老兄今年大发财,大大元宝滚进来。"第一顿饭大都吃年糕,看作是一种瑞兆"年年高",生活年年升高;相配糯米圆子长面条,既是高升,又是团圆,还有长命百岁。亲戚朋友来拜年了,请他们"吃盖碗茶",那种"盖碗"上有一个圆的盛处,放上两只青橄榄,和茶一样先苦后甜。"橄榄"在江南都被誉称"元宝",所以称为"喫元宝茶"。再如"开果盘",打开大桌上分格子陈列的那种漆器或银器、瓷器做成的果盘,呈现在眼前的是各种瓜子、果糖、蜜枣、桂圆、糖莲心、蜜饯、橘红糕、花生、荸荠、芝麻糖等,五花八门,琳琅满目,还有橘子、香蕉等。抓住瓜子说"子孙满堂",抓住黑枣就是"早讨新娘"、"早生贵子"、"早早发财",抓住糖块就是"甜甜蜜蜜",孩子们也围着欢笑,十分热闹。

　　这些都是上海传统的除旧迎新民间习俗。

(钱乃荣)

2013年2月7日

　　昨天钱老师跟大家分享了上海人从"年脚边头"到年初三的传统习俗。今天钱老师跟大家接着聊。请听众朋友说说,上海人从年初四到年十五元宵节,有哪些民俗活动?

欢欢喜喜闹元宵

　　初四夜至初五的子时,是接财神的日子。一大早就要买活蹦乱跳的大鲤鱼。有的用红色丝线穿着鳍,有的用红纸贴在尾巴上,那鱼的头尾会翘起,活像一只大元宝,所以鲤鱼又称"元宝鱼"。卖鱼者把鲤鱼送上门,可讨得一个

妙趣横生上海话

"送元宝"的彩头。还有人准备"羊头",因为"羊"与银洋钿的"洋"同音。

上海人过去接财神,把初五那天作为"五路财神"的诞生之日。接财神要到财神路头前去接,称为"接路头"。子时是半夜11点到凌晨1点钟的时辰,就在这时,炮仗声最响,还要吃路头酒。在过去,公司职工实际上很怕这财神日,因为这天,老板要请职工去"吃财神酒",如果不请你去吃,那就是被解雇,第二天他就失业了。也有的虽请你去,每人发个红包,如果你的红包里多一张"另请高就"的纸,那就要另谋生路去了。

正月初七,旧称"人日";正月初八,旧称"稻日",都有节庆活动。上海城隍庙的"新年庙市"也很热闹,正月初三,城隍庙的"内园"历年举办"梅花会"活动,各色店铺,杂货毕陈,售卖玩具杂耍的摊贩随处皆见,红男绿女,熙来攘往。

正月十五是元宵灯节,全民挂灯赏灯。张灯的日子实际上从正月十三到十八夜。十三叫上灯日,灯的式样五彩缤纷,有元宝灯、蝙蝠灯、荷花灯、金蟾灯、聚宝盆、顺风船、走马灯、鲤鱼灯、蚌壳灯等,还有各种成套的有典故的文化灯,如"渔樵耕读"一套四个故事,都有人物,还有"酒色财气"等。孩子玩的是内点蜡烛的竹架纸扎的兔子灯。还有灯谜活动。十五夜是高潮,丝竹雅唱,龙灯狮球,荡湖船,调枪花,热闹非凡。还有吃元宵,就是吃圆子,有搓成细小的珍珠圆,也有荠菜圆。十六要吃所谓"财亭馄饨",还有就是"上灯圆子落灯糕,团团圆圆日日高"的说法。上海的妇女有"走三桥"的风俗,走的名叫"益庆、长生、如意"三座桥。

(钱乃荣)

2013年2月8日

过年了大家可趁着假期补补觉了,那上海话中形容睡觉姿势的都有哪些俗语或词组呢?

坐有坐姿,"睏"有"睏相"

马上就要过年了,大家真的可以乘这段时间好好休息一下,当然,也不能睡得太过头,过犹不及。睡得太多并不能缓解人的疲劳,反而会让人有困乏的感觉,也对放假完毕再次投入工作不利。记得前一段日子和大家说过带"睏"的俗语,如今大家可以无忧无虑地睡觉了,那睡觉的姿势自然就各种各样了。有些人睡觉姿势不错,一个晚上下来,被子啊、枕头啊还是好好的;有些人就不对了,或者被子一半掉在了地上,或者整个人就没睡在枕头上,更有甚者说不定还会来个180°的转弯,醒来时发现脚在自己的枕头上啦。

好了,言归正传,我们来说说睡相。睡在上海话里就是"睏",所以睡相就是"睏相"。有人喜欢"合扑睏",那是脸朝下的一种睡法,自然对身体不太好。它的相反的姿势就是"朝天睏",脸朝上那样地躺着。当然,科学上说,侧睡是最好的。我们叫"侧转睏",这里的"侧"读 zek,和普通话的声母不同,也是更加符合古音。有些人睡的时候,一条腿会弯曲起来,从旁边看起来就好像是搭了个帐篷,所以上海话中非常形象地把它称为"搭棚睏"。

说完了睡觉的姿势,我们再顺便说一点和新年有关的俗语。上海话中的"新年新岁"一词中,"岁"读 sy,音同"水",这也是保留古音,宁波话中的"岁"也是类似的读法。快过年了,我们说"年夜快"或者"年夜头","年脚边"或者"年脚头"。上海话中的"小年夜"和北方话中的小年夜一词指的具体日期是不同的,这个很容易造成误解。北方话中的"小年夜"是指除夕的前一周的那一天,而上海话中的"小年夜"则是指除夕的前一天。除夕我们是说"年三十"和"年夜卅边"。明年,老派的上海话是说"开年"。

(朱贞淼)

2013 年 2 月 18 日
  新年第一期,调调"花样经"。丁迪蒙老师出个题目,请大家一起来组词、造句。说到上海话里"有门路、有窍门",听友们都能联想到哪些词语,能用这些词语造句试试看吗?

他是个"老门槛"

  新年第一期,调调"花样经"。今天来说说上海话里有关"有门路、有窍门"的话题。主要有"有路、有门路、有脚路、有法道、法道粗、路道"等。

"有路、有门路"有两个含义：

一是表示有办法。比如：

借辣两本书侬有路哦？（借这两本书你有路子吗？）

二是表示有后门。比如：

要寻人去办辣桩事体，侬有门路哦？（要找人去办这件事情，你有门路吗？）

"路子"也有两个含义：

一是表示门路。比如：

伊路子粗，啥地方侪搞得定个。（他路道广，什么地方都搞得定的。）

二是表示道儿。比如：

辣个人路子勿正，勿好去搭讪个。（这个人路子不正，不要去搭理。）

路子不正也叫"歪（hua）路子"。比如：

勿好走歪路子，拿钞票去搞定总归是勿好个。（不能走歪路，拿钱去搞定总是不好的。）

再看"法道、路道"：

伊法道粗，人家搞勿定个伊侪好搞定。（他办法多，人家搞不定个他全能搞定。）

阿拉是呒没啥路道个，侪靠个人打拼咾！（我是没什么门路的，全靠个人打拼啊！）

做事通情达理，够朋友、讲义气叫"上路"：

迭个人做事体邪气上路个，要末勿答应，答应下来就勿会拨人家吃空心汤团。（这个人做事情很够朋友，要么不答应，答应下来肯定办好。）

表示"窍门"的主要有"窍门、窍槛、奥窍、挖儿丝、门槛"等。

且看例句：

做随便啥事体侪要寻窍门个呀！哪能好戆做个啦！（做任何事情都要找窍门的呀！怎么可以傻做呢！）

呒没窍槛哪能好做事体呢？（没窍门怎么能好做事情呢？）

侬懂了辣眼奥窍事体就办得成了。（你懂了这些窍门事情就办得成了。）

"挖儿丝"是 ways 音译的引申。有两个方面的含义：

一是表示办法、窍门。比如：

搿个里向肯定有得挖儿丝个。(这个里面肯定有窍门。)

二是表示噱头。比如:

搿个人老有挖儿丝个。(这个人很有噱头的。)

"门槛"也有两个含义。

一是表示标准或条件。比如:

北大门槛高,勿是阿猫阿狗侪考得进去个。(北京大学录取标准高,不是什么人都考得进的。)

二是指猴子,英语 monkey 的音译。引申指计算得失的本领、窍门。"门槛精"就是猴子精的意思。比如:

搿个人老有门槛个,伊门槛老精个,是只老门槛啦!(这个人很精明,简直就是猴子精。)

（丁迪蒙）

2013 年 2 月 19 日

上海话中形容人长得好看都有哪些俗语或词组？比如"标致、奶油"。

长得"标致、登样"

今天我们谈的话题是：上海方言中形容人美丽、好看的词语有哪些？

对男性、女性的用词不同,要分别来看。先看女性。和普通话表达一致的形容女性"漂亮、好看"的有：

搿个小姑娘邪气漂亮。(这个姑娘非常漂亮。)

伊老好看个哎。(她很好看。)

和普通话不一样的。形容女性的有"标致、登样、趣"：

小姑娘邪气标致个。(小姑娘非常漂亮。)

搿女个长得邪气登样。(这女的长得非常好看。)

搿姑娘蛮趣个。(这姑娘挺漂亮的。)

有网友提出还有"嗲"。其实"嗲"来源于英语的 dear,意思是"娇柔、妩媚、姿态有魅力",和长相不一样。有的女性长得并不好看,但她却是举止得体,谈

吐优雅,性情温柔,眼神妩媚,很得男人喜欢,这就是"嗲";在上海,好看却不会"嗲"的女性不多,不好看却很会"嗲"的却很多。

有网友提出"摩登"。实际上这是英语 modern(时髦)的音译了。同"嗲"一样,它也不是说女性漂亮,而是说她穿着前卫,打扮得洋派、新潮。有的女性虽然好看,却穿着不得体,就不是"摩登"。

类似的还有"上台面、耐看",都是指女性不算漂亮,也不丑,但气质不错的意思。

再看男性。形容男性外貌的词有"帅、卖相好、奶油":

搿个小青年老帅个。(这个小青年挺帅的。)

搿个人卖相瞎好!(这个人的外貌非常好!)

伊长得蛮奶油个。(他长得挺好的。)

"奶油"不是那种男性威武的阳刚美,而是带有女性化那种妩媚的感觉。

另外还有"克拉、噱头、风度、派头",比如:

侬勿要看伊年纪大了,伊是个老克拉哎!(你不要看他年纪大了,他是个老时髦哎!)

伊长得蛮有噱头个。(他很有气质。)

伊老有风度个。(他很有风度。)

搿个人派头大。(这个人气派大。)

这些词语都描写男性气质好,并不是只指外貌的英俊。有气质、有派头的不一定长得好看,长得好看又未必是有派头的。

今天要说的熟语是:"金窠银窠勿如自家狗窠"。

"窠"读如"科"。比如:

我还是欢喜蹲辣自家屋里,金窠银窠勿如自家狗窠。(我还是喜欢待在自己家里,金窝银窝不如自己的狗窝。)

普通话也有类似的说法,即"金窝银窝不如自己的狗窝"。

(丁迪蒙)

2013 年 2 月 20 日

人身体的头部、手脚两部位上,上海话中有哪些称呼名词与普通话叫法不同?如"*面孔、鼻头、手臂把、脚节头*"等。

从"头"到"脚"

有关人体部位的称呼,上海话与普通话叫法不同的有以下这些:"骷颅头",指的就是头;"骷郎头"也是头,但多指活人的头部;"头顶心",是头顶;"头塔",指头顶和头顶周围部分;"头皮屑"就是头屑;"面孔"和"番斯",都是脸;"面架子",是脸庞;"额角头",是额头;"面结骨",是颧骨;"上霍",是上颚;"眼眉毛",是睫毛;"眼泡皮",是眼皮;"眼潭",是眼眶;"眼乌珠",是眼珠;"眼仙人",是瞳仁;"眼梢",是外眼角或眼风;"眼泪水",是泪水;"鼻头",是鼻子;"鼻头洞",是鼻孔;"胡苏",是胡须;"小头发",是鬓毛;"酒靥",是酒窝;"耳朵皮",是耳朵;"嘴唇皮",是嘴唇;"牙子",是牙齿;"老虎牙",是虎牙;"奶牙",是乳齿;"尽根牙",是智齿;"牙肉",是牙龈;"馋唾水",是口水;"耳朵洞",是耳孔;"小耳朵",是耳朵旁的凸起物;"耳马",是耳屎。

"手臂把",是手臂;"济手",是左手;"顺手",是右手;"臂撑子",是胳臂肘子;"三角叉",是肘部;"手底心",是手心;"手节头",是手指头;"手节掐",是手指甲。

"脚盔子",是小腿;"脚髈",是腿;"大髈",是大腿;"小髈",是小腿;"脚馒头",是膝盖;"黄鱼肚皮",是腿肚子;"脚底板",是脚底;"脚板头",是脚板;"脚底心",是脚心;"脚节头",是脚趾;"大骱",是膝弯、肘弯。

有关人体部位的词语,是语言的最基础词语,上海话与普通话的人体部位名词差别如此大,可见两者的差异还是挺大的。

(钱乃荣)

2013 年 2 月 21 日

老上海弄堂里,那些手工小摊头老行当,如今已经不多见了。今天钱乃荣老师跟大家聊聊"手工生活做买卖"的上海街巷中一些"老行当",如"箍桶、补碗、剃头匠、铁匠、修洋伞、卖梨膏糖"等。你能再说出一些吗?

妙趣横生上海话

上海"老行当"

　　上海开埠后,各行各业兴隆发达,有"三百六十行,行行出专家"之称,这里回忆并谈谈关于"手工生活做买卖"的上海街巷中一些"老行当"。

　　"工匠"中,有"箍桶个"、"补碗个"、"补镬子个"、"钉秤个"、"铁匠"、"铜匠"、"木匠"、"泥水匠"、"圆竹匠";还有"修棕绷个"、"弹棉花个"、"织补个"、"修钟表"、"削刀磨剪刀"、"修洋伞"、"做饭箩个"等。

　　"手艺人"中,有"饭司务"、"成衣匠"、"奉帮裁缝"、"小皮匠"、"剃头匠"、"扦脚个"、"裱画个"、"吹糖个"、"捏粉个"等。

　　做小生意的,有"卖梨膏糖"、"卖糖粥"、"卖柴爿馄饨"、"烘山芋"、"大饼油条摊"、"卖糖山楂"、"卖豆腐花"、"卖臭豆腐干"、"卖芦黍"、"卖眼衣裳竹"、"卖沙角菱"、"卖草席个"、"收旧货个"等。

　　做力气活的,有"脚夫"、"车夫"、"清道夫"、"送报个"、"卖票个"、"擦皮鞋个"等。

　　"做人家"的上海人,处处修修补补,小吃小喝,过着平常日子。

（钱乃荣）

2013年2月22日

　　我们身边常有两类人,一种平日默默无闻,但到了真做事的时候毫不含糊。另一种截然相反,平常夸夸其谈,但往往办事的时候一塌糊涂。这两类人在上海话里有哪些称呼,今天和朱贞森老师一起来聊聊。

"有力把"的人不"掼派头"

　　平时生活中接触各式各样的人,有些人默默无闻但是言出必行,有些人很有渠道却非常低调;而有些人平时虚张声势,等需要他帮忙的时候,连影子都看不见了。上海话中也有不少俗语是形容这两类人的,我们一起来看一下。

　　先说前面那一类人吧。有些人特别有办法，社会上不管遇到什么问题他都能有办法去解决，这样的人我们称其"有力把"。同样"路道粗"也是形容一个人人缘广，很有门路，善于打通各种关节。这样的人"面子大"，有时候我们还说"面孔就是张护照"，意思就是光凭他这张脸就能通行无阻。"有派头"这个词有时候也可以用来形容一个人有办法，有面子。最近有一个新的流行语叫"香飘"，这个词是形容一个人的言语、行为得体，潇洒，有派头，也可以说一个人办事办得非常漂亮。

　　而与此相反，有一些人我们交友的时候就要谨慎了。"有派头"的人自然好，但如果这个人只会"掼派头"、"掼浪头"，那就要当心点了，他只会虚张声势，其实是没有什么本事的。这类人我们也可以形容他们是"豁胖"。这些人为了自己"扎台型"，也就是说，为了自己要出风头，争面子，说出一些不实际的话来。有些人会"开大兴"，他们最初答应你的事情，最后可能会说话不算数。有些人还会"摆功架"，自己装出一副很行的样子，结果只是摆出来让别人看看的，真实的本事一点也没有。

　　今天给大家介绍一个上海话的熟语，"前世一劫"。这个词形容双方似乎是前世欠债那般，不是冤家不聚头，不过有时候也有调侃戏称的感觉在里面。如，"迭两个小朋友见面就要吵，真的是前世一劫啊"（这两个小孩见面就吵，真是前世冤家）！

（朱贞淼）

2013年2月25日

　　上海人讲"吓"，和形容"吓"的状态和程度，有哪些词语可以用，请你想一想。如"吓一跳、吓咾咾、吓得心别别跳"，还有吗？

"吓人倒怪"

　　"吓一跳"，就是"吃一惊"的意思。平时担惊受怕时，心有点儿虚，就说有点"吓丝丝"、"吓咾咾"，这是有点怕的感觉。比如说："我一听见要搬场个消

息,就有眼吓丝丝!"(我一听到要搬家的消息,就有点怕。)还有"怕丝丝",也是近义的说法,指心里有点害怕。"吓人倒怪"也是怪到使人害怕的意思,要吓死人了。"伊讲出来个闲话真有点吓人倒怪个!"(他说出的话真有点让人害怕!)"伊今朝个打扮吓人倒怪个!"(她今天的打扮太恐怖了!)后一句有点儿夸张。有时候,遇到可怕的事情,或遇到一点感到惊奇的事情,也可以说"吓人"、"吓煞人"!受惊厉害,可以说"吓得要命"。

形容受惊吓的程度和状态,有以下种种常见说法:吓得"汗毛凛凛","汗毛也竖起来","刮刮抖","心别别跳","灵魂出窍","手脚冰冷","脚花(脚力、应付的架势)乱了","昏过去","心脏病发作"等。

(钱乃荣)

2013 年 2 月 26 日

上海话中,形容一个人厉害,用些什么词?如"强凶霸道、恶形恶状"。

看看哪个更"结棍"

形容一个人厉害,可以从几个角度来看。

从行为上看用词,有:"极形极状",十分急迫,迫不及待;"极里极响",气急败坏、急不可耐的样子;"胡摇八只脚",手舞足蹈、劈头盖面;"穷凶穷恶",拼命似的;"恶形恶状",很急迫,很不堪入目;"恶死做",做得别人走投无路,做死做绝;"恶做",出人不能,出人不料;"狠剥剥",气势汹汹;"杀搏",厉害,彻底;"结棍",厉害,着实;"强横",蛮不讲理;"恶狗挡路",强横拦路;"狠搏搏",很凶狠的样子;"狠三狠四",横蛮,凶狠的样子;"杀坯",暴戾强横的人。

从手段上看用词,有:"辣手",手段狠;"老辣",手段老练厉害;"辣手辣脚",手段毒辣厉害;"剎枯",过分苛刻。

从心理上看用词,有:"毒心毒肺",心眼恶毒;"黑心黑肺",毫无良心;"恶里恶掐",恶毒得很;"杀辣",厉害,干脆;"杀掐",花心思损别人。

从态度上看用词,有:"猛门",是态度强硬,讲不上理的意思;"强凶霸道",凶狠霸道,蛮不讲理;"强凶极恶",蛮横得很;"强横",强词夺理,蛮不讲理。

从言语上看用词,有:"吆五喝六",神气活现地吆喊。"蛮横",蛮不讲理;"横对",对着干,蛮不讲理;"横理十八条",歪理很多,不讲道理;"吃饱生米饭",不讲道理,不可理喻;"凶得要死",凶得不得了。

(钱乃荣)

2013年2月27日

上海话里有个经典笑话,"伊讲伊戆伊讲",成为上海话博大精深的代表。前面四个字很好理解——"他说他傻",最后这个"伊讲"究竟怎样翻译成普通话更恰当?今天丁迪蒙老师和大家一起来聊聊。

"伊讲伊戆伊讲"

上海话里有个经典句子叫"伊讲伊戆伊讲",几乎成了上海话博大精深的代表。整句意思是"他竟然说他蠢"。这是每个外地来上海的人都会感到非常好玩的一个句子。因为发音实在是相似,但表达的意思却是不同。今天我们就来聊一聊吧。

前面四个字很好理解——"他说他傻",那最后这个"伊讲"究竟怎样翻译成普通话更恰当呢?

先分析一下这个句子的构成:

"伊讲(他说)伊戆(他蠢)伊讲(竟然)"。

处在最后位置上的"伊讲"通常有两个解释:

一是属口头语,接续在一句话后面,没什么实义。比如:

伊讲明朝来吃夜饭伊讲。(他说明天来吃晚饭。)

伊讲夜里出去白相伊讲。(他说晚上出去玩。)

伊讲三点钟开伊讲。(他说三点开。)

伊讲台子老啥揩揩伊讲。(他说桌子什么的擦擦。)

伊讲拿苹果吃脱伊讲。(他说把苹果吃了。)

二是表示强调,含竟然之意。比如:

今朝介忙个,伊打电话来讲生毛病了伊讲。(今天这么忙,他竟然打电话

来说生病了。)

　　李师傅讲伊今朝勿来了伊讲。(李师傅竟然说今天不来了。◇原先说来的。)

　　老三讲好一道去个,现在来讲勿来了伊讲。(老三说好一起去的,现在竟然来说不来了。)

　　我讲勿来,伊也勿来了伊讲。(我说不来,他竟然也不来了。)

　　㑚去伊就勿去了伊讲。(你们去的话,他竟然就不去了。)

　　注意,"伊讲"通常指的是第三人称单数,如果是群体就不用"伊讲"了。

(丁迪蒙)

2013年2月28日

　　上海话里有种句式叫"穷×阿二(腻)头",比如"穷吃阿二头、穷做阿二头",你知道这种句式是什么意思吗?为什么这个句式里用"阿二头",而不是"阿大头、阿三头"?

"穷吃阿二头"要吃坏肚子

　　上海话里有种句式叫"穷×阿二头",你知道这种句式是什么意思吗?今天我们来谈这个话题吧。

　　"穷×阿二头",是表示拼命做某事。如"穷吃阿二头、穷做阿二头、穷讲阿二头、穷写阿二头、穷睏阿二头、穷汏阿二头、穷吵阿二头"等。

　　且看例句:

　　像前世呒没吃过一样,做啥穷吃阿二头啦!(像前世没吃过一样,干吗拼命吃啊!)

　　明朝勿好做啊,侬现在穷做阿二头做啥?(明天不能做啊,你现在拼命做干吗?)

　　人家侪勿要讲闲话咪,只有侬一家头辣穷讲阿二头。(人家都不要说话,只有你一个人在拼命说。)

　　已经介晏来,侬做啥穷写阿二头啦?(已经这么晚了,你为什么拼命写?)

一日勿睏,十日勿醒啊？侬哪能穷睏阿二头了啦？（一天不睡觉,十天不醒啊？你怎么拼命睡了呢？）

侬做啥穷汏阿二头啊？明朝也好汏个呀！（你干吗拼命洗啊？明天也可以洗呀！）

两个人穷吵阿二头,啥人也勿肯让。（两个人拼命吵,谁也不肯让。）

注意,在"穷"和"阿二头"中间的动词一定要是单音节(一个字)的。

那为何要叫"阿二头"？而不是"阿大头、阿三头"呢？

其实,在过去的上海人家里,排行老二的往往是在家里得到好处最多的一个。这是因为老大在出生时确实会很受宠,但只要老二一出生,父母的精力就会转移,因此常可听到这样的话："你大,你要让弟弟（妹妹）"或"多给点弟弟（妹妹）,他小"。而到老三、老四出生,除非是殷实人家,生活通常会拮据些,因此就有了"破阿三、烂阿四"的说法了。

今天要说的熟语是："吃力勿讨好,阿王炒年糕"。

意思是花了很多力气,却是得不到任何好处。比如：

侬做仔介许多事体,功劳呒没,苦劳也呒没,真是吃力勿讨好,阿王炒年糕。（你做了这么许多事,功劳没,苦劳也没,真是吃力不讨好。）

（丁迪蒙）

2013年3月1日

上海话中"阿拉、伊拉"在什么情况下表示单数人称？其中后缀的"拉"还有哪些用法？比如"小阿哥拉朋友"。

"复杂"人称"简单"用

我们知道,上海话中的人称代词和普通话不同。单数是"我、侬、伊",复数是"阿拉、㑚、伊拉"。但是有时候,这些复数的人称代词也会有单数的用法。我们一起来看一下。

首先,说说"阿拉"的单数用法。有时候,在需要比较含混地表示"我"或者擅自用"我"来借代某一方时,往往把"阿拉"用作第一人称单数。如,"辩

桩事体,阿拉勿告诉侬"(这件事情,我不告诉你),"阿拉迭种素质,孂煞好哦"(像我这种素质,实在是没的话说哦)。有时候"阿拉"表示对自己的谦称。如"搿种事体,阿拉勿好随便做主个呀"(这种事情,我不能随便自作主张)。

其次,在亲属名词前,也是用复数代词来表示单数的,而且不用"个(的)"。常用的有"阿拉爷娘"、"㑚男人"、"伊拉爷"等。如,"伊闯祸个事体,伊拉爷娘还勿晓得"(他闯祸的事情,他爸妈还不知道),这里的"伊拉爷娘"明显指的就是他的爸爸妈妈。

还有,"拉"字作为后缀,也有复数的用法。总的来说,大致有三种用法。第一,用在物主名词后,就是表示他们。如,"侬孂拿介难过个事体告诉小张拉"(你不要把那么难过的事情告诉小张他们),这里的"小张拉"就是小张他们。"今年过年,娘舅拉一道来个"(今年过年,舅舅他们家一起来)。"娘舅拉"就是娘舅他们。第二,用在物主名词后面,可以指代家或者表示那儿,某一个场所。如,"阿拉过年侪辣辣外婆拉吃饭"(我们过年都在外婆家吃饭),"搿眼书是小王拉公司个"(这些书是小王公司的)。第三,用在物主名字后面,有时候还表示"的"。如,"小李拉爷是银行里向做个"(小李的爸爸在银行工作),"小李拉爷"就是"小李的爸爸";"小赵拉女朋友长远没看到了嘛"(小赵的女朋友好久没有看到了),"小赵拉女朋友"就是"小赵的女朋友"。

今天要说一句比较长的熟语,"吃勿穷,着勿穷,算计勿通一世穷"。这句话的意思就是,只要有计划,吃穿都不会使家里贫穷,但如果没有计划,乱吃乱用,那一辈子都会穷困潦倒。

(朱贞淼)

2013年3月4日

在平时说上海话时候,常常会有一种"口头语",没有多少意义,如说了一句话后用"伊讲"结尾:"明朝又要测验了哦伊讲!"还有的是一种"插入语",在一句话的开头、中间、末尾都可插,如"现在要出发了,听讲,马上就走。"中的"听讲",是有点意思的。你来说说,还有哪些口头语?

"伊拉讲""对哦"

　　这里说的"口头语",是指在说话中无意会加上去的词语,这些词语并不表示什么意思,可以不用,但用上去也总对话语带上一点色彩。如现在许多人在说普通话时,会无意加上"然后……,然后……"。

　　这种"口头语"在各方言中都有,而且也是大家约定俗成的,都这么用。

　　上海话中此类词语有"对哦"、"是哦"、"阿是",在句尾上出现。就像问听者是不是,实际并不问,如:"我脱俫讲对哦,我今朝上班勿去了。"(我跟你们说我今天不去上班了。)这句话中的"对哦"实际上是多余的,不加也可以,加在上面,好像是有点在问对方,但说话者实际根本不要问对方的。还有,"明朝又要测验了哦伊讲!"(明天竟然又要测验了!)这里的"伊讲"是读轻声的,也是一个口头语,不加也可,加了好像有点"居然"的惊讶意味,其实那个"哦"本来就有惊讶意味。

　　上海话里有四大口头语。"辩个……"或"迭个……",在开言时用。如:"迭个今朝个事体,迭个勿要忘记。"(今天的事情不要忘记。)"就是讲……",在需要解释时讲。如:"现在大家侪老高兴,就是讲明朝大家就要出发去旅游了。"(现在大家都很高兴,明天大家要出去旅游了。)"乃末……",在接续时用,像普通话中的"然后……"。如:"伊拉大多数人出去学技术,乃末学理论,乃末开开眼界,乃末总归有好处个。"(他们大多数人出去学技术、学理论,开开眼界,总归有好处。)其实这里三个"乃末"都是多余的。"……伊讲"是后刹时用。如:"中浪要大扫除了伊讲。"(中午要大扫除了。)

　　有的是"插入语","插入语"是有点意思的。如"听讲"、"伊拉讲"、"人家讲"都有"据说"的意思。如:"明朝中浪,伊拉讲,要大扫除了。"(明天中午要大扫除了。)"调查题目侪发出去了听讲。"(调查题目都发出了。)

　　再说一个熟语:"外甥勿出舅家门"。"外甥"和"舅舅"的亲属关系很近,这句话是说,外甥的面貌、脾气、秉性有点像舅舅模样,可以在舅舅身上找到根源,是有遗传基因的。

(钱乃荣)

妙趣横生上海话

2013年3月5日

就像"我、侬、伊"都是"代名词"那样，上海闲话里有几个"万能动词"，可称"代动词"，许多动词不需要一定明确说出是什么动作时，就用它来代说。如普通话中的"搞"，可以说"搞生产、搞活动"，甚至可说"搞对象"。你能说出上海话有哪几个可以代替动作的"代动词"吗？并说明它们可以"代"哪些动作。

"弄"出名堂

上海话的代动词，一个是"弄"，如：弄点西瓜来吃吃！（搞点西瓜吃吃！）弄只凳子坐坐！（拿只凳子坐坐！）侬今朝弄来弄去弄点啥？（你今天做来做去做了些什么？）辣张文凭我弄得着。（这张文凭我搞得到。）事体弄过去算账！（事情结束后再算账！）辣桩事体一定要弄弄大。（这件事情一定要搞搞大。）让我弄两个人来帮侬忙。（让我找两个人给你帮忙。）

还有一个"来"，如：来一客冰淇淋！（拿一客冰淇淋！）侬要赖，阿拉勿来了！（你耍懒，我们不来了！）我脱侬只来了两盘棋，侬就输得勿敢来了。（我跟你只下了两盘棋，你就输得不敢来了。）

普通话中的"搞"，现在在上海话里也能用作泛义动词。如：搞点物事来吃吃。（搞点东西吃吃。）事体勿要搞穿绷了！（事情不要败露了！）反正搞勿好了。（反正搞不好了。）

在宝山、嘉定区，有个代动词"夯"，用得更为宽泛。如：我辣辣夯两个小囡吃饭。（我在弄饭给两个小孩吃。）到田里去夯只牛耕田。（拉只牛到地里耕田。）今朝夯啥生活？（今天做什么事情？）几只猪猡夯夯好。（管管好这几只猪。）

（钱乃荣）

2013年3月6日

丁老师今天给大家讲个句式。"有啥×头"、"呒啥×头"，上海人挂在嘴边的这句话，往往让外地人一头雾水。你平时习惯在这句式里加个什么动词，一般会在什么语境里使用这句式呢?

有啥看头,呒啥吃头

今天来给大家讲个上海话的句式:"有啥×头"、"呒啥×头",这是上海人常挂在嘴边的,却往往让外地人听得一头雾水。其实,这都表示不值得做某事,比如:"有啥讲头、有啥吃头、有啥听头、有啥想头、有啥看头、有啥做头、有啥去头"等,也可说成"呒啥×头"。

两种句式意思差不多,但搭配的语气词不同,用"有啥×头"时,语气词是"啦";用"呒啥×头"时,语气词则是"个"。且看例句:

勿要去讲了,有啥讲头啦!(呒啥讲头个。)(不要去说了,没什么好说的。)

吃来吃去辩两只菜,有啥吃头啦!(呒啥吃头个。)(总是吃这两个菜,没有什么好吃的。)

吵是吵得唻,有啥吵头啦!(呒啥吵头个。)(实在是太吵了,有什么好吵的。)

有啥想头啦!(呒啥想头个。)再想伊也勿会来个。(有什么好想的,再想他也不会来。)

只球踢过去踢过来,有啥看头啦!(呒啥看头个。)(球踢来踢去,有什么可看的。)

再做也勿会拨侬啥个好处个,有啥做头啦!(呒啥做头个。)(再做也不会给你什么好处,做它干吗!)

伊面吃没啥好看个呀!有啥去头啦!(呒啥去头个。)(那里没什么好看的,没必要去的。)

今天跟大家介绍的熟语是:"娘有爷有勿如自有"。意思是父母有不如自己有。比如:

事业还是要自家去做,勿要吃爷娘个。要晓得娘有爷有勿如自有。(事业还是要自己去做,不要吃父母的。要知道爸爸妈妈有不如自己有。)

(丁迪蒙)

2013年3月7日

上海话中的"煞死"是什么意思呢?试着造句看看。如"吃煞死、想煞死"。

"哭煞死"也没用

今天谈的话题是"煞死",这是个固定搭配,具有两个方面的含义:

(1)……个没完。最近新闻说一个孩子在汽车里被人偷走并杀害了,就可以说:

小生命一记头就吭没了,爷娘哭煞死也吭没用了。(小孩一下子就没了,爹娘哭个没完,但也没用了。)

再如"吃煞死、想煞死、做煞死、急煞死、跳煞死、唱煞死":

买仔廿斤盐,侬要吃煞死啊?(买了二十斤盐,吃到哪一天啊!)

辣香港吃勿着腌笃鲜,我是想煞死唻。(在香港吃不到腌笃鲜,我是非常想了。)

介拼命做事体做啥?做煞死吭没人讲侬好个。(为何拼命做事?做死没人说你好。)

侬急煞死也吭没用,伊勿会得来个。(你急死也没用,他不会来的。)

伊急得双脚跳,跳煞死救命车还是勿来。(他急得双脚跳,跳死救命车还是不来。)

再唱也吭没用场,唱煞死也唱勿好。(再唱也没用,唱死也唱不好。)

(2)表示坚持,一定。比如:

叫伊勿要去,伊煞死要去。(叫他不要去,他一定要去。)

搭伊讲勿好看个,伊煞死要去看,乃上当了哦?(和他说不要看的,他一定要去看,这下上当了吧!)

叫伊勿要做,伊煞死要做,做出事体来了哦?(叫他不要做,他一定要做,做出事情来了吧!)

今天说的熟语是:"买屋要看梁,娶媳要看娘"。意思是:房屋最重要的是梁,梁好房子才坚固;娶媳妇要看丈母娘,丈母娘对女儿的言传身教是非常重要的。比如：

侬毛脚来啦？好勿啦？看看伊拉娘哪能。老古话讲：买屋要看梁，娶媳要看娘。（你未过门的媳妇来啦？好不好？看看她妈妈怎样。古话说：买屋要看屋梁是否结实，娶媳妇要看母亲的言行举止。）

（丁迪蒙）

2013年3月8日

今天朱贞淼老师和大家说说，上海话里有哪些表示肯定的词语。举例说明，"呆板数"。你还能说出哪些表达相同或相近意思的上海俗语呢？

"板"上钉钉

上海话中表示肯定、确定、一定的词还真不少，这里给大家总结一下，有些词普通话中也说，而有些则是上海话中特有的。

和普通话类似的词有："实在、的确、确实、一定、必定、势必"等，这里就不多说了。我们来说几个普通话中没有的词汇吧！

"准定"，意思是完全确定。如，"侬准定是下半日四点钟走哦？"（你确定下午4点走吗？）

"保准"，意思是一定。如，"侬覅急，伊几分钟之内保准会得到"（你不要急，他几分钟内一定会到）。它的读音和"保证"一样，意思上也有部分相通，但我们仍然认为这是两个不同的词。

"定规"，也是一定的意思。如，"我勿欢喜吃迭只小菜，阿拉姆妈定规喊我吃下去"（我不喜欢吃这个菜，我妈妈非要让我吃），"搿篇文章个字数是没定规个"（这篇文章没有规定字数），有一点规定的意思。

"板、板定"，就是一定、肯定的意思。如，"侬勿照我讲个去做啦，是板定要做错脱个"（你不按我说的去做，肯定要做错），"侬勿去请伊，伊是板定勿会来个"（你不去请她，她是肯定不会来的），"迭家公司生产个物事，板好个"（这家公司生产的产品，肯定好），"照迭能介踢下去啊，板输个"（照这样踢下去，肯定输）。

"呆(nge)板数、稳",它们的程度似乎要再高一点了,就是毫无疑问的意思。如,"伊迭个人啊,呆板数要迟到个"(这个人啊,毫无疑问要迟到),"唱歌比赛喊伊去啊,稳赢个"(叫她去参加唱歌比赛的话,肯定赢)。

今天给大家介绍一个比较长的熟语。长俗语在我们日常生活中的使用频率越来越低,有些人甚至听都没听到过,更别说使用它们。这个熟语是"牛吃稻柴鸭吃谷,各人自有各人福",它的意思就是指人的命运好坏自有上天安排。如果你某时时运不济或者看看身边的人都飞黄腾达了,一定要摆正心态,要相信事在人为。

(朱贞森)

2013 年 3 月 11 日

上海话中,用"搭"字开头,组成了许多惯用语和俗语,你能知道多少,请你举例,并造句解释它的意思。如"搭档、搭班、搭界、搭浆、搭架子"。

"搭进搭出""搭"不完

"搭档",一个意思是"合作的对子",如:"阿拉是三十年合作下来个老搭档了。"(我们是 30 年合作下来的老朋友。)第二个意思是"协作",如:"辫趟阿拉两介头搭档,做好辫桩生活。"(这次我们两人协作,做好这件事情。)"搭头",是合作者。长期合作的,称为"老搭头"。"搭班"、"搭桥",是联络沟通,如:"辫桩事体希望侬去搭桥。"(这件事情希望你去沟通。)"搭界",是有关系,如:"伊做个事体脱我是勿搭界个!"(他做这件事情与我没有关系。)"搭腔"和"搭嘴",都是跟上去说的意思;"搭讪",是为了跟生人接近没话找话说,或者随便拉话,如:"勿想卷进去,只好简单搭讪两句。"(不想卷进去,只好随要扯两句。)"搭讪头",也是这两个意思,如:"伊为了要推销商品,常庄寻人搭讪头。"(他为了推销商品,常找人搭讪。)"搭架子",是摆架子的意思。"搭卖",是把差的东西放在好的东西里一起卖。

"搭勿够",有两个意思。一个是吃不消的意思,如:"我经济实力搭勿够。"(我经济实力不够。)还有一个意思是不够朋友的意思,如:"伊勿肯帮我个忙,主要是阿拉两个人还搭勿够。"(他不肯帮我忙,主要是我俩还不够朋友。)"搭得够"就是要好,够朋友。

"搭底",是最差的意思,"搭底货"是最差的没人要的剩在最底部的货品。"搭浆",是指马虎潦草,敷衍了事,太差劲和糊涂糟糕,没法子处理,如:"生活做得太搭浆哝!"(活儿做得太差劲。)"我个脑子越来越搭浆了。"(我脑子越来越糟糕。)

"搭脉",是掂量打听对方的实力,估摸意图,如:"侬想告伊谈朋友啊,哪能勿搭搭脉个?"(你想与她谈朋友啊,怎么不估摸自己的实力?)

"搭手脚",是指插进来增添麻烦。"搭错经",是讽刺人脑筋搞乱了,或一时发神经病,如:"伊今朝搭错经了,买来介戆个戆物事。"(她今天头脑发热,竟买来这么差的东西。)"搭进搭出",指一会儿对,一会儿不对了,如:"伊个神经有毛病,讲闲话常庄搭进搭出。"(她神经不正常,讲话常常时对时错。)"搭七搭八",是乱搭一气。

"搭脱",是浪费掉,如:"伊常庄有事没事要来茄茄山河,我辰光侪拨伊搭脱。"(他常有事没事来聊天,我时间都给他浪费掉了。)"搭牢",一是附着的意思,另一个是抓住的意思,如:"小贼偷皮夹子个辰光,拨大家搭牢。"(小偷偷皮夹子时被大家抓住。)

"搭班",是一起在一个班组上工作。"搭车",是不花钱搭乘人家的车的意思。"搭顺风车"可比喻搭上人家的顺利的事。如:"侬股票做得老好个,我来搭侬个顺风车。"(你股票做得很好,我来搭你便车。)

近来有个新引申的词语"搭积木","搭积木"原来是小孩子玩的积木游戏,现在引申指设计和安排内容,如:"明朝要检查了,昨日刚刚开始搭积木,侬讲急勿急?"(明天要检查了,昨天刚安排,你说急不急?)

(钱乃荣)

2013年3月12日

上海话中,用"开"字开头的俗语或词语,有不少。请你说说,并解释意思。如"开牙、开价、开尺、开荤、开大兴"。

妙趣横生上海话

"开"什么不能"开大兴"

"开春",是春季刚刚开头;"开烊",是冰雪开始化了;"开坼",裂开有缝;"开牙",原指蟋蟀开始露牙会斗了,后来引申到首次经历某事,开口发言有举动;"开步",是起步;"开市",就是开始营业;"开价",就是提出一个起底价;"开尺",是开始量尺寸;"开秤",菜场到钟点开始售物;"开盘",交易市场成交开始;"开棚",商摊打开门面营业;"开冲",是一天中的第一笔生意,打麻将中第一次出冲;"开许"(cash),现金;"开彩",彩票揭晓;"开路",出门上路。

"开荤",指开眼界;"开洋荤",到国外看世面,尝试好的、新鲜的食物或事物。"开头炮",第一个冒险出来说话;"开头刀",打击第一个出头人;"开条斧",是论条件;"开大兴",吹牛,说大话,说了不算数;"开软档",碰到某人的弱处,或饶了某人,给他一条出路。

"开码头",到外地去混;"开国语",说普通话;"开脱排",溜走;"开空头支票",答应了但不兑现。

"开酒包",大吃大喝;"开齐橱",指醉后呕吐;"开汽水",开启汽水瓶,喻发出嘘声喝倒彩,旧词说"开荷兰水",因为上海人看到最早的汽水,是从荷兰来的。

"开年礼拜九",遥遥无期;"开无轨电车",说话、讨论、写文章离题,漫无边际。

(钱乃荣)

2013年3月13日

上海话里有个用法叫"×足输赢",当然它不是指足球的输赢。给大家举两个例子,如"吃足输赢、用足输赢",这个用法还可以与哪个动词相连,你能正确说出它的意思并造句吗?

足球被人"骂足输赢"

上海话里有个用法叫"×足输赢",当然,它不是指足球的输赢。它是形容

很多很多,到了极点。今天我们来谈谈这个话题,比如"吃足输赢":

今朝个菜侪对我胃口,我是吃足输赢。(今天饭菜对我胃口,我吃了很多。)

伊天天弄松我,我苦头是吃足输赢。(他天天作弄我,我吃够了苦头。)

再如,用"听、睏、走、看、用、拿、赚、轧"加上"足输赢"的:

我做辣桩事体哦,冷闲话是听足输赢。(我做这件事听够了冷言冷语。)

三日三夜呒没睏觉,今朝是睏足输赢了。(三天三夜没睡,今天睡够了。)

辣个地方寻也寻勿着,路是走足输赢。(这个地方找不到,走了好多路。)

世界杯球赛好看啊,我是每天看足输赢。(世界杯球赛好看,我每天看个够。)

今朝拨伊捉着辫子了,伊是拿骂足输赢。(今天被他抓住把柄了,他把我骂了个够。)

辣本字典我是用足输赢。(这本字典我用得足够多了。)

物事是拿足输赢。(东西拿得足够多了。)

伊个钞票是赚足输赢。(他钱赚得实在是够多了。)

商店里人是轧足输赢,根本进勿去。(商店里人挤人,根本进不去。)

注意:在"足输赢"前使用的是单音节动词。

今天我们说的熟语是:"若要小囝安,常带三分饥和寒"。意思是对孩子来说,食不可过饱、衣不可过暖。比如:

侬拨㑚儿子穿介许多衣裳啊!要记牢:若要小囝安,常带三分饥和寒。(你给你儿子穿这么许多衣服啊!要记住:如果要小孩平安,常带着三分饥饿和寒冷。)

(丁迪蒙)

2013年3月14日

"瞎讲八讲"是很多上海人的口头禅。"瞎×八×"这个句式,还能适用于什么动词组合,你能再举出哪些例子并造句吗?听听丁迪蒙老师今天会带来什么俗语呢?

"瞎吃八吃"是不行的

"瞎讲八讲"是上海人的口头禅。那这个"瞎×八×"的句式表达的是什么意思？还能用于什么组合呢？我们今天就来聊聊这个话题吧！

"瞎×八×"，它的意思是胡乱做什么。比如"瞎做八做、瞎弄八弄、瞎算八算、瞎作八作、瞎搞八搞"等。

这是上海话中的一个常用搭配。通常会出现在两种情况下：

（1）表示自谦或自责。表示自己并不在行，随便搞搞的。

比如表示自谦的"瞎结八结"：

甲：搿件衣裳老好看个。侬结个啊？（这件衣服很好看，你织的？）

乙：我是瞎结八结个，勿灵个。（我是胡乱织的，不好。）

再如"瞎听八听"：

甲：你听得懂广东话？老来三个嘛！（你能听懂广东话？很行嘛！）

乙：我听勿懂个，瞎听八听听听呀！（我听不懂的，胡乱听听啊！）

表示自责的。如"瞎吃八吃、瞎走八走"：

搿个吃吃伊个吃吃，瞎吃八吃拿只肚皮吃坏脱了。（这个吃那个吃，胡乱吃把肚子吃坏了。）

我又勿认得路，瞎走八走走了交关冤枉路。（我不认识路，胡乱走了很多冤枉路。）

（2）责备他人为何做这样的事情。比如"瞎讲八讲、瞎吵八吵"：

侬又勿了解情况，瞎讲八讲讲点啥啦！（你又不了解情况，胡乱说什么啊！）

勿要吵咪！瞎吵八吵有啥吵头啦！（别吵啦，胡乱吵有什么好吵的！）

再如"瞎想八想、瞎拿八拿"：

人家呒没搿能样子做，你做啥要瞎想八想啦？（他并没那样做，你为什么要胡乱猜想啊？）

搿个物事勿是侬个，勿要瞎拿八拿好哦！（这东西不是你的，不要胡乱拿行吗！）

上海话中还有个"乱×八×"的习惯用语：表示"乱……一气"，意思和"瞎讲八讲"差不多。比如：

搿家人家老野蛮个，拿小人乱打八打。（这家人很野蛮，把孩子乱打。）

看来看去呒没好吃个菜，乱吃八吃吃饱肚皮算咪！（看来看去没好吃的菜，乱吃吃饱肚子算了！）

侬当心点，闲话勿好乱讲八讲个。（你当心点，话不好乱说的。）

搿只表老值铜钿个，侬勿要乱弄八弄。（这个表很值钱的，你不要乱弄。）

我做勿来，只好乱做八做。（我不会做，只好乱做。）

搿只女人老作个，一天到夜乱作八作。（这个女人很会作，一天到晚乱作。）

搿个字哪能写法忘记脱了，只好乱写八写。（这个字怎么写忘记了，只好乱写。）

物事勿要乱摆八摆，要个辰光就寻勿着了。（东西不要乱放，需要的时候就找不到了。）

啥个衣裳着辣身浪侪勿好看，乱着八着末算咪！（什么衣服穿在身上都不好看，乱穿算了！）

今天说的熟语是："老鬼勿脱手，脱手勿老鬼"。意思是精明的人到手的东西不会轻易出手给别人。比如：

搿个物事好拨侬啊？搿叫老鬼勿脱手，脱手勿老鬼晓得哦？（这个东西怎么可以给你啊！好不容易得到，怎能轻易放弃？）

（丁迪蒙）

2013 年 3 月 15 日

普通话中一些韵母是 uei 的字，比如"跪、喂"，上海话中应该怎么念？还有哪些类似的呢？

书面语与口头语拾趣

上海话中有一些字的发音与普通话相去甚远。今天来说说某一类有规律

的字。

普通话中一些韵母为 uei 的字,上海话读成 yu,而且声母也有所变化。这样的读法在整个吴语内部都有。从北面的苏州、无锡,一直到南面的温州,都有这样的现象。比如"乌龟"一词,我们是读成"乌居"的,"鬼"、"贵"也是读成"举"的,但是在某些词中,如"牛鬼蛇神"、"贵州"、"贵重"等词中,它们还是读 gue 的,这也是一种文白异读现象。文白异读就是某一个字在口头语和书面语中读音不同的现象。"归"读成"居"的情况已不多,但在上海的郊区,表示回去之意的"归去"是读成"居去(juqi)"的。"亏"读成"区"的情况也不多,保留在个别的几个词中,如有人把"吃亏"读成"吃区","亏得"说成"区得"。而"跪"这个字大多数人仍然读成"具","柜台"也有人说成"具台"的。"喂饭"的"喂"我们是说"yu","围巾"我们是说"与(yhu)巾"。还有一个字可能很少有人会知道了。纺纱时候的"经纱"、"纬纱",以前我们是说成"与纱"的。我们从中古时候的读音来看,这一类字这样的变化也是相当有规律的。

今天给大家介绍的熟语是:"敲橡皮图章"。意思是,决议不算数,或者是没有实际权力的表面审议。如,"搿桩事体大家要讲到做到,勿要只敲橡皮图章"(这件事情大家要说到做到,不要说话不算数)。

(朱贞淼)

2013 年 3 月 18 日

上海话里词缀"头"使用广泛。其中有一类,形式是"××头",即前面两个是相同的字,后面一个"头"字,如"脚脚头、囡囡头",你还能举出别的例子吗?

"头头"是道

用在东西方面的,有:"脚脚头",指剩下来的一点儿小东西,如饭、菜、货物等;"结结头",是绳或线打成的一个小结;"粒粒头",一颗颗的小东西,如小糖、珠子;"条条头",一小条一小条的东西;"屑屑头",近粉末状的东西,如饼干屑;"苏苏头"或"须须头",都指一丝丝的线状的东西,如胡须、植物的细根;"绒绒头",绒线、羊毛织品起绒物;"尖尖头",就是尖物的顶端;"渣渣头",如甘蔗吃剩的渣,因为说成"渣渣头",也会有点儿可爱。

与人体有关的,有:"瘡瘡头",是皮肤上凸起的发红的或化脓的小块;"滴滴头",皮肤上生出的圆形小块,又指茶壶盖字中间的一个捏头;"多多头",多出一小块的东西,也有人把多生的小孩称为"多多头";"脓脓头",是化脓的一小块皮肤;"奶奶头",指乳房;"囡囡头",指婴儿或幼儿;"毛毛头",指初生婴儿;"妹妹头",是对小姑娘的昵称;"老老头",对"老男人"的尊称;

用于方位上的,有:"边边头",是在边上;"沿沿头",更是在边沿那儿了;"角角头",是在角落那儿;"弯弯头",就是在要拐弯的地方,如:"一只书报亭设辣马路个弯弯头浪。"(一座书报亭设在马路拐弯的地方。)

两字重叠的名词,如普通话的儿化词,都有小而可爱的含义在内,加上了后缀"头",更有指小和形象的意味,即使指地方,"边边头"、"弯弯头"也带有可爱的味道。

今天再讲两条熟语:"牛吃稻柴鸭吃谷,各人自有各人福","牛吃稻柴鸭吃谷,烂泥菩萨住瓦屋"。

有两个意思:一个是指人的命运好坏自有上天安排,无法改变;一个是抱怨世运好坏不均。

(钱乃荣)

2013 年 3 月 19 日
上海话中的"二",在什么情况下分别念"lian"和"ni"呢?

"2"的读音学问大

网上一直很流行一个段子,说在上海话中,222 这个数字里的三个 2 的读法都不同。不过,这样说有一点小小的夸张。在 222 这个数字里,其实只有两个 2,另外一个是 20,其实也就是廿。我们一起来看一下上海话中数字 2 的读法。

2 普通话的读音为 er，和一些其他也读 er 的字类似（如"耳、儿"等）。2 的文读是 ni，白读为 er，而在更多的场合，读 lian，写作"两"。但是在现在的上海话中，2 的文读音 ni 基本已经不太用了。

在数数的时候，也就是说，在说 1、2、3、4、5 的时候，老派是说 ni，但现在大多数人是说 lian。

2 在个位数上基本上是读 ni 的，如 12、22，但是 32～92 这些词中的 2 也有人读成 lian。102 中的 2 只读 lian。

2 在其他数位上，均只读 lian。说到这里，就能解释 222 这个数字的读法了。第一个 2 在百位上，读 lian，最后一个 2 是在 22 的末尾数，因此读 ni，而中间的 2 实际是二十，我们读"廿（nie）"，因此这个数字的读法就是 lianbaknieni。

度量衡是指在日常生活中用于物体计量长短、容积、轻重的统称。在度量衡里，数字 2 老派有时会读成 ni，而新派一律读成 lian，一个词"2 两"除外，是读成"ni 两"的，或许是因为如果读成 lian 的话就变成两个 lian，比较拗口吧。

在小数点后面以及分数里，2 均读成 lian，如 2/3 是"三分之 lian"，1/2 是"lian 分之一"，5.12 是"五点一 lian"。

在礼拜、月份、年份等表示时间的词中，基本上都是读成 lian，如"礼拜 lian"、"lian 点钟"、"lian 月份"、"lian 零零 lian 年"等，但如果是数字 12 仍然读 ni。

"两个人"、"两三个人"、"两三百个人"中的"两"都读 lian，但"二三十个人"中的"二"读 ni。基数词一般都读成 lian，序数词中，部分词只能读 ni，部分词可读成 ni 也可读成 lian，如"第二"、"阿二"中的"二"只读 ni，"头二个"、"初二"、"二楼"、"二等舱"中的"二"读 lian 的人比较多。

总之，"两"的使用范围扩大了。

今天要和大家说的上海话熟语是："像煞有介事"。普通话的成语"煞有介事"就是从上海话传入的，而且把第一个字拿掉了。"像煞有介事"的字面意思是好像真的有这么一回事似的，意即装模作样，摆足架子，把本来不存在或者很小的事情装得好像很严重一样。

（朱贞森）

2013年3月20日
上海话中都有哪些词后面是以"悠悠"结尾的？并试着造句。

事情要"笃悠悠"地做

今天谈的话题是"A悠悠"，其中A表示形容词。这是上海话中的一个常用组合，放在单音节形容词后，构成状态形容词。

比如有"笃悠悠、慢悠悠、轻悠悠、软悠悠、长悠悠、短悠悠、小悠悠、静悠悠"等。我们来看例句：

有形容心中踏实、做事从容不迫的"笃悠悠"：

伊做起事体来笃悠悠个。（他做事很从容。）

有形容很悠闲地做事的"慢悠悠"：

勿要急，慢悠悠介做好来，来得及个。（不要急，慢慢做好了，来得及的。）

有形容手脚轻、安静的"轻悠悠、静悠悠"：

有人辣睏觉，所以伊走路轻悠悠个。（有人在睡觉，所以他走路轻轻的。）

小姑娘邪气安静个，做事体总归静悠悠个。（小姑娘非常安静，做事总是静静的。）

有种可爱感觉的"长悠悠、短悠悠、小悠悠"：

蒋件衣裳长悠悠，蛮好看个。（这件衣服长长的，挺好看的。）

裙子上头着件短悠悠个羊毛衫好，忒长勿好看。（裙子上面穿件短短的羊毛衫好，太长不好看。）

蒋姑娘长得小悠悠，蛮讨人欢喜个。（这姑娘长得小小的，挺讨人欢喜的。）

有形容舒适的"软悠悠、暖悠悠"：

蒋只沙发软悠悠，坐辣上头蛮写意个。（这个沙发软软的，坐在上面很惬意的。）

房间里向暖悠悠，蛮适意个。（房间里暖暖的，挺舒服的。）

今天要说的熟语是："一张嘴巴两层皮，翻来翻去侪是伊"。表示某种人特别会说话，善于狡辩，永远有理。比如：

妙趣横生上海话

算侬会讲闲话?一张嘴巴两层皮,翻来翻去侪是伊。侪是侬有理了!(算你会说话?一张嘴两层皮,正说反说都是你有理了!)

（丁迪蒙）

2013年3月21日

今天来说说"笃笃"的用法。比如,上海话里说一个人胖,可以说"胖笃笃";说天气舒服怡人,可以说"孆笃笃"。除了这两个用法外,你还能说出哪些"笃笃"的用法?丁老师今天会带来什么上海话俗语呢?

这块糕"软笃笃"

今天的话题是"A笃笃"。这也是上海闲话里比较多的搭配,有舒适、可爱的意思。这是个单音节形容词的后缀,其中A表示为形容词,比如有"胖笃笃、矮笃笃、软笃笃、呆笃笃、直笃笃、冷笃笃"等。

我们看例句:

胖、矮一般都不太讨人喜欢,但如不过分,就可以用"胖笃笃、矮笃笃":

小人胖笃笃,老好白相个。(小孩胖呼呼的,很好玩的。)

辂小人勿长,矮笃笃个。(这小孩不高,矮矮的。)

形容"滑、软"的"滑笃笃、软笃笃":

衣裳料作好,着辣身浪滑笃笃个。(衣服的料子好,穿在身上滑滑的。)

辂块糕软笃笃,蛮好吃个。(这块糕软软的,挺好吃的。)

形容有点"发呆、发傻"样的"呆笃笃、直笃笃":

侬看伊呆笃笃立辣门口头,勿晓得辣想啥?(你看他呆呆地站在门口,不知道在想啥?)

阿拉辣讲闲话,伊直笃笃立辣边浪。(我们在说话,他直直地站在边上。)

形容做事情比较慢的"慢笃笃":

伊做随便啥事体侪是慢笃笃,一眼也勿急个。(他做任何事情都是慢慢的,一点也不急。)

形容凉的"冷笃笃、瀴笃笃":

热天介冷笃笃个粥真好吃咪!(夏天冷冷的粥真好吃。)

胖个人热天介身浪向瀴笃笃个。(胖的人夏天身上凉凉的。)

注意:这个"瀴"读音和"阴"不同。如果说这个人"阴笃笃"的,那是指某人说话阴阳怪气的:

搿人死洋怪气,讲闲话阴笃笃个。(这人很阴险,说话阴阳怪气的。)

今天说的熟语是:"含辣嘴里怕烊,捏辣手里怕冷"。形容对自家孩子的百般宠爱。特别是现在,大多数家庭都只有一个孩子,孩子在家里一般很受宠,惯得孩子娇骄两气,这对孩子的成长是不利的。比如:

对小人勿好忒宠个,含辣嘴里怕烊,捏辣手里怕冷。将来吒没好处个。(对孩子不能太宠的,宠得过度对他将来没什么好处。)

(丁迪蒙)

2013 年 3 月 22 日

今天说说上海话里既可以用 ABB 式形容词,也可以用 BBA 式形容词。如"白",既可以说"雪雪白",也可以说"白呼呼";又如"硬",既可说"硬挢挢",又可说"梆梆硬"。你还能举出这类形容词吗?

上海话也有"比较级"

上海话中的形容词非常丰富,有很多型如 ABB 式和 BBA 式的形容词,而其中 BBA 式这样的形容词又是上海话特有的。另外我们知道 BBA 式的程度要比 ABB 式要高。我们注意到,上海话中有些颜色或者形状方面的词,既可以说 ABB 这样的形式,也可以说 BBA 这样的形式。

比如说:黄,我们可以说"黄哈哈、黄亨亨",也可以说"蜡蜡黄",那自然后者的程度就比较高了。白,我们可以说"白晃晃、白呼呼、白塔塔",也可以说"雪雪白、煞煞白"。绿,我们可以说"绿莹莹",也可以说"碧碧绿"。黑,我们可以说"黑黜黜、黑洞洞",也可以说"墨墨黑"。红,我们可以说"红扑扑、红通通、红堂堂",也可以说"血血红、通通红"。由于 BBA 式的程度要比 ABB 式高,所

以在两者B字上也有很大的不同。

说完了颜色,我们来说点别的形容词。薄,我们可以说"薄叶叶、薄匀匀",也可以说"习习薄"。直,我们可以说"直别别、直挺挺、直笃笃",也可以说"笔笔直"。说天气冷,我们是说"溇"的,那我们有"溇笃笃、溇丝丝、溇飕飕",也可以说"冰冰溇"。当然也可以说"冷",如"冷丝丝、冷冰冰、冷飕飕"等,也可以说"石石冷、冰冰冷"。老,我们可以说"老渣渣",也可以说"石石老"。硬,我们可以说"硬挢挢、硬绷绷",也可以说"石石硬,绷绷硬"。

不过,同一种形式内,B字内容的不同,意思和用法上也有不同。如"白晃晃"和"白呼呼"用的场合不同,"血血红"和"通通红"用的场合也不同。

(朱贞森)

2013 年 3 月 25 日

上海话中以"答答"结尾有哪些词?比如"湿答答"。再来造造句。

感觉"倦答答"的

今天的话题是"A答答",有时也写成"搭搭",其中 A 表示形容词。这是单音节形容词的后缀,表示有点。比如有"湿答答、黏答答、苦答答、滑答答、瀞答答、薄搭搭、扑答答、倦搭搭"等。

我们来看例句:

衣裳还吭没干,摸上去湿答答(潮答答)个。(衣服还没干,摸上去湿湿的。)

㧡块糕吃好手浪向黏答答个。(这块糕吃完手上黏黏的。)

㧡菜苦搭搭个。(这菜有点苦。)

㧡件衣裳肥皂吭没过清爽,摸上去滑答答个。(这件衣服肥皂没洗掉,摸着滑滑的。)

大家侪老卖力辣做,伊一介头辣伊面瀞答答。(大家都在很努力做,他在那里磨磨蹭蹭。)

㧡眼粥薄搭搭个,蛮好吃个。(这粥薄薄的,挺好吃的。)

掰只肉馒头扑答答个。（这只肉包子松松软软的。）

下半天呒没睏觉，人觉着倦搭搭个。（下午没睡，人觉得有点倦。）

也可形容人略有点蠢笨。比如"戆答答、寿答答、屈答答、痴答答"等。

来看例句：

物事是囥拨侬吃个呀，戆答答拿出来做啥？（东西是藏着给你吃的，傻乎乎拿出来干吗？）

掰闲话勿好讲个呀，侬哪能寿答答（屈答答）侪讲出来了啦！（这话不能说的，你怎么傻乎乎全说出来了！）

掰女个大家侪勿要去睬伊，痴答答个。（这女的大家都不要去睬她，她脑袋有问题。）

今天要说的熟语是："一只碗勿响，两只碗叮当"。

这是比喻争吵的双方都有责任，如果有一方谦让，争吵就不会发生了。比如：

勿要吵咪，一只碗勿响，两只碗叮当，大家侪少讲一句就勿会吵起来咪。（不要吵了，一只碗不会响，两只碗才会叮当响，大家都少说一句就不会吵起来了。）

（丁迪蒙）

2013年3月26日

昨天，丁迪蒙老师帮大家回顾了上海话中"A答答"的状态形容词，今天我们请钱乃荣老师来说说与"答答"音很相近的"塔塔"有哪些？

"塔塔"用处多

"湿搭搭"和"湿塔塔"后边的"搭搭"和"塔塔"都已经很虚化了，像是表示状态的后缀，但有时候用上去意思还是有些不同。比如说"湿搭搭"，是形容有些湿或者湿得黏在一起。比如说："侬个汗衫，汗出得湿搭搭个。"就是说水分有一点，汗衫有点像粘在身上。"掰块揩台布湿搭搭个。"是说抹布潮湿，像粘在台面上。但是"湿塔塔"，就是形容成片的湿润或潮湿。比如："门口一块地

皮刚刚大扫除过,湿塔塔个。"(门前一块地刚打扫过,还很潮湿。)"回潮天,墙壁浪侪辣冒水,湿塔塔个,勿好隥上去!"(天气回潮,墙壁上都是水,很湿,不要靠墙。)上海话中还有其含水的"湿几几",湿有水滴的"湿扎扎",湿得往下直流水的"湿漉漉",意思各有不同。

"白塔塔",是指颜色淡白,或者近似白色了。比如说:"辣块墙壁原来是漆成淡天蓝个,现在拨太阳晒得白塔塔勿好看了。"(这块墙壁原来是漆成淡天蓝色,现在被太阳晒得都泛白了不好看。)这样的颜色词,还有"灰塔塔"、"黑塔塔",都带贬义。如:"伊个皮肤黑塔塔了。"(她皮肤黑了。)就是变得发黑了难看,是贬义的,如果说"伊个皮肤晒得黑黜黜(zy)个"(她皮肤晒黑了),就是称赞她漂亮了。"哪能穿了灰塔塔个衣裳?"当然也是说不好看了。

称说味道的词,有:"淡塔塔",是淡而无味;"咸塔塔",是不希望之咸味,咸得不好吃。描写"滑"的感觉,有:"滑塔塔",如地板"滑塔塔",走上去要小心摔跤;"潮塔塔"的地方,感觉上是不舒服的。一块饼,如果"软塔塔"了,说明它不像原来的硬脆而变得口味不好了;如果某人的鼻子"扁塔塔",就不如高耸的鼻子好看;"瘪塔塔"的稻谷,收成不会好;"瘪塔塔"的口袋,是穷得淘不出钱。只有包里"潽塔塔"的,说明她买了好多东西,不过转过来说"塔塔潽",那是满得都溢出来啦,如:"辣票生意,赚得来伊袋袋里塔塔潽!"(这桩生意,赚得他口袋满满的!)形容词 ABB 式是比较级,BBA 式是最高级。

(钱乃荣)

2013 年 3 月 27 日

上海话中"勿好了"是什么意思?比如"搞勿好了"。再试着造句。

他"搞勿好了"

上海话中"V 勿好了"是什么意思?在单音节动词后加"勿好了",比如"搞勿好了"。有两类用法:

(1) 表示……没完。比如"吃、写、听、困、开、算、作"等。且看句子:

一顿饭侬吃了伦个钟头,吃勿好了。(一顿饭你吃了近一个小时,吃不

196

完了。)

搿篇文章侬左写右写写勿好了,要写到几时去啊!(这篇文章你左写右写写不完了,要写到几时去啊!)

只歌侬每天听每天听听勿好了。有啥听头啦!(这首歌你每天听每天听听不完了。有什么好听的!)

一夜天勿睏呀,乃侬睏勿好了,要睏到几时啊!(一晚上不睡啊,这下你睡不完了,要睡到几时啊!)

今朝老勿顺利个,车子开来开去开勿好了。(今天很不顺,车子怎么也开不好了。)

侬搿道题目哪能算勿好了啦!(你这道题目怎么算不完了!)

侬搿人哪能作勿好了啦!(你这人怎么作不完了!)

(2)搞不好、搞不定。比如"弄、做、看、踢、写"等。比如:

只钟拆开来了,乃侬是弄勿好了。(这个钟拆开来了,现在你是弄不好了。)

今朝是写勿好了,只好明朝再写。(今天是写不完了,只好明天再写。)

今朝搿桩事体是做勿好了,明朝再做哦。(今天这件事情是做不完了,明天再做吧。)

搿只电视剧今朝看勿好了,下趟再看好了。(这部电视剧今天看不完了,下次再看吧。)

侬弄过来弄过去弄勿好了。(你弄来弄去弄不完了。)

中国个足球是越踢越推板,踢勿好了。(中国的足球是越踢越差,踢不好了。)

上面有两个"写勿好了",意思是不一样的。前一说"写个吭没完",后一是说"吭没法完成"。

(3)搞勿好了。这个短语和前面的"V勿好了"不同,它的意思是没药救了。比如:

侬搞勿好了!小人也会背个诗,侬背勿出来啊!(你太糟糕了!小孩也会背的诗,你背不出啊!)

搿爿公司搞勿好了,早晏要倒闭个。(这家公司完了,早晚要倒闭。)

今天要说的熟语是:"慢人有慢福,晏来吃厚粥"。

妙趣横生上海话

这是说形容迟到者反能吃到稠粥,说明迟钝者有时也会有福气。比如:
侬勿要看伊性子慢,慢人有慢福,晏来吃厚粥。伊也是有福气个。(你不要看他性子慢,慢人有慢福,他也是有福气的。)

(丁迪蒙)

2013 年 3 月 28 日

上海话中动词"打"可以组成"打某某"的俗语,出去"打相打"这样的"打"是用完全的实义的俗语,还有哪些并不是"打人"的"打"的意思组成的"打"的俗语,请举例并说明它们的语义。如"打朋、打回票、打包票"。

为你"打"开一扇窗

讲人的生理,有"打瞌盹",即打瞌睡;"打中觉",睡午觉;"打昏涂",打呼噜;"打呵唏",就是打哈欠;"打嗝哆",打嗝;"打噎",噎住了;"打恶心",反胃或不舒服想呕吐;"打掰愣",说话不流畅,在不该停的地方出现停顿;"打顿",说话时停下;"打野眼",走路时东张西望;"打滑达",脚底打滑;"打开司",接吻;"打电报",眉目传情;"打出手",动手打架。

"打头",起头,在最前面;"打头跑",开头炮,冲锋在前;"打样",做一件事前先去了解试探摸一下情况;"打烊",关店门;"打白客",打抽风;"打秋风"、"打底脚",把烂的、坏的、质量差的东西藏在底部卖出去;"打过门",巧为遮盖,隐藏过去;"打回票",退回;"打圆场",调和矛盾;"打统账",将各自的经济和东西合起来总的算;"打包票",全部包在身上,保证;"打桩子",是圈地皮,建立势力范围;"打水漂",把某事搞砸了。

(钱乃荣)

2013 年 3 月 29 日

由朱贞淼老师给大家说一说"水泡泡、角角落、饭饭"这些叠在一起的上海话名称的由来。

鸡鸡斗,虫虫飞

　　上海话的名词中有一些是重叠式的。重叠式名词就是由两个一样的汉字放在一起组成的名词。和普通名词相比,这些重叠式名词有时候还有不一样的含义在里面。

　　平时见得最多的就是称呼名词,比如"伯伯、嫂嫂、爸爸、爹爹、孃孃"等。这样的词在普通话中也有。第二种是对着小孩子说的话,可以把一些常用的单音名词重叠着说,带有可爱的意味,如"粥粥、饼饼、鸡鸡、鸭鸭、花花、虫虫、鱼鱼、肉肉、书书、手手、尿尿(sy)"等。这样的词成年人平时说话的时候是不说的,他们说时是专门对着小孩子说的。但是从这些中可以明显地看到,如果把一个词重叠着说,带有小、可爱的感觉。有一些词平时成年人也会说,他们也或多或少地带有这样的感觉,如"袋袋、奶奶、珠珠、边边、角角、洞洞、眼眼、豁豁、槽槽、潭潭、荡荡、坳坳、坼坼、缝缝、泡泡、沫沫、渣渣、脚脚、屑屑、沿沿"等。"袋袋"是"口袋"的意思,"奶奶"是"乳房"或者是"奶水"的意思。"珠珠"是"珠子"的意思。"边边"是"边儿"的意思,都因指小而重叠。"水泡"可以说"水泡泡","水潭"可以说"水潭潭","洞眼"可以说"洞洞眼","角浪"可以说"角角浪",相比起来都比较明显地指称比较小的东西。

　　今天给大家介绍一个熟语:"额角头碰着天花板"。上海话说"运气好",就说"额角头高",而这里用的是夸张的手法,说自己的额头高得碰到了天花板,就是形容自己的运气极其好。

(朱贞淼)

第四部分

(2013年4月～2013年5月)

  在5月份,节目组利用微信平台,加入了"上海闲话帮侬讲"小单元,听众朋友可以通过语音或文字把自己对上海话或上海文化的疑问发送至电台,然后由沪语专家进行解疑。而正是有了听众朋友的踊跃参与和互动,"上海闲话"板块这棵大树开始吐蕊开花,红花绿叶,煞是好看。以下很多内容的话题,都是听众朋友提出的。如"大"这个字在上海话中究竟应该怎么读;上海话中"在"又究竟应该怎么说等。请大家细细品味,一起感悟!

2013年4月1日

上海话中"煞快"是什么意思？都有哪些组合？比如"气煞快"。并试着造句。

什么事让你"气煞快"

你知道上海话中"×煞快"是什么意思吗？都有哪些组合呢？今天来聊聊这个话题吧！

"×煞快"表示"快……死了，很厉害"，引申为"拼命地、非常"。主要用在两种词语的后面：

(1) 形容词后面。比如"恨煞快、想煞快、气煞快、急煞快、作煞快、忙煞快、吼煞快"：

等伊半半六十日，就是勿来，真是恨煞快。（等他好久，就是不来，真是恨死。）

好几个号头呒没看见伊咪，想煞快也呒没用。（好几个月没看见他了，想死也没用。）

叫伊勿要搿能做，伊非要做，我是气煞快。（叫他不要这样做，他非要做，我气死了。）

车子马上要开了，阿拉急煞快，伊笃悠悠，一眼也勿急。（车子马上要开了，我们急死，他慢慢的，一点也不急。）

搿女人就会搞，伊拉男人拨伊作煞快，一点办法也呒没。（这女人就是会搞，她男人被她作死，一点办法也没。）

人家侪手脚勿停忙煞快辣辣做，伊辣旁边白相，侬讲气人哦？所以大家侪吼煞快。（人家都手脚不停忙死在做，他在旁边玩，你说气人吗？所以大家都非常生气。）

(2) 动作动词后面。比如"走煞快、跑煞快、跳煞快、哭煞快、打煞快、叫煞快"：

走煞快哪能还走勿到啦？（走得快死了，怎么还走不到啊！）

马拉松跑煞快，我是跑勿动个。（马拉松跑死了，我是跑不动的。）

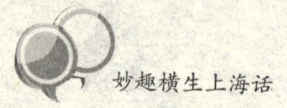

侬辣搿搭笑煞快,伊辣边浪是跳煞快。(你在这里笑死,他在边上跳死。)

吃饱老酒开车子好唻,闯仔穷祸嘛哭煞快也来勿急唻!(喝足酒开车子吧,闯祸后哭死也来不及了。)

小辰光勿做好规矩,大起来拿伊打煞快还有用哦?(小时候不做好规矩,大了把他打死也没用。)

今天要说的熟语是:"勿听老人言,吃苦在眼前"。意思是有经验的人的话应该听一听,如若不听很快会吃亏的。比如:

叫侬好好叫想想大人个闲话是否有道理,侬勿睬,乃吃亏了哦?搿叫"勿听老人言,吃苦在眼前"。(叫你好好想想大人的话是否有道理,你不睬,这下吃亏了吧?这叫"不听老人言,吃苦在眼前"。)

(丁迪蒙)

2013年4月2日

上海话中,"出"字开头的俗语,你能想到哪些?请举例并造句说明。如"出洋相、出花头、出送"等。

"出"来混不容易

先看两字组的:"出头",有两个意思,一个是出面的意思,一个是熬出来了;"出手",出来较量的意思;"出道",成熟了能独立处事;"出送",走,离开;"出精",到顶点;"出场",出面,站出来;"出鬼",发生了意想不到的事;"出客",漂亮,时尚,见世面,举事场面大;"出漀",上台面,见世面,不怕生。

三字组,有一些常用的、比较生动的惯用语,如:"出风头",显耀自己,有光彩,很神气;"出外快",占到意外的便宜;"出洋相",闹笑话,出丑;"出冷门",出乎意料之外,突然改变原来计划;"出花样",出花招,别出心裁;"出生活",手脚快,能多做活儿;"出气筒",老是发泄怨愤的对象;"出说话",有意见,或被人议论;"出把戏",表演杂技。

四字组有:"出头橡子",指先烂,先被搞掉的人或物;"出精出怪",想出种种歪点子;"出笼工夫",腾出专门的时间做专门的事;"出窠兄弟",从小在一起玩的同伴;"出手出脚",做事无所顾忌,不受约束。

今天来说两个熟语:

一个是"三两黄金买勿到,四两茶叶定终身"。从前,订婚是用"茶礼"。这个熟语说明了爱情的纯洁性,不是看房子、车子、位子等条件如何高级,而是看本人老实勤奋。过去农村农民家境多贫困,这里说的有"三两黄金"已经是很不容易了。这里用"三"和"四"数字来对比,真正的爱情,一心一意愿意一辈子跟从他的,用"三两黄金"也买不到那颗纯洁的心,然只要用"四两茶叶"就定托了终身。这个男孩子有福了。

还有一个熟语,也是描写纯正爱情的:"有缘千里来相会,无情哪怕门对门"。千里远的爱情可以无所阻挡,但是门对门的男女就是陌面不动心。这也是一个深刻对比,所以爱情这个东西是人生最奇妙的了。

(钱乃荣)

2013年4月3日

今天由丁迪蒙老师来说说上海话里带"×做×"的词的用法。

"忙做忙","不要忘记六月黄"

今天我们说的话题是"A 做 A",它表示的是一种让步关系,其中 A 代表形容词。相当于"即使……也……、再……也……"。中间的字可以是一个,也可以是两个。

比如有"多做多、好做好、快做快、小做小、想做想、戆做戆、苦做苦、好看做好看、难看做难看、吃力做吃力"等。

大家来看例句:

搿个物事多做多我侪要个。(这个东西再多我都要。)

好做好,是人家个物事我是勿要个。(再好,是人家的东西我是不要的。)

侬个手脚快做快,勿可能比电脑快个。(你个手脚再快,不可能比电脑快。)

小做小,是自家个房间,也是适意个。(再小也是自己的房间,也是舒服的。)

戆做戆个人,是戆进勿戆出个。(再蠢笨的人,也是蠢进不蠢出个。)

苦做苦,我也要咬咬牙齿做下去个。(再苦,我也要咬牙做下去。)

好看做好看,介贵个物事我也勿要个。(再好看,这么贵的东西我也不要。)

件衣裳难看做难看,着辣身浪总归是暖热个。(这件衣服再难看,穿在身上总是暖和。)

吃力做吃力,今朝也要做脱伊。(再累,今天也要做完。)

今天说的熟语是:"忙做忙,勿要忘记六月黄"。

这是和"大闸蟹"有关的。大家都知道,上海人最喜欢的食物之一就是"大闸蟹"。蟹一般是吃秋天的,所谓九雌十雄,指的是阴历九月吃雌蟹,蟹黄最好;十月吃雄蟹,那时的膏最好。其实,在上海还有种叫"六月黄"的蟹,就是农历六月初开始吃的蟹,蟹肉更细软、鲜嫩。"六月黄"在上海是深入民心的,六月是农村最忙的时节,常常忙得连饭都够顾不上吃。因此民间就有了再忙,也不要忘了吃蟹的说法。

"六月黄"通常做成"面拖蟹"。首先,把蟹一切为二,粘上少许面粉放进油锅翻炒,然后加上酱油和糖,最后再用面粉裹合,这个菜的味道十分鲜美,是老上海人打耳光也不肯放的小菜。

注意"忙"和"忘"在上海话里是同音,都念 mang。

(丁迪蒙)

2013 年 4 月 8 日

今天丁迪蒙老师来讲讲"横×竖×",比如说啸马"横讲竖讲"上海话,昕明"横听竖听"听不懂!你还能讲出哪些"横×竖×"的例子吗?

"横算竖算"算什么

今天我们来谈谈"横×竖×",它表示的是反复做什么,但还是做不好。比如说:"小马横讲竖讲上海闲话,昕明却是横听竖听听勿懂,急煞人哦!"(小马反复说上海话,听明却怎么听也听不懂,真急人啊!)

这个习惯用语主要有以下一些:"横讲竖讲、横弄竖弄、横写竖写、横看竖看、横踢竖踢、横算竖算、横开竖开、横唱竖唱、横听竖听、横做竖做、横作竖作"等。

我们来看例句:

我勿晓得搭伊讲了几遍了,横讲竖说就是听勿进去。(我不知道和他说了几遍了,不管怎么说就是听不进去。)

搿只物事伊弄仔交关辰光了,横弄竖弄弄勿好。(这个东西他弄了很长时间了,怎么弄也弄不好。)

搿篇报告伊横写竖写写勿好了,侬去写哦。(这篇报告她写了好久写不好,你去写吧。)

搿个字我横看竖看看勿出啥地方错脱了。(这个字我怎么看也看不出哪里错了。)

中国个足球是横踢竖踢踢勿好,还勿及人家小来西个国家。(中国的足球怎么踢也踢不好,还不及小国家。)

搿笔账伊是横算竖算算勿出来,侬去相帮伊算算哦。(这笔账他是怎么算也算不出,你去帮他算算吧。)

搿把锁我横开竖开开勿开来,有啥秘密辣海哦?(这把锁我怎么也开不开,有什么秘密吗?)

搿只歌瞎难唱,我是横唱竖唱唱勿好。(这首歌非常难唱,我怎么唱也唱不好。)

录音我是横听竖听听勿清爽,侬倒来听听看呢!(录音我怎么听也听不清楚,你来听听吧!)

搿只鹞子我是横做竖做做勿好了,侬来做好伊好哦?(这只风筝我怎么做也做不好,你来把它做完好吗?)

侬横作竖作作点啥,人也要拨侬作煞脱了!(你乱作作什么,人也要被你作死了!)

今天说的熟语是:"人有千算,勿如老天一算"。这说的是人再有算计,也不如大自然的安排,人力不如天力。比如:

侬算来算去算点啥？勿要算咪！人有千算，勿如老天一算。（你算来算去算些什么？不要算了！人有千算，不如老天爷一算。）

（丁迪蒙）

2013年4月9日

上星期，有互动听众提出，要我们讲讲"投五投六"一类含有数字的词，表达什么意思。上海话"成语"中，含数词的很多。我们这次集中谈谈这些词都用在什么地方，表达什么意义？如"投五投六、杂七杂八、七曲八弯、瞎三话四、一跳八丈高"。

"投五投六""杂七杂八"

这类"成语"有表示脑子乱后的"投五投六"，表示东西杂乱的"杂七杂八"、"夹七夹八"、"绕七绕八"、"七高八低"、"七歪八牵"、"七支八搭"、"七挢八裂"、"七丁八倒"、"瞎七搭八"、"远七长八"、"七手八只脚"。

总之，多表示"多（重复）、杂、乱"的意思。

（钱乃荣）

2013年4月10日

今天丁迪蒙老师要说的是上海话里的"×死×煞"，比如"做死做煞、忙死忙煞"，你还能举出哪些类似的词语，能用它们造句吗？

"跳死跳煞"也没用

今天谈的常用固定搭配是"×死×煞"，表示程度很高。比如说"老板最近真是作死作煞，弄得下头人忙死忙煞"。

主要有"忙死忙煞、恨死恨煞、作死作煞、做死做煞、跳死跳煞、开死开煞、算死算煞、苦死苦煞、吵死吵煞、轧死轧煞、堵死堵煞、捞死捞煞"等。

我们来看例句:

我忙死忙煞侪为了侬搿只小鬼。(我这么忙都是为了你这个小鬼。)

我看到伊是恨死恨煞啦,一点办法也呒没。(我看到他是恨得要死,一点办法也没有。)

伊拉家主婆天天辣屋里向作死作煞,搞得来伊头大煞脱了!(他老婆天天在家里作得要死,搞得他头大。)

我做死做煞只赚了搿几钿,人家勿做啥好赚交关,人比人要气煞个啦!(我拼命做只赚了一点钱,人家不做什么可以赚好多,人比人要气死的。)

人死也死脱了,你跳死跳煞(哭死哭煞)也呒没用了。(人死也死了,你跳死(哭死)也没用了。)

管理费要交脱交关,我出租车开死开煞也开勿着几钿个。(管理费要交好多,我出租车开死也赚不着多少钱的。)

阎罗王喊侬去就要去个,算死算煞有啥用啊!(阎罗王叫你去就要去的,这么算计有什么用啊!)

苦死苦煞拿儿子养大,儿子生毛病死脱了。(辛辛苦苦地把儿子养大,儿子生病死了。)

勿要吵唻!吵死吵煞吵点啥啦!(不要吵了!这么吵吵干什么啦!)

南京路浪人多得来轧死轧煞,勿要去轧闹猛好哦!(南京路上人多得挤死,不要去凑热闹好吗!)

今朝高架浪是堵死堵煞,车子开勿动。(今天高架上堵得要死,车子开不动。)

我捞死捞煞捞勿着,伊一来就捞着介许多。(我怎么捞也捞不着,他一来就捞了这么多。)

注意:"做"和"作"普通话里是同音字,上海话的发音不同。"作"是入声字,发音短促,而"做"读如"组"。

今天要说的熟语是:"筷头浪出忤逆,棒头浪出孝子"。

意思是小孩子不可以溺爱,应该严格管教。饮食上总是给孩子好吃的,这样就会惯坏孩子;而如果做了错事给孩子一些必要的责罚,则对他的成长没有坏处。比如:

勿好搿能百依百顺个,要晓得:筷头浪出忤逆,棒头浪出孝子。(不好这

样百依百顺的,要知道:越是溺爱将来越不成器,棍棒下才会出孝子。)

(丁迪蒙)

2013年4月11日

　　上海话当中,原来是用一个助词放在两个小句子里,就表达"因果关系"和"假设关系"的意思的,如用"咾"表示"因为……所以……",用"末(么)"表示"如果……就……"。你能举出例子来吗?

"因果"报应

　　上海话中,助词"咾"放在两个小句子里就表示因果关系;助词"末"放在两句中,表示假设关系。例句如下:

　　我生毛病咾勿去上课。(我因为生病,所以不去上课。)
　　伊做错事体咾拨拉老师批评。(他因为做错事情所以被老师批评。)
　　侬拿出证据来末,我相信。(如果你拿出证据来,我就相信。)
　　侬有空末来白相相。(你要是有空,就过来玩。)
　　侬用墨要当心,浓末揭勿开,淡末要化开来。(你要小心用墨,如果浓的话就涂不开,如果淡了就要化开来。)

(钱乃荣)

2013年4月12日

　　上海话"吃"的表达,如"收进、受、挨、碰到",还有哪些? 比如:"吃进一张牌、吃耳光、吃红灯"。

"吃"得精彩

　　"吃"在上海话里可一点也不简单。以前关于"吃"的话题我们也讨论过。我们知道,"吃"在上海话中的意思远远比"用嘴进食"多。我们今天集中讨论其中几个引申义。

除了表示用嘴来进食以外,"吃"还可以用来表示用嘴来进行的一些动作,像普通话中的"喝、吸"等,如"吃茶、吃老酒、吃香烟"等。如果说"吃食堂、吃夜排档",可不是说把整个食堂和夜排档吃下去哦,这里的意思是在某些出售食物的地方吃。也就是说,这里的"吃"后面不是吃的东西,而是吃的场所。另外,除了表示用"嘴"来吃,还能表示别的东西的液体吸收,如"吃墨、吃水"等。说一张纸"吃墨"厉害,就是指这张纸很能吸收墨汁或者墨水。

说完了这些和嘴巴吃关系比较大的词以后,我们开始进一步发挥自己的想象,看看上海话中的"吃"还能怎么引申。"吃"可以表示得到、收进。如打牌的时候说"我吃进一只废牌"(我拿了一张废牌);考试完毕可以说,"吃了只50分"(只考了50分)或者是"吃汤团"(得了零分),都表示得到、收进的意思。而在"吃红灯、吃火车"等一些词中,"吃"的意思是碰到、遇上了某些事情而受到了阻碍。"吃"还可以表示受到、挨,这样的词就比较多了。"吃耳光"指被打了一巴掌,"吃批评"就是受到了批评。"吃生活"有两个意思,一个是被打了一顿,另外一个是打别人。"吃轧头"是受挫,"吃排头"是挨批评,"吃家生"的意思和"吃生活"类似,都是挨打,而"吃弹簧屁股"我们以前讲过,就是指在那种高低不平的"弹硌路"上面骑自行车或者是坐别人的自行车时,屁股被颠簸得一上一下地跳,好像装了弹簧那样。

接着,由"得到、挨"这样的意思又可以引申为吸引。如果一个女生非常漂亮,很吸引某个男生,使得男生非常喜欢这个女生,我们也可以说"吃":"我吃伊长得好看"(我就是喜欢她长得好看);对对方爱得死去活来,我们可以说"吃煞脱侬了"(我喜欢死你了)。而在"伊老是欢喜吃吃我"(她总是喜欢欺负我)这一句句子里面,"吃"的意思就是招惹、欺负。看来,"吃"的世界还真的不简单啊!

(朱贞淼)

2013年4月15日

上海话中"情愿……也勿……"的句式,表达的是什么意思?比如"情愿掼脱也勿拨侬"。试着造句。

妙趣横生上海话

"情愿"饿死"也勿"吃

今天我们来说说"情愿……也勿……",这个句式相当于普通话的"宁可……也不……",是比较两方面的利害得失后选取的一个方面,往往和"要、会、拨"等相呼应。

且看例句:

老底子上海人情愿蹲辣上海吃吃咸菜,也勿到外码头去赚大钞票。(以前上海人宁可在上海吃咸菜,也不愿到外地去赚大钱。)

情愿自家吃点亏,也勿要叫别人吃亏。(宁可自己吃亏点,也不要让别人吃亏。)

情愿我去个,也勿要伊来。(宁可我去,也不要他来。)

情愿浪费脱搿张票子,也勿要拨伊去看。(宁可浪费这张票子,也不要给他去看。)

搿眼钞票我情愿送拨人家也勿会拨侬个。(这些钱我宁可送给人家也不会给你。)

我情愿一介头走,也勿会去寻伊一道去个。(我宁可一个人走,也不会去找他一起去。)

搿眼衣裳我情愿掼脱也勿拨侬。(这些衣服我宁可丢掉也不给你。)

我情愿拨侬也勿拨伊拉阿妹个。(我宁可给你也不给他妹妹。)

我情愿淋湿脱也勿要带洋伞。(我宁可淋湿也不要带雨伞。)

伊情愿过冷天也勿要过热天。(他宁可过冬天也不要过夏天。)

我们今天要说的熟语是:"六月个日头,晚娘个拳头"。比喻继母凶狠如同是六月的太阳那么的火辣。比如:

搿小人娘老早死脱了,爷讨个蛮娘进来了,乃是六月个日头,晚娘个拳头,罪过煞脱唻!(这孩子的妈很早去世了,他爸给他找了个后妈,后妈凶得很,小孩可怜死了!)

注意:"晚娘"读如"蛮娘"。

(丁迪蒙)

2013 年 4 月 16 日

上海话中,原来表达转折关系的复句,不是用"虽然……但是……"的,"虽然……但是"是从北方来的。而用"去末去"、"做是做"表示,如:"白莲泾个地方,我去末去过个,已经记勿清了。""做是做勿煞个,气是要气煞个。"你能再举些例句来说吗?

"讲是讲""做末做"

上海话当中,还有一种"拷贝句"句式。也用"V 末 V"、"V 是 V"、"V 也 V",其中 V 表示动词。比如:"家生搬也搬勿动。"(家具搬不动。)"辫种个辰光,我急也急煞哒!"(这个时间,我真急死了!)"侬张画,画得难看也难看煞了。"(你这张画,画得真难看啊。)

老上海话中,原来是用"V 是 V",表示"虽然……但是……"这样的转折关系。如:

讲是讲得好来死,做勿来个。(虽然说得那么好,但是不会做。)

两种黑板差是差勿多,玻璃黑板看上去光生。(两种黑板虽然差不多,但玻璃黑板看上去光洁。)

也可以用"V 末 V"表示转折,如:

山高末勿高,还是蛮好白相个。(山虽然不高,但是还是蛮好玩的。)

生梨树多末多,生梨结了一点点。(梨树虽然多,梨子结了一点儿。)

"拷贝式",指的是一个词,连用了两次。如:

辫种辰光,侬急是急勿出了。(这时候,你再急也没用。)

恨也恨煞伊了!(真是恨死他了!)

辫张画,画得难看也难看煞了!(这张画,画得难看死了!)

我衣裳末收也收好了,地末扫也扫好,等侬来是,来也来勿及了!(我衣服已经统统收好,地都已扫完,要是等你来的话,怎么也来不及了。)

班长已经班长了,侬还要升啊?(你已经是班长了,还要升啊?)

拷贝句式最经常的是表示强调,其语意用普通话难以译出。

(钱乃荣)

 妙趣横生上海话

2013 年 4 月 17 日

现在的上海无疑为海纳百川、有容乃大的国际化大都市。但就在20年前，上海人在全国人民的心目中似乎还是精明甚至是小气的代名词。今天丁迪蒙老师和大家来聊聊，为什么以前的上海人会给别人这种"小气"的印象？

上海人很会"做人家"

今天我们来谈谈上海人精明、会算计以及被人认为小气的由来。

造成的原因有不少，我认为最重要的原因有两个：一是上海人以往的住房条件，二可以从上海人的饮食结构来分析。

首先，我们从先前的住房条件来看。

20世纪50年代以来，上海作为全国工业重镇，虽然为上交国家财政最多的省市单位，但大部分老百姓的生活状况之差却与之形成鲜明对比。就以我小时候居住的条件为例来说说看。

我家当时住在淮海路以前的淮海国营旧货商店（是很有名的一家店铺）旁边，这条弄堂叫"五凤里"，属于新式里弄，档次并不算低。但在50年代以后，陆续搬进不少人家。

记得弄堂里有户人家8口人居住在十来个平方米的小屋里，包括吃、睡、大小便全部在里面，怎么住法？这就是"螺蛳壳里做道场"了。

进门是一张四尺床，夫妻两人睡的，门后有一马桶，一家人解手便全在里面了。床旁放个大橱（上海人要面子，出去一定要穿得光鲜，稍好的衣服都要挂起来，因此大橱是必不可少的）。橱边有个被头柜，那是存放冬天衣被的。接下来转角靠窗有张桌子，这就是现在的餐厅了。小菜放在上面，坐就不能坐了，孩子常要站着吃。桌边上有个扶梯上阁楼的。搭个阁楼，六个孩子睡觉就在阁楼上了。这就是十来个平方米的一个家。

没有厨房，煤气就只能放在进出的走道上了。这其实还不是最差的，这种居住条件在上海是司空见惯的。这种现象一直到90年代末才发生变化。

大家想,在这样逼仄的环境里生活,怎么可能让他大方!当然是要"寸土必争"的了!于是,只要某人在某处放了个篮子,那今后这里的地盘就属于这个人的了,别人就不能再来占用这个地方。这是小气的由来。

试想,北方地区几里路都见不到一个人,他还需要这样的斤斤计较吗!

其次,我们再从饮食文化上来看。

上海人吃东西通常讲究精致。普通人家家里吃饭,四菜一汤是必不可少的,往往需要一个素菜、两个小荤(蔬菜带点小肉丝之类的)、一个大荤(肉或者鱼),再做个汤。这样,就必须在有限的菜钱里翻些花样。比如说上海人家的一鸡三吃。一只鸡要分成三样来吃,怎么可能?早在20世纪90年代就有北方人满脸困惑来问我这个问题。

其实很简单。

首先杀鸡,放出来的鸡血蒸熟可以放在汤里的,再把鸡油熬出来,鸡内脏洗干净。内脏和"黄芽菜"(大白菜)一起炒,这就是炒"时件"了。

接下来,把鸡肚子上的肉切下来,因为肚子上的肉如果做在汤里会很老,不好吃,切下来后搞点"地梨"(荸荠)则可以炒鸡丁,这样就又嫩又鲜了。

然后切出来的鸡块用来烧汤,等鸡肉基本熟时把鸡肉捞起来。做成清汤也好,放点竹笋进去也好,这就是十分美味的鸡汤了。

捞出来的鸡块放点栗子,放上酱油去红烧一下,那就是个红烧栗子鸡了。

你看,一只鸡就做成了三个菜一个汤,再炒个青菜之类的就成四菜一汤了,既好吃又不会吃腻。我曾问过我的北方朋友怎么吃这只鸡?回答是"就一锅煮呗",喝汤、吃鸡肉就是了!这是南北饮食文化的差异。

再如,以前购买食品都要用粮票,没有粮票钱再多也不会卖给你。而全中国其他地方最小的粮票面值都是一两,唯独上海却有半两粮票,用这可以购买一个蛋糕;还有,在上海有分布在各个角落的小烟纸店,在这些小店里,香烟可以论支买、火柴也可只买半包。

不可思议吧!这就是上海人的精明。

其实,上海人应该是会过日子,比较"做人家",不能算是小气。

(丁迪蒙)

妙趣横生上海话

2013年4月19日

上海话中"娘舅"是谁?"老娘舅"是谁?称呼"老娘舅"还有其他的叫法吗?

有事就找"娘舅"

汽车在马路上行驶,如果发生了事故,双方争执不下,那么一定会有人提议,请"老娘舅"来。为什么出了事故要请家里的亲戚?原来"老娘舅"在上海话里是另有其义的。

"娘舅"就是"舅舅",突出"娘"字,是因为要说明是母亲这一方的亲眷。但凡家中发生争吵、矛盾,无法解决的时候,就要请人出面调停。这个时候,"娘舅"就是第一人选。为什么要请"娘舅"而不请别人呢?因为"娘舅"是长辈,有话语权,也是母亲那一边的亲戚,和自己没有利害关系,可以做到相对的公平、公正。因此,"娘舅"引伸为调停人。上海人把有执法权、处罚权的人,一律称之为"娘舅"。而警察管得最多,权力也最大,所以警察就是"老娘舅"。

那么说到警察,除了"老娘舅"之外,还有很多雅号。北方话中叫"条子",是因为警察制服的袖口上有三条白色的杠线,所以在上海话中,也叫成"三圳(dha)头"。"圳"在上海话中是一个量词,可以表示动作的趟数,也可以是条形物的量词。还有个叫法是从上海著名的大型滑稽戏《七十二家房客》中来的,说到这个很多人肯定都知道了,那就是由著名的滑稽戏演员杨华生扮演的反面警察形象"三六九",于是上海话中的俗语"三六九拉现钞",就是指那些不求长期回报,只要眼前利益的人。我们还会叫警察"黑猫"。这个叫法是从著名的动画片《黑猫警长》中来的,而现在由于门卫和保安的制服也是黑色的,所以有时候"黑猫"这个名字也可称呼他们。

老上海人把"警察"叫作"巡捕",因为以前中国没有"警察",我们就照搬大清的"巡捕"来称呼,而"巡捕房"就是"警察局"了。"红头阿三"是解放前上海人对于英租界中的"印度巡捕"的称呼。说是"红头"是因为他们头上都包着红布,远远地望过去,就像一根火柴。那为什么叫"阿三"呢?有人说是因为印度人在说话时,经常会说"I say, I say"的,所以就用谐音"阿三"来表示。这种说法值得商榷。我们认为,来源于"阿 sir"的可能更加大点。大家一定看过香港的电影电视,他们都管警察叫"阿 sir",当年的上海可能也是这样,所以,"红头阿 sir"就变成了"红头阿三"。

（朱贞淼）

2013年4月21日

上海话中的数字"二",有时读"ni(伲)"音,有些地方用时读"lian(两)",有的地方读"er(而)"。请你举些例子,说说有没有使用的规律?

"222"怎么读

"二"在上海话中,有 ni、lian、er 三个读音。用在序数里,读 ni,如"第二"、"初二"、"二伯伯";连读"一、二、三、四"时,老派过去是读 ni 的,现在大多数人读 lian。用在多位数的个位时,过去都读 ni,如"十二"、"廿二"、"三十二";但是现在"三十二"以上的,读 lian 的人越来越来越多,如"五十二(lian)路车子"。"万"、"千"数,都读 lian,如普通话"二(er)万五千里"上海话说"二(lian)万五千里"。

三位数以上连读时,2 都读 lian,如"323"、"232"。表示年份时,2 都读 lian,如"2000 年"、"1922 年"。礼拜二,现今读 lian 和 ni 的都有。

度量衡中,"二斤二两",上海话说"二(lian)斤二(ni)两"。旧有的"二尺二寸"中的"二",老派说 ni,今多数人都读 lian;新的度量,如"二吨"、"二公里"中的"二"都读 lian。

所以,在上海话中,"二"比普通话转向读 lian 走得更远。

er 是文读音,现只在极少一些较固定的词语里才有读 er 的,如"二郎腿"、"二流子"。

（钱乃荣）

2013年4月23日

今天你能说说"宕"这个词在上海话里有几种意思吗?其实现代生活里,这个词也常用,你知道吗?今天请小朱老师与大家一起分享这个词的故事。

妙趣横生上海话

贯通古今的"宕"

今天和大家说一个字,写出来大家不一定认识,但是平时用得倒也不少,就是"宕",音同"荡",读 dhang。

这个字本来是桥牌术语,在每一副桥牌里,要打十三轮,如果达到了事先约定的轮数,就算进攻成功;如果达不到轮数,就叫"宕",而英语中就叫作 down set。因此这个词一开始应该就是个音译词。"宕"不仅是一个桥牌术语,而且是一个麻将术语。打了一副牌,输了点钱,拿出张大钞票叫赢家找,赢家暂时没有零钱,就说,"侬宕一宕好唻",意思就是先欠着,过一会儿再付。不管是桥牌还是麻将,"宕"都是"缺少"的意思。麻将中欠别人钱,叫"宕",后来就引申到了普通的欠钱,有一笔账欠着,我们就叫"宕账"。

除此之外,"宕"还有"垂下"的意思。"垂下"我们就可以说"宕下来",而"宕下来"的东西叫作"宕头"。其实,"宕头"有三个意思。第一个就是"挂件",特别是指项链和手链上垂下的挂件。第二个是指钟摆,这个也容易理解。钟摆也是垂下之物。第三是指在打牌的时候,一副牌中的零散牌张。如果一副牌作为一个整体的话,那这几张零星的牌就好比是从一个整体里垂下的东西一样。

另外,随着科技的发展,这个"宕"又有了新的意义。从互联网上下载各种文件,英语是 download,我们就取前面一半的音译,上海话说成"宕",如,"让我从网浪向宕眼物事"(让我从网上下载点东西)。

(朱贞淼)

2013 年 4 月 25 日

上海最有名的童谣"摇啊摇,摇到外婆桥",这两句下面怎样唱?有几个版本?你会接下去说几种?

不一样的"谣"

"摇啊摇,摇到外婆桥",后面怎么讲下去,我掌握的有8个版本。

"摇啊摇,摇到外婆桥。一只馒头一块糕,宝宝吃得哈哈笑。"

"摇啊摇,摇到外婆桥。外婆叫我好宝宝。糖一包,果一包,外婆买条鱼来烧。头勿熟,尾巴焦,盛辣碗里吱吱叫,吃辣肚里豁虎跳。跳啊跳,一跳跳到卖鱼桥,宝宝乐得哈哈笑。"这个童谣唱出了围绕宝宝来外婆家而转,一家人的忙乎乐乎。

"摇啊摇,摇到外婆桥。外婆叫我好宝宝,请吃糖,穷吃糕。糖啊糕啊莫吃饱,少吃滋味多,多吃滋味少。"这个童谣寓教成分较重,曾被选进小学课本。

"摇啊摇,摇到外婆桥。外婆对我笑,叫我好宝宝。外婆抱宝宝,宝宝吃糖糕,糖糕吃饱了,宝宝哈哈笑。"这个儿歌是从我小时候幼稚园的课本中选来的。

"摇啊摇,摇到外婆桥。外婆叫我好宝宝,三块饼干四块糕,吃仔就要跑。"这个童谣表达的是外婆希望孩子多待一会儿不舍得的心理。

"摇啊摇,摇到外婆桥。外婆叫我好宝宝,我叫外婆洋泡泡,外婆骂我小赤佬!"这个童谣表现的是顽皮小孩的戏谑。

最后两个"摇到外婆桥",是我从1925年出版的胡祖德著的《沪谚外编》摘来的:

"摇啊摇,摇到外婆桥。外婆桥上买一个鱼来烧。头爿未熟尾巴焦,盛来碗里豁虎跳。"书上注:未精烹饪之可笑也。

"摇啊摇,摇到外婆桥。外婆叫烧茶,新妇懒烧茶。镬子底里灶鸡叫,水缸底里结莲花。"书上注:此言贫家无吃无做,一味贪婪,以致毫无发展也。

(钱乃荣)

2013年4月26日

今天请朱贞森老师说说上海话里的"辣"。老上海人不太吃辣,但是上海话里的带"辣"字的俗语真不少。比如"辣豁豁、刮辣松脆",除此之外,你还能

 妙趣横生上海话

想出哪些带"辣"字的俗语?

"辣"出味道

　　以前上海菜是以甜著称的,可是现在越来越多的菜中开始放入了"辣",上海人的口味也越来越能接受"辣"了,在上海的川菜馆、湘菜馆越来越多。上海话的俗语中有"辣"的也不少,但是它们大多倒和吃的东西无关。

　　辣的东西吃在嘴里,就有"辣蓬蓬"的感觉,这阵阵辣味倒也有不少人喜欢。如果辣得厉害,就是"辣豁豁"了;同样如果被别人打了一记耳光,脸上火辣辣地痛,也可以说"辣豁豁";别的地方火辣辣地痛,也都可以说"辣豁豁"。如果一个人说话有份量,指出别人缺点的时候能够一针见血,非常到位,那这样也可以叫作"辣豁豁"。打人的时候,如果非常厉害,我们说"辣辣叫"。

　　手段狠,就好比手上抹了辣,处理事情毫不留情,我们就说"辣手";手段毒辣得厉害,除了手外,连脚都变辣了,我们说"辣手辣脚"。上海人因为不吃辣,所以关于辣的调味品也不多,只有"辣火酱"。如果你不"识相",不识时务,那别人一定会给你一点"辣火酱"吃吃,这样就有得苦头了。要是被对方"辣一记"就可别怪自己了。

　　上海话中还有很多形容词也是有辣的,原因也是因为"辣"这个字是一个入声字,读起来比较利落干脆。像"赤刮辣新"、"刮辣松脆"、"煞辣势平"、"煞辣势清"等。"辣陌生头",也有人说"辣陌生里",意思是突然,冷不防。还有,"辣末"是表示最后,同样表示最后意思的词还有"阿末、末脚"等。

(朱贞淼)

2013年5月2日

　　谈谈上海人烧小菜,如"蛋"有哪几种烧法? 可以做成哪些菜? 如"荷包蛋、酱煨蛋、丝瓜炒蛋"。

一"蛋"百烧

上海人对"蛋"的做菜样式十分丰富多彩。将整个蛋红烧,可做成"酱煨蛋";直接放进沸水中,做成"水潜蛋";带壳放在水里煠,叫"白煠蛋";破壳后放在油里煎,翻身的,美其名曰"荷包蛋";在平锅中,不翻身的,称"煎蛋";放在酱油、茶叶和茴香等佐料中长时间煮,做成"五香茶叶蛋"。做成松花蛋,上海人称"皮蛋",鸭蛋还可以制成"咸蛋"。

把蛋在碗里打和,放在油锅里炒,称为炒蛋。有各种炒法:一种是打碎,成"清炒蛋";一种是不打碎,炒成一圆块,称"盆子蛋";还有一种趁热快炒成的,叫"跑蛋"或"跑马蛋"。

与其他菜肴搭配,蛋类菜有以下的形式:

(1) 蛋汤:有榨菜肉丝蛋汤、番茄蛋汤、紫菜蛋汤、鸡毛菜蛋汤、蘑菇蛋汤。

(2) 炖蛋:有用盐的白炖蛋,用酱油的红炖蛋;还有蛤蜊炖蛋、白米虾炖蛋、肉饼子炖蛋。

(3) 炒蛋:有丝瓜炒蛋、番茄炒蛋、苦瓜炒蛋、面丈鱼炒蛋;单炒蛋白,称"芙蓉蛋"。

此外,还有放肉酱,做"蛋饺";做成"蛋皮",放汤为"蛋皮汤"等,花样繁多。

(钱乃荣)

2013年5月3日

今天请朱贞淼老师说说上海话里的"掼",如"掼浪头、掼煞跤、掼派头"。你能想起还有哪些上海话里跟"掼"相关的俗语。

"掼"来"掼"去

上海话中表示普通话中"扔"这个意思的,有两个词,一个是"丒(dok)",另一个是"掼"。我们发现,"掼"字开头的俗语更加多,今天我们就来说说"掼"字

开头的俗语。

俗语虽多,但万变不离其宗。很多俗语都是和"扔、摔"这个意思有关。上海话中"掼跤"是摔跤,指走路不小心跌了一跤,而"掼摔跤"就是指摔跤这样一种体育运动。有一种奶油,很多年轻人都很喜欢吃,叫"掼奶油",它是用动物奶油"打发"而成的,这东西在英语中叫 whipping cream,直译成上海话就是"掼奶油"了。"掼浪头、掼派头"这样的词写出来可能外地朋友也不懂,只有真正的上海人才明白。这两个词的意思差不多,但也有区别。"掼浪头"的意思是说大话,显示自己很有能耐;而"掼派头"是讲排场,显示自己有气度,有风度。如果要说两者都含贬义的话,那么"掼浪头"的贬义似乎更多一些。"派司"是一个外来语,是英语 pass 的音译词,它一般指的是证件之类。"掼派司",就是把自己的证件出示出来,亮明自己的身份。有些东西可以"掼",有些东西则"掼"不得,比如乌纱帽。"掼纱帽"是指因气愤而撂挑子,再配上一句话"这个官我不做了"就更加形象了。"掼炸弹"就是扔炸弹,"大便"的戏谑说法。家里的"家生"(家具)可不能随便"掼",一般都是在发火的时候才会这样。如果要做一件事情要下大本钱,必须投钱进去,那我们就说"掼铜钿"或者是"掼铜钿银子"。"掼烂山芋"又是扔什么呢?原来它的意思就是把一件棘手的事情或者是没有做完的烂摊子扔给别人去做。"掼侬三条横马路"就是指比你好很多,中间的数词还可以随意变化以加强语气。

(朱贞淼)

2013 年 5 月 6 日

今天由丁迪蒙老师跟大家聊聊上海话里的"年、月、周、天"的说法。比如老上海话里的去年不叫去年,叫"旧年",那上海话里明年叫什么?你能说出哪些跟"年月周日"相关的时间概念吗?

日复一日,年复一年

今天我们来说说上海话"年、月、周、日"的说法。

一、年

有"前两年、前年仔、去年、旧年(仔)、今年、明年、开年(仔)"等。

且看在句子中的使用情况：

前两年伊来过个，前年(仔)呒没来，旧年(仔)也呒没过来。（前几年他来过的，前年没来，去年也没过来。）

今年伊讲上半年呒没空来，下半年会得来个。（今年他说上半年没空来，下半年会来的。）

明年(开年仔)阿拉囡儿研究生毕业了。（明年我女儿研究生毕业了。）

"去年"以往较多用的是"旧年、旧年仔"，说"去年"已经是受了普通话的影响。注意连语音也是和正常的"去"不同的。"啥地方去"的"去"，音为"起"；而"去年"的"去"，则为"取"。

说"明年"也是受了普通话的影响，原只说"开年"的。有句俗语叫"开年礼拜九"，这是委婉告诉别人不可能做到的事情。比如：

侬叫我去啊？好个呀，我开年礼拜九去好哞。（你叫我去啊？好啊，我不会去的。）

侬等伊来啊？等到开年礼拜九哦。（你等她来啊？等不来的。）

二、月

有"一个号头(月)、上两个号头(月)、辣个号头(月)、下个号头(月)"等。

上海话以往只说"号头"，现在也说"月"了。

且看在句子中的使用情况：

我等了伊一个号头(月)了。（我等了他一个月了。）

上两个号头(月)我去香港了。（上两个月我去香港了。）

辣个号头(月)我呒没空，下个号头(月)来三哦？（这个月我没空，下个月可以吗？）

三、周

有"一个礼拜、上(个)礼拜、辣个礼拜、下(个)礼拜"等。

"星期"通常不说，用"礼拜"。

且看在句子中的使用情况：

辣件衣裳做好要一个礼拜。（做好这件衣服要一个星期。）

上个礼拜我去南京路个，辣个礼拜勿出去，下个礼拜再去看看。（上个星

期我去南京路的,这个星期不出去,下个星期再去看看。)

四、日

有"前两日、大前日、前日仔、昨日仔、今朝、明朝仔、后日仔、一日天、两日天、三日天"等。

"今朝"、"明朝"的"今、明"现在已和普通话的发音类似,但以往是念"zen、men"的。70岁以下的人已经不这样念了。

且看在句子中的使用情况:

前两日伊拉爸爸来了,大前日带伊出去看看,前日子讲吃力了,呒没出去。(前两天他爸爸来了,大前天带他出去看看,前天说累了,没出去。)

昨日仔阿拉去朱家角个,今朝勿出去了。(昨天我们去朱家角了,今天不出去了。)

明朝仔有课,要到学堂里去个。后日呒没课,勿要去了。(明天有课,要去学校。后天没课,不要去了。)

到伊面去来回要三日天,两日天勿够个。(到那里去来回要三天,两天不够的。)

一日天只好到苏州去。(一天只能去苏州。)

五、一天从早到晚

有"早浪向、一清早、老清老早、上半日、中浪向、日中心、下半日、日里向、夜快头、黄昏头、夜头(到)、夜里向、夜点头、半夜把、上半夜、下半夜、后半夜、深更半夜"等。

且看在句子中的使用情况:

我今朝早浪向要出去个,所以一清早就起来了。(我今天早上要出去,所以清早就起来了。)

老清老早起来做啥?天还呒没亮哝!(大清早起来做什么?天还没亮呢!)

上半日我辣屋里勿出去,中浪向有人来,下半日要出去个。(上午我在家不出去,中午有人来,下午要出去的。)

伊日里向辣屋里,夜快头要出去个,夜里向也勿辣海。(他白天在家,傍晚要出去的,晚上也不在。)

黄昏头太阳呒没了,被头侪要收回来。(傍晚太阳没了,被子都要收回来。)

伊拉娘夜到勿辣海,半夜把回来个。(他妈晚上不在,半夜回来。)

我上半夜睏勿着,下半夜睏着了。(我上半夜睡不着,下半夜睡着了。)

后半夜拨电话铃叫醒了。(后半夜被电话铃叫醒了。)

啥人辣外头讲闲话啊!深更半夜还要睏觉哦?(谁在外说话啊!半夜三更还要睡觉吗?)

要注意:

(1)"两"的发音。音调较为低沉的就是"两"的意思,是确指;如果发成高音,那只是个虚数,指的是几年。

(2)"年"和"日"的读音分辨。"年"发的是长音 ni,"日"发的是短促的音 nik,类似于英语中的 it 的 i。声音要马上收住,不然会造成理解错误。一日变成一年,麻烦就大了。

(丁迪蒙)

2013年5月7日

今天请大家来谈谈用"勿"开头的惯用语,如"勿入调、勿作兴、勿搭界",你能说出几个,并说出是什么意思吗?要求是一个熟语,即有特殊意思的,"勿开心"等自由词组不能算。

"勿得勿"学上海话

"勿"就是"不",在吴语中都读声母"唇齿音",以前西方传教士的上海话著作和上海人写上海话文章中都用"勿"字。"勿"字开头的惯用语有许多,如:

"勿作兴",说的是不应该,道德上说不过去的意思,如大人欺负小孩,就是"勿作兴"了。"勿入调",行动、说话庸俗低级,如:"正经事体不做,小王弄弄就要勿入调。"(正经事情不做,小王动不动就低级庸俗。)

"勿搭界",原来是没有关联的意思,后来虚化为"没关系"、"没事儿"的意思。还有一个"勿碍事"也是这个意思,常用在对方说"对不起"之后。

"勿识货",是说该人根本不懂,没识别力,好人、好东西在他眼前也看不出

来。"勿识头",指不知好歹,与"勿识货"意思差不多;又指倒霉、晦气,遇到倒霉的事,说一声"我真勿识头!"还指被人出气,如:"老公外面混得勿好,回来就拿我勿识头!"(老公在外混得不好,回来就拿我出气。)

"勿连牵",指话说不连贯,就说该人"讲话讲勿连牵";做事不像样不靠谱,就说该人"生活做勿连牵";不成功,也是"勿连牵",如:"我饭也吃勿连牵,还养得活小囡?"(我饭都没得吃,怎么养得活小孩?)

"勿着落",是没有着落,言语举动没分寸、不合适的意思。更重一点说"勿着勿落",如:"讲话识相一点,勿要勿着勿落!"(讲话安分些,不要没大没小。)

"勿领盆",是不买账,对对方的压力不服、不怕、不认输的时候说这个词。

"勿适意",是不舒服的意思,有时是"生病了"的委婉说法。

"勿二勿三",年轻人幽默地说成 no two no three,是不正经、不伦不类的意思。"勿尴勿尬",是不如意,不凑巧,如说电影开场在"勿尴勿尬"的时间;还指未完成,正做着时在中间停下来了,不上不下,左右为难,都用"勿尴勿尬"来形容。

"勿是好路道",是说"道儿不正"。"勿是生意经",有"不妙"、"绝不能办到"、"简直不像话"等多个意思,如:"侬想溜走,勿是生意经!"(你想溜走,简直不像话。)

(钱乃荣)

2013年5月8日

普通话中"下、到、住、掉"分别对应的上海话是什么?如"吃得落、碰得着、撑得牢、走得脱"。请再举例。

"得""得"不休

上海话属于吴语,是不同于北方官话的一种汉语方言,自然有很多地方不同于以北方话为基础的普通话。今天我们来说四个上海话和普通话不同的语法现象。

普通话中动词加"下",在上海话中是动词加"落",它表示的是能不能容纳。如"吃得落"就是胃里能容纳,"咽勿落"就是胃里不能容纳。同样的例子还有,"迭只冰箱忒小了,装勿落介许多物事"(这个冰箱太小,装不下这么多东西),"辣部车子乘得落廿个人哦?"(这辆车坐得下二十个人吗?)"覅再轧上来咪,已经轧勿落咪!"(不要再往上挤了,已经挤得挤不动了!)

普通话中动词加"到",在上海话中是说动词加"着",它表示能不能达到目的或者有没有结果。如"捞勿着"就是"捞不到",做了"捞"这个动作,可是达不到最后的结果。"望得着"就是"看得到",做了"看"这个动作,而且看到了,达到目的了,有了最后结果。再举一些别的例子吧。如,"我心情勿好,夜里向睏勿着"(我心情不好,晚上睡不着觉),"上海有得交关吃饭个地方,啥物事侪吃得着个"(上海有许多吃饭的地方,什么东西都吃得到),"伊忒矮了,摸勿着篮板"(他太矮了,摸不到篮板),等等。

普通话中动词加"住",在上海话中是动词加"牢",它表示动作能不能坚持下去。如,"侬个身体还撑得牢哦?"就是"你的身体还撑得住吗?"是询问对方身体情况能不能坚持下去。又如,"我吃力煞脱了,人也立勿牢了",意思就是"我实在太累了,人站也站不住了",这种情况下,"立(站)"这个动作就坚持不下去了。

普通话中动词加"掉",在上海话中是说动词加"脱",它表示能不能去掉或者是能不能发生这样的变化。如"我现在辣辣开会,走勿脱呀"是说"我现在正在开会,没办法走开呀"。类似的例子还有:"侬个毛病改得脱哦?"(你毛病改得掉吗?)"伊拉讲是讲分手了,但是好像还是断勿脱。"(他们说是说分手了,但好像还是断不掉。)"多运动运动,侬就一定瘦得脱个!"(多些运动,你一定会瘦下来!)

今天要和大家说一个熟语,"吃外国火腿"。"吃火腿"又是一个带"吃"的俗语,但其实它和吃火腿一点关系也没有,这个词语的意思是被人用脚踢了一下。而"吃外国火腿"就是被外国人用脚踢了一下。这个词流行在解放前,当时在上海有租界,如果谁做事不小心惹怒了洋大人,他们一脚上来,可是不留情的,这就是"吃外国火腿"。

(朱贞淼)

妙趣横生上海话

2013年5月9日

今天请大家来谈谈用"夹"开头的词语,如"夹生饭、夹夹绕",你能说出几个?并通过造句来说明它的意思。

"夹"在中间受气

刚才大家说到"夹"字,往往有"夹在当中"的意思。如"夹心饼干",就是两片饼干中间用奶油或巧克力酥等干黏合成,就是中间有个夹层。后来有"夹"的词,常常比喻指夹在中间的,如"三夹板",原来指三层薄板黏合成的木板,后来就有个比喻义,指夹在中间受两边气的人,如丈夫在老婆和他母亲中两边受气。这种"闲气",又称"夹板气"。连"夹心饼干"有时也借代称两头受气中的男子。

"夹生饭",指的是烧成的半生半熟的饭,熟里夹生还可以说"一篇文章,呒没做好,写成夹生饭了"(一篇文章,没写好,写得不伦不类了)。

"夹脚拖鞋"是指上面人字形的拖鞋,夹在两个脚趾中间。"夹弄"是两垛高墙中间很细的可走行人的夹道。猪肉中,有一种叫"夹心",是猪前胸小排骨以下的肉;"夹肝",是猪的胰脏的俗称。"夹衣"、"夹衫"都是"单衣"的意思。

"夹头夹脑",是劈头盖脑的意思,如:"伊夹头夹脑拿伊小囡打了一顿。"(他劈头盖脑地把他孩子打了一顿。)"夹嘴夹舌"是多嘴多舌的意思,有的"长舌妇"就是喜欢"夹嘴夹舌"地乱说别人。"夹忙头里",就是夹在自己很忙的时候,即正忙碌时,如:"侬看大家侪辣海忙个辰光,侬勿要夹忙头里来轧闹猛进来叫我了。"(你看大家正忙的时候,你别在忙中凑进来叫我了。)有个熟语"夹梦头里髈牵筋",原是说在好梦中突然腿抽筋了,由于上海话中"梦"与"忙"同音,后来也用来指"在忙中硬来凑热闹"的意思。

(钱乃荣)

2013年5月10日

上海话中"头"字结尾的俗语还有很多,今天我们继续说。三个字的形式,而且第一个字是动词。比如"起蓬头"。

出尽风"头"

上海话中有一个后缀十分常用,那就是"头",如果要说说带"头"字的上海话俗语,一个晚上也说不完。今天,我们就先局限在三字组的俗语,而且第一个字还必须是动词,最后一个字是"头"。条件已经限制得那么严格了,这样的俗语还是有不少。

出花头:想出新花招。

出风头:有光彩,很神气;或者是炫耀自己的意思。

过念头:过瘾。

香鼻头:相撞,通常指两辆车面对面地撞。

捉板头:找岔子。

起蓬头:起哄,造声势;或者形容开始有了新的发展。

搭讪头:为了跟生人接近而找话说。

触霉头:倒霉;挖苦别人,用一些不吉利的话损人。

翻行头:常换新的衣服。

讲斤头:讲条件。如,"我喊伊帮我做眼事体,伊就来脱我讲斤头"(我叫他来帮我做点事情,他就来和我讲条件)。

弄笔头:写文章投稿。如,"伊老早一直是弄笔头过日脚个"(他很早就一直靠写文章投稿谋生)。

发调头:发指示,发命令讲话。如,"大家讲了介许多,领导还没发调头唻"(大家说了那么多,可领导还没有发指示)。

绕山头:反复唠叨。如,"侬去做侬个事体,勿立辣我旁边绕山头"(你去做你自己的事,不要在我身边唠叨)。

借因头:找借口,乘机。

调枪头:改变方向;换花样。如,"昨日伊一句闲话也勿搭我讲,今朝调枪头样样事体来问我了"(昨天她一句话都不和我说,今天却什么事情都来问我);又如,"我看看现在个市场勿对,马上调枪头做小商品生意"(我发现现在市场不顺利,马上转做小商品生意)。

妙趣横生上海话

摆噱头：逗引人，骗人，开空头支票。如，"搿个人经常欢喜摆噱头，侬勿好相信伊个"（这人经常喜欢骗人，你不要相信他）。

搬砖头：抄袭。如，"现在有种人写书就欢喜搬砖头"（现在有些人著书就喜欢抄袭）。

嚼舌头：搬弄是非，信口胡说。

像这样的词中，还有不少词是第一个动词一样，或者第二个词一样，这些词更需要搞清楚彼此的意义和区别了。像"掼派头"和"掼浪头"，我们上次在说"掼"的时候已经说过了。请仔细体味以下这些词的含义：

寻骨头：找碴儿。

收骨头：对人管束。如，"开学了，小囡侪要收骨头了"（开学了，小孩子都要多管束了）。

轧苗头：见机行事，看情况灵活地办事。如，"侬轧轧苗头，今朝领导心情勿好"（你可以见机行事，今天领导心情不好）。

别苗头：比高低。如，"迭个小姑娘总归欢喜辣着衣裳浪向搭人家别苗头"（这女孩就是喜欢在穿着上与别人比高低）。

轧扁头：左右为难。如，"儿子辣辣阿婆新妇当中总归是轧扁头个"（儿子在婆婆与媳妇之间总是左右为难的）。

睏扁头：不知天高地厚，或者说是做白日梦。如，"侬要我做侬个女朋友啊？真是睏扁头了"（你要我做你女朋友？真是做白日梦）。

隑排头：倚靠山。如，"伊现在个工作岗位就隑伊拉爷娘派头个"（他现在的工作岗位就是依靠他爸妈）。

照排头：第一个意思是依靠别人。如，"迭桩事体我要照侬排头了"（这件事我要靠你了）。第二个意思是总归。如，"侬自家房间末照排头侬自家整理个呀"（自己房间总归自己整理）。

（朱贞淼）

2013年5月13日

上海人催促人做事的时候，往往会说："快点把事儿"做做光"、快点把东西"吃吃脱"——动词复读再加上一个"脱"或"光"。但不是每个动词都能这么用。你还能举出哪些例子？丁迪蒙老师陪你聊一聊。

"脱""光""好"不"好"

今天来聊聊动词重叠＋"光、脱、好",这是表示希望迅速做完某种动作。
"脱"用在动词后,相当于普通话的"掉"。
"光"用在动词后,表示完了,更强调一点都不剩。
"好"用在动词后,表示完成或达到完善的地步。
比如:
衣裳侬去汰汰脱(好、光)。(衣裳你去洗了。)
伊眼事体侬去做做光(脱、好)好来!(那些事情你去做完吧。)
纸头写写光(脱、好)哦!我勿要了。(纸写完吧!我不要了。)
搿段录音侬去听听光(脱、好)再来搭我讲。(这段录音你去听完再来和我说。)
青菜勿多了,侬去烧烧光(脱、好)。(青菜不多了,你去烧完。)
搿眼饭侬吃吃光(脱)好哦?(这些饭你吃完好吗?◇不能用"好"。)
搿眼纸头阿拉用用脱(光),再去拆伊面一包。(这些纸我们用完,再去拆那里一包。◇不能用"好"。)
封信侬去寄寄脱。(这封信你去寄掉。◇不能用"好"、"光"。)
跟牢录音去拿书读读好(脱)。(跟着录音去把书读完。◇不能用"光"。)
拿字写写好(脱)过来吃夜饭。(把字写完后过来吃晚饭。◇不能用"光"。)
今天的熟语是:"冷粥冷饭好吃,冷言冷语难挡"。意思是宁可身处贫寒,也不愿意老是受人冷嘲热讽。比如:
住辣伊搿搭,伊天天拨我冷面孔看,真是冷粥冷饭好吃,冷言冷语难挡。(住在她这里,她天天给我冷脸看,真是冷粥冷饭容易吃,冷言冷语难抵挡。)
注意:"冷"在上海话中韵母是 an 不是 en。

(丁迪蒙)

2013 年 5 月 14 日

上海滩上,以前服装业中,有一个很有名气的"红帮裁缝",你知道为什么

名叫"红帮裁缝"吗?他们原来从什么地方来上海的?你能说说他们做些什么?怎么会出名的?

红帮裁缝

"红帮裁缝",就是"奉帮裁缝"。"帮"原来上海人写成"邦"的,老上海话,称"外地人"为"客",叫"客邦人","本地人"称为"本邦人"。"红邦裁缝",原来是浙江奉化来沪的成衣匠。19世纪末,许多浙江奉化人纷纷外出谋生。由于经济拮据,不少人只得在异乡从事裁缝这种工具简单、成本低廉的手工劳动。用一根市尺、一把剪刀、一柄熨斗、少量针线闯荡上海,站稳脚跟及至事业有成后,他们又把亲戚、朋友、同乡带到外地共同从事裁缝行当。久而久之,队伍壮大,形成了"奉帮裁缝"。"奉帮裁缝"经营有道,能追随新潮,从长袍马褂应时做到中山装,从修身旗袍做到现代海派西装时装,做工精细,渐渐在上海享有盛名。

"奉化"的"奉",原来在老上海话中与"红"完全同音,整个松江府语音,原来声母没有唇齿音 f 和 v 的,直到现在"奉贤"还有人读"红贤",姓"冯"的"冯先生",读作"红先生"音。"裁缝"的"缝"、"逢年过节"的"逢"都读如"红","丰年"读如"烘年","福气"读如"霍气","服帖"、"服侍"读如"或贴"、"或侍",所以把"风大来哦"说成"轰大来哦"。

(钱乃荣)

2013 年 5 月 15 日

今天我们继续说"头"。"一"开头,"头"结尾的词,比如"一枪头"。分别是什么意思?还有哪些?

"一枪头"不是"枪"

今天来说说"一×头"。这种结构表示动作迅速完成。比如有"一丢头、一枪头、一掼头、一拎头、一写头、一记头、一转头、一趟头、一口头、一哄头"等。

我们且看例句：

伊拿物事一丢头就走了。（他把东西一丢就走了。）

挌桩事体便当来西格,我一枪头就好做好。（这件事情很容易,我一下子就可以做完。）

"一枪头"的意思是一下子、一次性。

挌个工作伊是一掼头,我来搭伊揩屁股。（这个工作他是丢下不管了,我来替他做善后。）

介轻个物事,一拎头就好走个,啥体要两个人去扛啦！（这么轻的东西,一拎起来就可以走的,为什么要两个人去扛？）

介便当个文章,一写头就写好了。（这么容易的文章,一下子就写好了。）

我一记头拨伊讲了闷脱。（我一下子被他说得说不出话来。）

刚刚还辣挌搭个,一转头勿看见了。（刚才还在这里的,一转眼不见了。）

一趟头就好解决个问题,侬要跑三趟啊！（一次就可以解决的问题,你要去三次啊！）

介小个馒头,拨我一口头就吃脱了。（这么小的馒头,我一口就吃掉了。）

物事又便宜又好,拿出来一哄头就卖光了。（东西又便宜又好,拿出来一下子就卖光了。）

今天要说的熟语是："做天难做四月天,做人难做中年人"。

四月的天气每个人有不同的要求：有希望它下雨的,有要它是晴天的；中年人是因为有事业、工作到了一定的阶段成熟了,但担子也就重了,很可能要管理一批人,等他做决策,压力就大；家庭负担又沉重,上有老的要照顾、关心,下有小的要教育,还要处理好夫妻关系,等等。比如：

现在个日脚真难过,左勿好右勿好。真是做天难做四月天,做人难做中年人啊。（现在的日子真难过,左不好右不好。真是四月天难做,中年也难做人啊。）

（丁迪蒙）

2013年5月16日

过去老上海话中,有"东板板、西板板",是什么意思？你知道为什么有"板

妙趣横生上海话

板"这样的说法吗?

"东板板""西板板"

"东板板"、"西板板"是老上海话中的说法,是"东面"、"西面"的意思。20世纪70年代末,我在上海南市区黄家路上调查发现老年人的话中还在这么说,现在仅在郊区有这样说的了。

"东板板、西板板"原是"东半爿、西半爿"的写法,"半"在老上海话中的读音,韵母读如普通话的 ei,但是为单元音,以前"暗"也是读 ei 的,"贪"、"传"、"穿"、"占"的韵母也如此。后来在乡下,这个韵母开口度大了,和"兰"的韵母合并,读成现今的"埃"音。而在上海城里"半、传、贪、扇"等字的韵母都转读成现今"按"音了。"爿"是"一爿(家)商店"的"爿",过去还有"一爿天"、"一爿田"的说法。"一爿田"一分为二,就成了"东半爿"、"西半爿"这样"两半爿"了。"半、爿"的韵母都读成"埃","爿"由于跟在最后,它的浊声母也随着前边的"半"一起,读成了清声母,于是听起来就成了"东板板"。

由于"埃"韵转成"按"韵,一大批字的读音的转变有先有后,至今有些字在不同的人口中,还游移着两个音。如你注意一下,在人们说的上海话里,"男人"的"男"多数人读"按"韵,但也有人读"埃"韵;"存款"的"款"的韵母也有两读情况;"猜谜语"的"猜"、"掸灰尘"的"掸",有人读"按"韵,有人读"埃"韵;甚至现在的年轻人对"攀登"的"攀"、"一盏灯"的"盏"也有两读的。

还有,在早期 e 韵合并时,有的字向开口度更小的地方去合并,读成"i"韵,留下来几个字的遗迹,如"占便宜"的"占"读成"荐"音,"铜钿眼里穿跟斗"的"穿"读成"千"音。

(钱乃荣)

2013 年 5 月 17 日

今天小朱老师跟大家一起聊聊上海话里以 jin 结尾的俗语。比如"花头经、生意经"。你还能想出哪些类似的俗语,能说出它的准确意思吗?

上海闲话,"花头劲"多

上海话有不少俗语是以 jin 字结尾的,有"劲"的,也有"经"的,今天我们就来说说这两个字结尾的上海话俗语。

我们听说得最多的一个词,就是"花头劲","花头劲"的意思就是新奇的主意或办法。如,"迭个男小畏("畏"其实是"娃"的儿化现象)花头劲蛮透个"(这个男孩子各种花样倒挺多)。近义词就是"花样劲",这个词也是花招的意思。这两个词都是有时作褒义,有时作贬义。"名堂经"就是普通话中的"名堂、奥妙"的意思。如,"伊看了迭只魔术三五遍了,也呒没看出来有啥名堂经"(他看了这个魔术三五遍了,也没看出来其中有什么奥妙)。"生意"也有"经",但是我们一般都说"勿是生意经",这个词的意思是不像话或者不太好。如,"侬现在拿迭桩事体做得来迭能介,真个勿是生意经"(你现在把这件事情做成这样,真的太不像话了),"走哦,一直立辣此地也勿是生意经"(走吧,一直站在这里也不太好)。如果遇到了困难,向别人倾诉自己的遭遇,我们说"叹苦经",如,"伊下岗之后看到人就叹苦经"(她下岗以后见到人就吐苦水)。

神经系统是非常精密的人体系统之一,要保持正常工作,"经"不能"搭错",如果"搭错劲",那便就是神经病了,这个词用来骂人如神经错乱般做出不正常的行为或说出不正常的话。"搅(ghao)头劲"是说一个人的纠缠劲儿,"缠头劲"也是这个意思。"摆标劲"和"摆奎劲"是两个比较接近的词,前者是指故意显示自己的才能,摆出一副自己好像很行的样子,却不肯帮助别人;而后者是指自以为是地摆架子,摆出那种非常傲慢的架势。

最后一个,和上海话中的"茄山河"是同义词。对!正是"谈山海经"。几个熟识的朋友空闲聚在一起,喝喝茶,谈谈山海经,真的是再惬意不过了!

(朱贞淼)

2013 年 5 月 20 日

丁迪蒙老师今天想说说"一×一×"的形式的短语。比如"一摇一摇、一动一动",你还能想出哪些类似的短语?

妙趣横生上海话

"一摇一摇"与"摇记摇记"

上海话中有个"一×一×"的固定搭配,它表示缓慢地、间隔时间较长的一下一下的连续动作。

比如有"一甩一甩、一飘一飘、一动一动、一摇一摇、一霎一霎、一抖一抖、一趟一趟、一记一记"等。

我们来看例句:

小姑娘梳小辫子好白相,一甩一甩老有味道个。(小姑娘梳小辫好玩,甩啊甩的很有味道。)

伊辣伊面一抖一抖,我拨伊搞得邪气勿适意。(他在那里抖啊抖,我被他搞得很不舒服。)

侬好好叫睏觉,勿要一动一动好哦?(你好好睡觉,不要动啊动好吗?)

㨘只招财猫个手辣一摇一摇,蛮好白相个。(这只招财猫的手在摇啊摇,挺好玩的。)

侬叫伊去,伊一趟一趟跑,勿晓得跑了几趟了,还是勿辣海。(你叫他去,他一次一次跑,不知道跑了几次了,还是不在。)

伊面一记一记敲墙壁,敲得头也大煞了,啥辰光可以敲好啦?(那里在一下一下敲墙壁,敲得头也大了,什么时候可以敲好了?)

㨘只洋娃娃眼睛一霎一霎老好看个,侬要哦?(这只洋娃娃眼睛眨啊眨很好看,你要吗?)

上海话中还有种说法是"×记×记",也表示动作一下一下连续进行。比如有"摇记摇记、轧记轧记、动记动记"等。

来看例句:

小毛头去摇摇伊呀,摇记摇记末就睏着咪!(去摇摇小毛头啊,摇摇就睡着了!)

人介多,要慢慢叫轧,轧记轧记就轧进去了。(人这么多,要慢慢挤,挤啊挤就挤进去了。)

勿要辣我边浪向动记动记好哦?动得我睏勿着了!(不要在我边上不停

地动好吗？动得我睡不着了！）

今天要说的熟语是："叫花子勿挺隔夜食"。

这是比喻人吃光用尽，从无任何积余，也就是我们现在说的"月光族"。以往是不能把饭菜在一天全吃完的，总要剩下一些留待明天吃，只有乞丐才会家无隔夜饭菜。比如：

吃勿光就明朝再吃好来！叫花子勿挺隔夜食做啥？（吃不完就明天再吃吧！像乞丐不留隔夜的食品一样做什么？）

"叫花子"的"叫"，以前声母读 g，现受普通话影响，也有人说 j 了。"挺"是积留的意思，本字已不可考，从俗写个"挺"。

（丁迪蒙）

2013 年 5 月 21 日

请你说说上海话中用"老"开头的三字组、四字组俗语以及有点特殊意思的名词，如"老价钿、老门槛、老法师、老克拉、老坦克"等。解释其含义，再说说这些名词前面的"老"是什么意思？注意，不要说没有特殊含义的普通词，如"老头子、老母鸡"等。

经验"老"到

"老"字开头的特殊意义的词语很多，这里仅举一些常说的例子。"老油条"，是贬义词，指历事多或阅世久，但做事马虎、懒惰不动、不听劝诫的人；"老门槛"，是很精明、很有办法、很内行的人，所谓"门槛精到九十六"；"老家生"，指有年纪、有地位、做事有分量的人。"老法师"，精通某门专业知识技能和行业老规矩的人，对本行资格很老的人。过去大工厂里总有几个对生产各环节熟门熟路、技艺十分精湛的专家，工人们尊称他们"老法师"，后来此词所称的人扩大到各行各业的佼佼者。

"老克拉"，指上海滩上很具海派个性和魅力的那类人。"克拉"，源于英语 carat，是宝石重量单位。旧时珠宝店的老师傅见到三克拉以上的钻戒，大拇指一翘，称呼"老克拉"，后来主要喻指那些对上海大都市的建设有特殊贡献的优

秀"老白领",有的是留洋归来,有的是在上海洋人办的大学中学得现代文化技术的,这些人精通上海中西融合的时尚和社会,后来又附加上classics(经典)的意思,他们追潮恰如其分,魅力独特,是上海先生中最富海派个性的一脉。到20世纪50年代后,此词包括的人也有扩大。"老好人",是好好先生,很老实的,或者说不分是非、与世无争的人。"老户头",指的是老主顾。"老妖怪",讥讽年老而举止风骚的女人。"老酒甏",原指江南盛放酒的高坛子,后喻指喜喝长醉的人。"老面孔",脸熟的人,如:"我到公园里去,碰来碰去擗几只老面孔。"(我到公园里碰到的都是脸熟的人。)

"老坦克",是指用了时间很长的、破旧的自行车,所谓"踏起来处处都有发出声音来的、唯有一只铃不会发声"的自行车。"老爷车",指质差劣等、容易坏的车子。"老虎榻车",一种双轮平板人力拉货车,用汽车轮子,载重较大,可达一吨以上。

"老价钿",指很贵。有个童谣唱:"小弟弟小妹妹跑开点,敲碎玻璃老价钿。"意思就是不是一般的大价钱,而是你赔不起的。

"老吃老做",一贯这样做。"老茄三千",好卖老,如:"小来一眼眼个人,讲闲话老茄三千!"(很小的一个人,说起话来好卖老!)这两个词均含贬义。

这些"老"中,有表示资深的,如"老克拉"、"老法师"中的"老";有的表示"贵重"的,如"老价钿";有的表示年久笨重老旧的,如"老坦克"中的"老";有的表示关系熟久的,如"老户头"、"老面孔";有的久成一贯,如"老吃老做"中的"老"……总之,都是从"岁数大、经历长"引申出来的。

(钱乃荣)

2013年5月22日

上海话中表达"居然"的意思的词有哪些?比如"叫啥、有啥、先勿先"。并试着造句。

从"啥"说起

上海话中表达"居然"的意思的词有哪些?大家知道吗?上次我们说过的

"伊讲",其中就有表示居然的意思。还有"叫啥、话啥、有啥、阿有啥、啥叫啥、先勿先"。怎么用呢？这需要有个语言环境的。

我们就通过句子来看吧。

(1)"叫啥、话啥"意思是"怎么搞的、谁知、居然"。

我等了伊半半六十日,叫啥(话啥)伊忘记脱了。(我等了他好久,他居然忘记了。)

讲好要碰头个,叫啥伊勿来了。(说好要见面的,她居然不来了。)

(2)"有啥、阿有啥"也是"怎么搞的、吭没想到、居然"的意思。

讲好去个,有啥伊一歇歇又勿去了。(说好去的,她居然一下子又不去了。)

伊拉屋里有啥介穷个。(他们家居然这么穷。)

伊叫我到公园门口头等伊,阿有啥伊自家勿来了。(他叫我到公园门口等他,他自己居然不来了。)

(3)"啥叫啥"也是居然的意思。

讲好十点钟等辣海个,啥叫啥伊勿过来了。(说好十点钟等着的,他居然不过来了。)

讲好大家一道去个,啥叫啥来只电话讲有事体了。(说好大家一起去的,居然来个电话说有事了。)

(4)"先勿先"这个词语有两个意思:

一是表示不说别的,首先。

侬勿要管人家哪能,先勿先侬啥体去骂人家呢?(你不要管别人如何,首先你为什么去骂人家呢?)

二是居然的意思。

搿桩事体先勿先要伊来管。(这件事情居然要他来管。)

今天要说的熟语是:"又要马儿走得好,又要马儿勿吃草"。

比喻既想得到好处,又不想付出代价或提供必要条件。比如现在有些公司让员工加班,加班费却是没有的,其实就是在剥削人家的劳动力,此时就可以用这个熟语。比如:

又要加班了？又吭没调休。又吭没钞票,叫人家白做老! 搿叫又要马儿走得好,又要马儿勿吃草。(又要加班了？没调休,没钞票,叫我们白做! 这就

叫又要马走得好,又要马不吃草。)

七个字从音乐节奏上看比较好,因此,马就加了个"儿"了,读成"儿童"的"儿"。"马"上海话读如"麻",韵母是 o,不是 a。

(丁迪蒙)

2013 年 5 月 23 日

请你说说上海话中有"吊"和"刁"字的词语,如"吊八筋、吊儿郎当、刁嘴巴、刁钻促掐"。

"吊""刁"不相同

由"吊"构成的词语不少。如:"吊八筋",是指衣衫、裤子做得短了,吊在身上不平服很难看。"吊儿郎当"是指一种生活态度,无所事事,游荡度日,如:"伊赫副吊儿郎当个样子,我真看勿惯。"(他这副游来荡去的模样,我真是看不惯。)还有一个"吊豁郎当",只差一字,意思大不同,它是"一半的时候,没着落,不合适的时候"的意思,如同"吊在半空中"或"时间弄到半当中",如:"做来吊豁郎当个辰光,伊来寻我了。"(事情做得还没着落的时候,他来找我了。)

"吊子"是烧开水的水壶,过去有铜做的烧水壶,称"铜吊";用于井里吊水的桶,叫"吊桶"。治病输液,叫"吊盐水";用细带吊在背上的胸衣,称"吊带衫";肩部设计为两根带子的露肩裙子,称"吊带裙"。

"半吊子",指不内行、不老成的人。"勒杀吊死",是说那个人小气、吝啬。

"吊价位",指人为地把商品价格、股价抬高降低,或指对顾客开出起卖价。"吊篮头",是股票市场中预设一个价值等待交易,如:"先吊篮头吊辣海,作兴下半日股价会升上来个。"(先加一个价格上去等在那儿,也许下午股价会升上去的。)"吊空",指股价背离良性轨迹,脱离实际价值空涨了。"吊胃口",指逗引而不给予或不说。

有个歇后语,叫"飞机浪吊大闸蟹——悬空八只脚",指的是说话、做事离开事实很远,空话大话不着边际。

"刁"的声调与"吊"不同,有三个意思:① 吝啬、奸诈;② 娇惯;③ 口吃。

所组成的词语有："刁嘴"，多指小孩的说话口齿不清，也指该人吃东西挑剔。"刁嘴巴"，指的是专拣自己喜欢的东西吃，别的拒绝吃的挑食的人。"养刁囡"，是被父母溺爱娇惯的孩子。"刁钻促掐"是指狡猾、阴险、奸诈。"阴刁"是表面和善，暗里刁滑。"赅刁"，是吝啬，气量小。还有一种人，叫他"小刁码子"，指的是刁钻、会用心计的或很吝啬的人。

（钱乃荣）

2013 年 5 月 24 日

上海话形容词中有"A 里 AB"的形式。比如"邋里邋遢、乡里乡气"。你还能想到哪些？

"啰里啰唆""怪里怪气"

上海话中的形容词非常丰富，有些双音节形容词（就是两个汉字的形容词，我们不妨记成 AB）可以说成"A 里 AB"的形式，还是有很多词是"A 里 A 气"的形式。我们一起来看一下吧！

双音节形容词，说成"A 里 AB"之后，语气变得更强，修饰的程度也越高。像"特别"，说成"特里特别"之后，修饰的程度就变高了。说一个人麻木，迟钝，我们说"木咽"、"木里木咽"，如，"孩个人年纪勿算大，已经有眼木里木咽了"（这个人年纪不算大，已经有点木头木脑的了）。"疙里疙瘩"是说一个人难伺候，而"恶里恶掐(kak)"是指一个人非常恶毒，总是出人不能，使人无法忍受。"极里极吼"形容非常着急的样子，而"邋里邋遢"、"啰里啰唆"、"龌里龌龊"、"糊里糊涂"、"尴里尴尬"等词就不用解释了，很多词都已经进入了普通话。"活里活络"是指说话模棱两可或者是某人捉摸不定。"挖里挖掐"是指挖空心思，如，"人家想勿出来个题目，伊会的挖里挖掐想出来"（别人想不出的题目，他会挖空心思想出来），通常是指老师出一些无比刁钻的题目考学生。"贼里贼腔"指说话做事不堪入目，"肮里肮三"是指令人不快的感觉或者是不正派近乎下流的感觉，而"花里花绿"就是花哨。

接下来说说最后一个字是"气"的，也有很多。"香里香气"是指色彩过分

鲜艳,大红大绿地搭配。"洋里洋气"指穿着打扮或言行有外国风格,特别是指欧式或者美式的风格。有很多词都很简单,不用普通话的解释大家就能知道这个词的意思。如"粗里粗气"、"怪里怪气"、"戆里戆气"、"妖里妖气"、"臭里臭气"等。"惹(shɑ)里惹气"一词是从"惹气"来的,意思是非常让人讨厌。"流里流气"就是非常"流气",像流氓那样的作风。

(朱贞淼)

2013年5月27日

今天"上海闲话"就是从我们听友的一条微信中选出的。这位听友想问问上海话里"勿啦"和"哦"有什么区别?你能帮她解答一下吗?

好了"勿啦"

今天我们来谈谈上海话中的语气词"勿啦"。这个词有好几种解释。
(1) 表示疑问,带有"究竟、到底"的意思,语气较"哦"强。比如:
好走哞,侬走勿啦?(可以走了,你走不走啊?)
阿拉去了,侬去勿啦?(我们去了,你去不去啊?)
伊来个,侬来勿啦?(她来的,你来不来?)
礼拜天出去白相勿啦?(周日出去玩好不好?)
带我一道去好勿啦。(带我一道去好不好?)
借拨我三千块侬肯勿啦。(借给我三千块你肯不肯?)
阿拉一道去买物事来三勿啦!(我们一起去买东西行不行啊?)
"哦"差不多就是普通话的"吗"或者"吧"。试比较:
好走哞,侬走哦?(可以走了,你走吗?)
阿拉去了,侬去哦?(我们去了,你去吗?)
伊来个,侬来哦?(她来的,你来吗?)
礼拜天出去白相哦?(周日出去玩吗?)
带我一道去好哦?(带我一道去好吗?)
借拨我三千块侬肯哦?(借给我三千块你肯吗?)

阿拉一道去买物事来三哦?（我们一起去买东西行吗?）

从声音上分辨。"勿啦"的声调要上扬,表示征询意见;"哦"只是拉平而已。

(2) 表示反诘。比如:

搿个人推板勿啦,搿桩事体也可以做个啊!（搿个人有多糟糕,这件事情也可以做的啊!）

连牢叫我做三天,一停也勿停,吃力勿啦!（连着叫我做三天,一停也不停,多累啊!）

每天去看伊,伊每天勿辣海,触气勿啦!（每天去看她,她每天不在,多让人生气啊!）

(3) 表示辩白。比如:

你总归有道理个,我会得反对勿啦!（你总是有理的,我是不会反对的。）

你要我去,我会得勿去勿啦!（你要我去,我不会不去的。）

(4) 表示赞扬或显耀,有"多……啊"之意。比如:

搿件衣裳哆勿啦!（这件衣裳多好啊!）

只声音好听勿啦!（这个声音多好听啊!）

今天要说的熟语是:"头颈绝细,独想触祭"。

"头颈",普通话叫作脖子。绝细,很细的样子。独想,只想到。"触祭",指吃的詈语。整句话的意思是脖子细细长长,只想到吃,吃个没完。比如:

搿小人,看见好吃个物事来勿及了,头颈绝细,独想触祭。（这孩子看见好吃的东西就来不及了,脖子伸得好长,就想吃。）

注意:"触祭"通常是骂人的话。也会对小孩子说,看上去是在骂孩子,但实际上并不是骂,而是说他吃得好。有时也可做调侃,但只能说自己,不能说旁人。

（丁迪蒙）

2013年5月28日

微信网友MJ提问:"红烧大排"中的"大"念dha还是念dhu?"炸猪排"中的"炸"读zo还是读za?上海话中你还会想到哪些多音字?

妙趣横生上海话

文白异读真奇妙

今天网友提的两个问题并不能称为多音字,而是称为文白异读。文白异读的意思就是,文读(书面语的读音)和白读(口头语的读音)是不一样的。一般文读音更加接近于权威方言。像提问中的"大",读 dhu 是白读音,读 dha 是文读音;而"炸"读 zo 是白读音,读 za 是文读音。根据我们大多数的习惯,"大排"里"大"念 dha,而"大排骨"里"大"念 dhu,"炸猪排"里的"炸"念 zo。

上海话中的文白异读有很多种情况,而且说起来比较专业,我们深入浅出地为大家讲一下。先说韵母。上海话中韵母有文白异读的字很多都是有一个读音是 o 的,通常 o 是白读音,而 a 或者是 ua 是文读音。如:巴 bo/ba,马 mo/ma,渣 zo/za,叉 co/ca,夸 ko/kua,花 ho/hua 等。一些零星的例子如:丫 o/ia,拿 no/ne/na,下 hho/cia 等。还有一个情况是白读 an,文读 en。如:猛 man/men,争 zan/zen,生 san/sen 等。一些零星的例子如:行 han/hang/yhin,樱 an/yin 等。

再来说说声母。上海话中声母有文白异读的字有一个情况是大部分普通话中声母为 r 的字,白读是 n,文读是 sh。如:染 ni/shoe,人 nin/shen,日 nik/shek 等。一些零星的例子如:儿 ni/er 等。还有一个情况是部分普通话声母为 w 的字,白读是 m,文读是 fh。如:万 me/fhe,问 men/fhen,尾 mi/ni/fhi,物 mek/fhek 等。还有一个情况是部分普通话声母为 j、q、x 的字,白读是 g、k、h,文读为 j、q、x。如:家 ga/jia,间 ge/ji,交 gao/jiao,敲 kao/qiao,孝 hao/xiao,觉 kok/jiok 等。

最后一类字是声母韵母都有很大不同的字。这类字我们以前说过,可以称它们为"龟"类字。和刚刚那些字相反,它们的声母白读为 j、q,文读为 g、k;韵母白读为 yu,白读为 we。如:龟 ju/gue,亏 qu/kue,跪 jhu/ghue,喂 yu/we,围 yhu/whe。

(朱贞淼)

244

2013 年 5 月 29 日

微信网友 SHHRV 提问,上海话"在哪里"的"在"到底念"辣辣、辣海、辣盖"中哪一个?"辣海"还用在什么地方?

"辣、辣辣、辣海、辣盖"

有网友提出,上海话里有"辣、辣辣、辣海、辣盖",这几个词一样吗?其实它们的意义差不多,有的可以通用。

大致情况如下:

一、辣、辣辣

(1) 相当于普通话的"在",也可用"辣海"。比如:

侬辣屋里向哦?(你在家里吗?)

我辣辣黑板浪写字。(我在黑板上写字。)

(2) 表示"在那儿",也可用"辣海"。比如:

侬看呀,天浪向一只鸟飞辣海。(你看呀,天上一只鸟在那里飞。)

伊是自家辣要生毛病,将能伊就好勿要上班了。(他是自己要生病,这样他就好可以不要上班了。)

(3) 表示进行体,可用"辣海"。比如:

阿拉女朋友辣辣走过来。(我女朋友正在走过来。)

我辣海吃饭个辰光伊来了。(我在吃饭的时候他来了。)

(4) 相当于普通话的"着"或"了",可用"辣海"。比如:

坐辣辣比立辣辣适意。(坐着比站着舒服。)

电脑学好辣海总归派得着用场个。(电脑学好了总是派得着用场的。)

下面这些用法是普通话里没有的。

(5) 句末语气词,表示存在的语气,也可用"辣海"。比如:

台子浪有得交关龌龊辣辣。(桌子上有很多脏东西。)

伊买仔交关物事辣海。(他买了很多东西。)

(6) 表示延长的语气,可用"辣海"。比如:

伊勿睬我辣辣。(她不睬我。)

今朝老开心辣海。(今天很开心。)

(7) 用于加重语气,可用"辣海"。比如:

小菜烧辣辣,等歇吃。(小菜烧了,等会儿吃。)

明朝还要到苏州去辣海。(明天还要去苏州。)

外国传教士以前写的上海话书里用的字是"垃拉",赵元任先生《现代吴语的研究》里写的字是"辣"。

二、辣海

(1) 表示状态的语气,不能用"辣辣"。比如:

汗衫拖出辣海。(汗衫拖在外面。)

伊心里蛮明白辣海。(他心里挺明白的。)

伊接勿着人,心里急煞辣海。(她接不到人,心里急死了。)

(2) 表示事先已经准备或做完了某事,不能用"辣辣"。比如:

热水瓶里水满辣海。(热水瓶里水满着。)

饭菜我侪烧辣海。(饭菜我都烧着。)

(3) 用于叙述过程,加重事件发生、进行完成的语气,不能用"辣辣"。比如:

伊等我辣海。(他在等着我。)

伊最近吥没空辣海。(他最近没空。)

(4) 可作祈使命令用,不能用"辣辣"。比如:

侬搭我坐辣海,勿许动!(你给我坐着,不许动!)

睏辣海,勿好起来!(躺着,不能起来!)

以上这些用法也是普通话里没有的。

辣海又读作"勒海"、"来海"或"来"(合音)。

"勒"和"辣"主要是开口度的大小区别。"勒"的韵母是 e,"辣"的韵母是 ak,嘴的大小略有不同,但现在这两个音已经混同了。上海话"麦子"和"袜子"原先的读音也是不同的,不过现在能够区别两者差异的人已经很少。

三、辣盖

这个词 20 世纪 70 年代开始在青年人中流行,两个说法:有人说是宁波话引进的,上海市区里宁波人有不少,受宁波话影响而产生;但宁波话是说"来的"(近指)和"来盖"(远指)。又有人认为是"文革"时由去奉贤沿海农场务农的大批上山下乡知识青年从奉贤方言引进的,奉贤话是说"辣盖"的。

这个词的发音比较硬,老派不这样说,现在用得多了。它的用法可兼"辣辣"和"辣海",比如:

我辣盖(辣辣)台子浪写字。(我在桌子上写字。◇不能用"辣海"。)

四、辣浪

意思和"辣辣"一样,现在在老年人口中还能听到,50岁以下就很少有人使用了。那主要是受苏州话和嘉定宝山话的影响。

(丁迪蒙)

2013年5月30日

今天朱老师来讲讲上海话里跟"手"和"脚"相关的词语。比如"搭手搭脚"。你还能想起什么呢?另外,"杜老倌"是啥意思?"鸭脖子"上海话怎么念?

千万不要"搭手脚"

今天,我们只用三个字就能组成好多上海话的俗语,"手"、"脚"、"搭",能组成哪些俗语呢?"搭手",意思是合得来,如,"箇部机器老搭手个",意思就是这部机器和我很合得来,我使用起来非常上手。但是"搭把手"的意思就是来帮一下忙,完全不一样。"搭脚"是有连带关系,如,"箇桩事体脱侬搭得着脚个",意思就是这件事情和你是有关系的,你脱不了干系。但是"搭一脚"就是来"插一手"的意思,往往是指添乱。"搭手脚"也是指平白无故插进来,增添麻烦。"搭手搭脚"是指一个人东摸摸,西碰碰,手脚不停,当然有时候也有"搭手脚"的意思。而"搭脚搭手"的意思是行动不方便,如,"伊昨日夜里向拨爷娘吃过生活了,走起路来搭脚搭手个",意思就是他昨天晚上被父母打了一顿,走起路来非常得不方便。可想而知打得很厉害。

今天听众朋友们的问题相当有趣。"脖子"在上海话中从来不这么说,我

们一般都是说"头颈"的,所以好吃的"鸭脖子"在上海话中就说"鸭头颈"。当然,如果一定要念"脖子",那是读成 bhek zy 的。"大佬官"是指有钱人,但是"空心大佬官"其实指的就是装阔的穷人了。

(朱贞淼)

2013 年 5 月 31 日

"轻松集结号"总是被听众称为"吃货"。今天小朱就跟大家说说上海话里的"××货",比如"坍板货、便宜货",你还能想出什么"货"?

"货"色不少

上海很早就是一个商业城市,市面上各种各样的货物也是参差不齐,比比皆是。今天我们来说说上海话中有哪些"货",也看看它们有哪些引申意义,有些意思简单的就不翻译成普通话了。

东西便宜就是"便宜货",畅销就是"热门货"。"老爷货"我们以前说过,指的是质量差,一碰即坏的东西。而"搭底货"是质量差到底的东西。"肮三货"是落架的货品,也可以用来指那些差劲、不正派的人。"大路货"是指一些低档、常见、廉价、易于普及、适合大众消费水平的货品,引申为一些没有特色的精神产品,如,"侬写个文章是大路货,呒啥花露水",意思就是你写的文章平平淡淡,没有吸引人的地方。"时兴货"或者说"时鲜货"是指最新上市的货物,多指正当时节的新鲜蔬菜水果等。"来路货"是进口货。"搭浆"是差劲的意思,"搭浆货"就是指次货,草草制成的质量很差的货品。"蹩脚货"和"推板货"也是指质量差的货物,但它们还有一个比喻义,就是比喻那些品质差或者是胆子小、能力差的人。"落市货"是已经过了或者即将要过时节的菜果或货物。"落脚货"是别人挑剩下的质量较差的东西。与"正宗货"相对,有两个反义词,一个是"大兴货",一个是"冒牌货",它们都是指假冒、伪劣的产品,而"冒牌货"还可以喻指假的或冒充别人的人。

(朱贞淼)

后 记

书稿即将付梓之际,我不免回想起上海人民广播电台著名节目策划者和主持人金亚来找我商谈开办"上海闲话"互动节目的一段往事。

记得是去年5月中旬,金亚老师亲自邀我到虹桥路广播大厦,在广播电台的咖啡接待间商谈,提出了一个以主持人、专家和广大听众共同参与的"上海闲话"互动节目的构思,希望以上海话互动的形式,创办一个更加贴近实际、贴近生活、贴近群众,为老百姓所喜爱的节目……我答应了,但因为我一个人没有那么多时间与精力参加除了节假日每天傍晚一次的联线节目,于是携手上海大学"上海方言和上海文化研究中心"的另两位上海方言研究专家丁迪蒙和朱贞淼,一起参与这个节目担任嘉宾。

这个节目去年6月份在听众最多的电台AM990开播,立即受到大家的欢迎,听众对答交流活跃,每次围绕一个中心话题讨论上海话特色词语,老上海人积极回忆自己积累的上海话里的生动词语,翻晒丰富的同义词,新来上海、了解上海话不多的人也在有趣的交流中接触、熟悉了不少陌生的上海话习惯用语。每天下午5:40开始播出,恰好是许多上班族在开车回家的途中,常遇堵车正好可以解闷,许多出租车司机也在听完市内车况通报后也顺便开着广播收听,待在家里等待儿孙归来的许多市民也总是按时收听并踊跃参加互动,那主要是本土语言的亲切感吸引着广大的上海新老市民。

节目开播至今已一年过去了,深受听众喜爱,对上海话保护和传承也起到了一定的作用,我们都很欣慰。许多市民来信希望将生动内容结集出版,上海人民广播电台和上海大学出版社也很希望促成这件好事,现在以上海话互动话题为内容的这部书稿也正在抓紧付印。我相信这必将进一步使更多的读者增加对该节目的认知,使节目得到更多市民的喜爱。

　　书稿编撰过程中，由于早期没做书面记录，很多话题都得按原样回忆出来，是电台的同志收集提供了每日互动节目的提纲，他们还负责编辑合成"轻松集结号"之"上海闲话"精华版光盘，在此深表感谢。

　　另外，节目主持人幽默风趣的话风，与现场听众亲切互动中即兴自如的发挥，也让我们很受感染和鼓舞，在此我谨向他们表示感谢。感谢我们一起走过的日子，当然也感谢背后默默付出的编辑，是他们为傍晚时光增添了欢乐。他们是节目监制金亚，主持人任重、昕明、啸马、程曦，编辑沈奇杰、陆佳慈。

　　感谢本土音乐创作人张志林先生。在听说策划出版本书时，他授权电台及出版社在该书的配套光盘中无偿使用由其创作并演唱的上海话歌曲《谢谢侬》、《老地方》、《喜欢上海话》，为本书添色不少。

　　在书稿撰写过程中，由于书稿话题内容截至5月31日，另两位节目嘉宾能克服各种困难，忙中贪闲，很快完成书稿撰写，这里我也要向他们表示感谢。

　　由于该书用普通话撰写上海话语言，因双语思维习惯不同，大大增加了编辑的负担。初稿原来有不少问题，好在出版过程中，责任编辑黄晓彦先生不厌其烦地对书稿反复修改，并就上海方言文字与作者多方推敲，确保了书稿内容的准确性，这里要特别说声谢谢。

　　书中不尽完善之处，敬请广大读者指正。

钱乃荣
2013年7月24日